mon village à l'heure allemande

JEAN-LOUIS BORY | *ŒUVRES*

Romans

Par temps et marées :

L'ODEUR DE L'HERBE
UNE VIE DE CHÂTEAU
CHÈRE AGLAÉ
VOIR LES PASSANTS OU LES MIETTES
CÉLIBATAIRES
LA SOURDE OREILLE
MON VILLAGE À L'HEURE ALLEMANDE   *J'ai Lu 81****
CLIO DANS LES BLÉS
FRAGILE
UN NOËL À LA TYROLIENNE
USÉ PAR LA MER
LA PEAU DES ZÈBRES - 1
LA PEAU DES ZÈBRES - 2 :
Tous nés d'une femme

Essais, divertissements
MUSIQUE - 1 :
POUR BALZAC ET QUELQUES AUTRES
MUSIQUE - 2 :
TOUT FEU TOUT FLAMME
LES PLUS BELLES PAGES D'EUGÈNE SUE
LA RÉVOLUTION DE JUILLET
(29 juillet 1830)
EUGÈNE SUE, DANDY MAIS SOCIALISTE
FORAIN
QUESTIONS AU CINÉMA
CINÉMA - 1 : DES YEUX POUR VOIR
CINÉMA - 2 : LA NUIT COMPLICE
CINÉMA - 3 : OMBRE VIVE
CINÉMA - 4 : L'ÉCRAN FERTILE
CINÉMA - 5 : LA LUMIÈRE ÉCRIT
CINÉMA - 6 : L'OBSTACLE ET LA GERBE
CINÉMA - 7 : RECTANGLE MULTIPLE
DOSSIERS DU CINÉMA
LE PIED
MA MOITIÉ D'ORANGE
LES CINQ GIROUETTES

JEAN-LOUIS BORY

mon village
à l'heure
allemande

Éditions J'ai Lu

A GEORGE MAY
mon ami qui fut obligé à l'exil
le temps qu'à nos clochers
sonnait l'heure allemande.

© Librairie Flammarion, 1945

1

La gifle claqua comme un coup de fouet. Elisa se frotta la joue, les paupières à demi tombées ; elle hésitait entre les larmes et le silence digne. La chaleur picotante gagnait son oreille.

— C'est ce que tu veux ? cria le père Boudet.

Il gesticulait, les épaules rondes, et lançait ses mains en avant, écarquillées et voletantes comme de larges feuilles de marronniers soulevées par le vent. Sa silhouette se découpait, ridicule, sur le fond de nuit grise qui mangeait la fenêtre et rendait plus légère l'ombre de la pièce.

— Tu veux nous faire coffrer, dis, c'est ce que tu veux ? Tu veux qu'on nous ramasse, c'est ça ?

Il grogna « salope » entre ses dents et plia le coude, la main ramenée vers la poitrine, prêt à gifler l'autre joue du visage coiffé de nattes et qu'éclairait la nuit.

— Et ça n'a même pas honte, ajouta le père Boudet en se tournant vers son fils

— Elle s'en fiche qu'on nous ramasse, dit Auguste. Au contraire.

— Je vais te dresser, cria le père Boudet, tu vas voir, ça va pas traîner.

Elisa, l'oreille maintenant brûlante, serra les dents ; elle regarda par en dessous la silhouette désarticulée qui se secouait sur le fond gris.

— Je n'écoutais pas les Anglais, murmura-t-elle.

— Ce culot ! ricana Auguste. On entendait le brouillage d'ici la mère Crémant. Puisque j'ai dit : « Tiens, elle se gêne pas ; elle va attirer des ennuis au père. »

— D'ici la mère Crémant ! souffla le père Boudet. Elle va pas se dépêcher de nous dénoncer, non ! Mais tu es folle !

— C'est un coup à te faire fusiller, précisa Auguste avec calme.

Le père Boudet se racla la gorge et balbutia :

— Fusiller, tu entends ?

Mais sa pensée tournoyante n'arrivait pas à saisir l'importance du danger couru.

Auguste fit mine d'épauler un fusil :

— Tacatac, dit-il.

— Fusiller ! cria-t-il.

Il chargea sa fille ; rapide, Elisa mit toute la largeur de la table entre elle et lui.

Auguste restait immobile dans son coin noyé d'ombre ; sa voix flottait, désincarnée, du côté du buffet. On devinait la présence d'Auguste à ce seul timbre sec, précis, goguenard.

— Si le lieutenant Bachmann était passé, suggéra-t-il, qu'est-ce qu'on trinquait ! Sans compter que pour les affaires, tintin. Il en aurait été trouver un autre pour ses haricots et sa farine blanche, et ça faisait cinquante mille balles de foutues parce que Mademoiselle écoute les Anglais.

— Je n'écoutais pas les Anglais, répéta Elisa. Je cherchais de la musique.

Auguste ricana.

— J'ai bien le droit de chercher de la musique, fit Elisa.

— Seulement la musique, dit Auguste, c'était : pâ, pâ, pâ, poum, ici Londres.

— Ce n'est pas vrai.

— C'est pas vrai ?

La voix d'Auguste se fit menaçante. Elisa se trouvait coincée près du poste de radio que le père Boudet avait tout de suite éteint, avant la gifle.

— Tiens, p'pa. T'as qu'à regarder l'aiguille. Remets le jus, on va bien voir.

Le père Boudet décolla sa silhouette du rectangle gris et l'enfonça dans le noir, vers le poste de T.S.F. Il tourna le bouton. Auguste s'était dirigé vers la fenêtre et l'avait fermée en soulignant qu'Elisa aurait pu au moins prendre des précautions, et qu'avec cette fenêtre ouverte les Allemands du château avaient dû entendre les informations comme s'ils avaient été dans la salle à manger. La nuit parut moins claire.

Le poste grésilla quelques secondes. Le petit œil, sur le côté de la boîte, sortit de l'ombre peu à peu, étrange iris glissant du noir au gris-vert, puis à l'émeraude. Une voix sortit, elle aussi, de l'ombre et du silence. Les deux hommes se penchèrent sur le poste, tendant leur oreille vers le cadran lumineux ; l'éclairage poudrait d'un vague pollen leur profil où le pavillon de l'oreille creusait une fleur à la corolle chiffonnée. Le père Boudet était plié en deux ; Elisa regardait, sans les voir, les grappes de raisins peintes sur la toile cirée.

— ... voyé par le fond cent trente mille tonnes de navire au large des...

— Tu vois, coupa Elisa, ça parle des sous-marins boches.

La main du père Boudet, mécaniquement déclenchée par la phrase d'Elisa, revint claquer la joue de la jeune fille.

— Ça t'apprendra, grogna-t-il ; si on t'entend dire boche, tu nous attireras des histoires.

La voix du speaker avait sombré, et le brouillage déchirait le silence de son zigzag aigu, entêtant.

— Mets-le plus bas, Auguste, dit le père Boudet. Si le lieutenant Bachmann passait...

Auguste fit crisser les clous de ses chaussures sur le carrelage.

— Ecoutez, fit-il avec impatience.

La voix se faisait plus nette au-dessus du zigzag régulier et rapide qui voulait lacérer les phrases du speaker. Le père Boudet tourna sa moustache de phoque et son regard terne dans le rayonnement du poste.

— Honneur et Patrie, voici notre programme français...

— Salope !

— C'est pas Londres, ça, non ?

Elisa recula jusqu'à sentir dans ses reins la corne du buffet. Le père Boudet se redressa et tourna violemment le bouton. Avec le déclic, son grand corps sauta dans le noir. Les chaussures d'Auguste crissèrent encore sur les carreaux et sa silhouette trapue apparut sur le dessin de la fenêtre, puis disparut. Elisa bondit de côté, comme elle aurait bondi, dans le chemin des bords de la Vélize, devant un serpent d'eau. Les doigts d'Auguste dérapèrent sur son poignet ; elle courut, repoussa deux bras qui lui barraient la route, traversa la cuisine et claqua la porte sur ses talons.

Élisa

Je suis dans la cour. Ils vont me voir, la nuit est tellement claire. Je ne peux pas rester devant la cuisine. J'entends Auguste qui attrape la Boiteuse. «Tu aurais dû...» Je cours vers l'étable, ma couronne de nattes tient bon, elle ne glisse jamais, même quand je lutte pour m'amuser, avec Marcel.

L'étable me souffle dans la figure une haleine chaude de bête vivante, Blanchette est accroupie, Vaca aussi ; je distingue à peine le blanc de leur œil lorsqu'elles tournent la tête vers moi. La Junon, la Dorée, Myrtille.

8

Derrière Myrtille, près du parc à moutons, je serai tranquille. La porte de la cuisine s'est ouverte.

— Elle est partie, dit la Boiteuse.

Auguste

— Elle a dû foutre le champ au village. Pourvu qu'elle se fasse ramasser par la patrouille.

Élisa

Merci. Et d'abord je n'ai pas peur des Boches. Myrtille se presse contre moi. La chaleur de la litière monte jusqu'à mes genoux ; l'odeur de lait, de pelage tiède, de paille macérée dans du purin, emplit l'étable jusqu'aux poutres du toit, une vraie fumée. J'aime ça. Maman aussi aimait ça ; elle était pourtant délicate. Les moutons grattent derrière moi. Dormez donc, c'est la nuit.

Mon poignet me cuit, Auguste m'a griffée. Il m'aurait battue et le père a une telle frousse des Boches qu'il n'aurait rien dit. Je regrette de ne pas avoir boxé la Boiteuse, lorsqu'elle a essayé de m'arrêter. Pour Auguste, elle irait chercher la lune avec les dents...

Plus rien ne bouge, que les moutons. Je vais sortir de l'étable. J'ai trop chaud. La porte de l'étable grince toujours un peu. Quel bruit ça fait dans ce silence !

Ce fou de soleil d'avril a brassé les odeurs toute la journée ; à présent, avec les premières heures de la nuit, les odeurs commencent à se poser en nappe ; on dirait du vin qui dépose. Près de la cuisine, le rosier embaume. C'est une odeur qui chante, celle-là, alors que les autres ronflent ou grognent. C'est le rosier que maman a planté bien avant sa mort, pour mes dix ans. « Pour toi, ma petite Elisa, m'a-t-elle murmuré sous mes nattes. Pour toi, pas pour eux. Ils ne savent pas ce que c'est, des roses, ça ne rapporte pas d'argent. Pour nous deux. Ce sera notre rosier.» Oui, bien avant sa mort; elle est morte avant la guerre.

Je prends ma respiration comme pour plonger. Je laisse la ferme derrière moi; je l'abandonne à mon père, à Auguste, à Cinq-et-trois-font-huit. Je ne garde que le rosier pour moi; je sens son parfum de la route; il commence pourtant à peine à boutonner. C'est exceptionnel. Nous ne sommes que le 24 avril et il a fait une véritable température d'été. La mère Crémant dit que c'est la guerre qui bouleverse les saisons. Idiote! et elle louche.

Je viens de trouver l'odeur qui manque au concert de la cour : l'odeur de chien, un bon gros toutou avec du poil qui déborde de partout, comme le chien de l'instituteur. Ils n'aiment pas les chiens.

Je marche vers les premières maisons du village en suçant mon poignet griffé. Le ciel est couleur de perle, Jumainville est hérissé et dur comme un tas de charbon. A part quelques pans de toits : leurs écailles luisent. Ils est plus de onze heures. Minuit, minuit passé, peut-être ? En prenant par la rue du Maillet et la ruelle, je ne risque pas de rencontrer les patrouilles. Ils prennent toujours le même chemin : le château, le Tour de Ville, la Grand-Rue, la place du Marché, la rue Semeur, le Tour de Ville, le château. Je ne veux pas rentrer maintenant. Si papa n'est pas calmé, je recevrai des gifles et Guste ne sera pas le dernier à flanquer des coups. Il ne loupe aucune occasion. En quoi cela le gêne-t-il que j'écoute les Anglais ? Et Bachmann a autre chose à faire, à onze heures du soir, que se promener sur les bords de la Vélize ou sur la route de Fignes. Il a d'autres chats à fouetter; il va à l'Aéro-Club, tiens! Mais Guste a voulu le drame. Il m'a épiée ou m'a fait

10

espionner par sa Boiteuse. Il jouissait de la scène, dans son coin de buffet, ça se sentait au ton de sa voix. Et la Boiteuse a voulu couper ma retraite. Elle est tabou. Je ne peux rien. Auguste fait toujours grincer ses godasses sur le carrelage. Il sait que ça me fait mal aux dents. Ma joue se reprend à chauffer, comme si les deux gifles venaient juste de me frapper. Demain tout sera à peu près oublié. Si papa a vu la Germaine, il pensera à autre chose. Je rentrerai quand ils seront au lit ; je me glisserai par la porte de derrière.

La demie de minuit sonne ; le silence, après, paraît plus profond. Je prête l'oreille. Pas le moindre bruit ; personne ne souffle ; pas de lumière. Le couvre-feu tient le village coincé ; il est oppressé, comme une poitrine sous un genou ; ça le serre. L'heure allemande. Je n'ai pas entendu sonner minuit ; l'heure boche ! Il est minuit et demi à Berlin.

— Boches, Boches. Je répète : Boches. Papa n'est pas là pour me flanquer une claque. Je répète encore : sales Boches, en regardant du côté du château. C'est drôle. Je me mets à rire presque tout haut. Cela fait la deuxième fois de la soirée que je suis en faute aux yeux de ces messieurs. Je suis en faute. En ce moment, je suis la seule du village à être debout dans la rue. Tout Jumainville a peur.

Je traverse la rue du Maillet. Cette nuit-là est pour moi seule. Tous les Jumainvillois, onze heures sonnées, sont prisonniers de leur chambre. Par la volonté de Taille-de-Guêpe ; par la volonté de ses chefs, plutôt. Toutes les maisons sont mortes. Je brave la colère des seigneurs ; je longe le trottoir qu'éclaire le ciel, exprès. Rien ne bouge. Je colle mon oreille sur les volets. C'est la maison Pluret, aucun bruit. Dans la maison Peigne, non plus. Chez Lécheur, non plus. A la ferme aussi, tout doit être maintenant plongé dans le silence. Berthe est chez elle. Avec Auguste, peut-être. Je n'ai plus envie de rentrer. Ce soir, je suis la toute-puissante.

Boches !

Quel bruit j'ai fait ! On a dû m'entendre, cette fois-ci. Je traverse la rue pour regagner le côté de l'ombre. J'enfile la ruelle. Je suis devant la maison des Plénard, rue Semeur. Les Fritz ne sont pas encore passés. La façade est sombre, mais, avec les yeux de l'habitude, je lis très bien : « Peinture-Vitrerie ». Si les persiennes de Marcel ne laissent passer aucun rai de lumière, je rentre à la ferme. Sinon, je l'appelle. C'est éteint. Je gratte quand même le panneau de bois. C'est pratique, une chambre au rez-de-chaussée. Marcel dort. Je recommence mon petit grattement d'insecte.

Je murmure : Marcel.

Je gratte. « Marcel ! »

Le silence du village pèse. Le ciel noircit au-dessus de moi et le trottoir d'en face s'éteint petit à petit. Je vais être tout à fait dans le noir.

— Marcel !

Je cogne au volet, avec le poing. Je respire, on a remué. J'entends du bruit.

— C'est toi ? dit Marcel.

Je dis : « Oui, ouvre. »

Les persiennes s'écartent. Les cheveux de Marcel sont si blonds qu'ils en paraissent lumineux même dans la nuit. Il passe sa tête par l'entrebâillement.

— Que veux-tu ? me demande-t-il.

Je ris, il a de tout petits yeux. Il me dit : « Sois prudente. » Cher Marcel !

Je dis : « Je viens te voir. »

— Les Anglais ont annoncé quelque chose de sensationnel ? Ils ont débarqué ?

Il ne pense qu'à ça. Les Anglais et la mécanique.

— Non, dis-je. Je n'ai pas pu écouter tes Anglais. Papa m'a giflée.

Il a serré les dents, je l'ai très bien vu ; ça me fait plaisir, Marcel est plus fort qu'Auguste.

— Ça ne durera plus bien longtemps, mon Elisa, dit-il.

Il me prend l'épaule :

— Entre ou débine-toi. Les Chleuhs vont passer. C'est leur heure.

— Je ne reste pas. Au revoir, Marcel.

Demain, je le verrai dans les roseaux de la Vélize. Les lèvres de Marcel sont très douces. Il m'embrasse mal parce qu'il n'est pas réveillé. Il murmure :

— A demain, sois prudente.

— Je n'ai pas peur des Boches.

Et je me sauve. J'enlève mes sandales pour aller plus vite ; mes pieds claquent sur les pavés. Marcel s'est déjà rendormi. Marcel, Marcel, Marcel ! Mon poignet ne me fait plus mal. Je cours, le visage levé vers le ciel. Ma couronne de nattes tire ma tête en arrière. Marcel, Marcel, Marcel ! Bientôt je laisse le village mort ; ce village qui, cette nuit, m'a appartenu.

Le Père Boudet

Ils voulaient pas comprendre. Les Allemands allaient raser ma ferme, tout mon bétail, nous bouziller tous. C'était plus le moment de résister, puisqu'on était foutu. Jumainville était pas sur le front.

— Maintenant, il y est, qu'il a répondu, le blanc-bec.

— Jumainville est ville ouverte, a déclaré le maire.

Il était solennel comme le jour d'une distribution des prix aux écoles.

— Je n'ai pas reçu d'ordre de débarrasser la route.

— Et moi je n'ai pas d'ordre à recevoir de vous.

Ils avaient renversé une charrette à Trouche qui se trouvait par là. Et ils coupaient mes arbres pour faire leur barrage antichar de malheur. Bon sang! Je m'en balançais, de leur barrage. Ils coupaient mes arbres! J'ai attrapé au collet le petit blanc-bec d'aspirant et je lui ai dit :

— Jeune merdaillon, laisse mes arbres tranquilles ou tu auras affaire à moi, foi de Boudet. Si tu veux des arbres pour couper la route, prends-les dans les bois à côté, tu entends? Ils sont à un Parigot qui est pas du pays et qui a une gueule d'espion.

Chaque fois que j'y repense, ça me fait chaud. Mes arbres!

On croyait bien que la guerre était finie. M'est avis qu'elle faisait que de commencer.

2

Morize

C'est couru. C'est la fin du mois : je ne vais pas fermer l'œil. Demain, le combien ? Dimanche 23, lundi 24. Demain le 25. J'en ai pour jusqu'au 1er mai à ne pas dormir. A toutes les fins de mois, la même chose. Cette paperasse, ces tickets multicolores qui tourniquent devant mes yeux. Coller les régimes à part. Le DZ, ce mois-ci, je ne sais plus, je ne sais pas. Je demanderai demain à Tattignies. Faire le compte des bons de layette. Est-ce que la petite Trouche est enceinte ? Le grand Gaston a dû tout faire pour ça. Le père Trouche gagne gros avec ses bêtes. Le jour où Peigne se fera prendre la main dans le sac, j'en connais un qui sera drôlement enquiquiné. Evidemment, de la viande, chez un marchand de chaussures ! Mais il fait manger le pays. En tout cas, moi je ne sais rien. Il y a des inspecteurs ? C'est leur travail. Le clocher sonne : deux coups. Encore trois heures et demie avant le petit jour. La mairie sonne. Pour une fois, le clocher et la mairie vont presque ensemble. C'est pas comme pour le maire et le curé.

Je demanderai demain à Tattignies si je dois compter la fille Trouche pour les bons de layette. Cela ferait : Mme Daviot, un ; Janvier, deux ; Boisselut, trois. Jamais je n'ai tant vu de femmes enceintes que depuis la guerre ; c'est un fait exprès. Tout est difficile, le vêtement, le manger et les femmes pondent comme par plaisir. Pour ce qu'on fait de leurs enfants... Un, deux, trois, quatre avec Esther Trouche. Est-ce qu'elle est enceinte ? Si elle ne l'est pas et si je la compte, Fignes va me taper sur les doigts... C'était si simple d'être maire avant la guerre ! J'avais rien à faire, ou presque : signer des papiers à onze heures du matin. Tattignies faisait tout. Maintenant encore ; d'ailleurs, ç'a toujours été le rôle de l'instituteur. Mais ce n'est pas lui qui sera fusillé si jamais il y a quelqu'un à fusiller à Jumainville. Les Allemands fusillent toujours le maire, la preuve : pendant l'autre guerre. C'est ce que je dis à Tattignies : « Vous êtes peinard, vous, ce n'est pas vous qu'on fusillera. »

Encore, avec Jumainville, je n'ai pas trop à me plaindre. Rien de plus, rien de moins que n'importe quel village français : un château, une rivière, comme partout ; une place du marché, sans marché, avec des arbres en rond ; des chemins creux fréquentés les soirs de printemps, à partir de dix heures... Et aussi des champs étalés autour du village avec des fermes. Il y a bien l'aérodrome de Fignes-Encontour qui donne des sueurs froides au pays depuis le 2 septembre 1939. Mais j'aurais pu être maire de Fignes, par exemple, avec une Kommandantur sur les bras. Bachmann n'est pas dur. Pourvu qu'il musique et trousse un jupon à l'Aéro-Club. Je ne vais pas dormir de la nuit. C'est chaque fois la même chose. Me rappeler pour demain : deux choses à demander à Tattignies : l'histoire du DZ et Esther Trouche.

J'allume. Deux heures et quart seulement. J'éteins. Je suis bien certain que Tattignies dort. Il n'a pas la responsabilité. J'aurais mieux fait de me casser les jambes le jour où j'ai décidé de me présenter aux élections. Je me serais ennuyé jusqu'à la guerre, avec ma retraite de l'enregistrement, mais autrement je dormirais. Je bâille, mes dents claquent, je vais m'endormir. Mes yeux restent ouverts. Un vrai cinéma. Mes idées font la ronde. C'est leur tapage qui m'empêche de dormir. Qu'est-ce que va dire l'Américain quand il va rentrer ? C'est un château français qui appartient à un Américain et qui est occupé par les Allemands. Un Américain qui tirait les brochets à la carabine et versait de l'eau de Seltz dans du vieux bordeaux. Je prononce son nom : Samuel Sinclair Witterse, mais Tattignies, il sait l'anglais, disait Samiouel Sinncler Ouiveurse. J'ai appris un peu d'allemand, à l'école. Je ne suis même pas capable de demander l'heure à Bachmann ; je ne comprends même pas son français. Je n'ai pas le don des langues. C'est un don de parler plusieurs langues... Comme embêtement, j'oubliais : un curé qui est une peste en soutane. Il nous prend pour des sous-offs. On le sait qu'il a été capitaine d'infanterie pendant la guerre. Je plains ses hommes. On a l'impression qu'il aimerait voir les fidèles se lever et crier : « Fixe », lorsqu'il sort de la sacristie. Il y en a qui disent que c'est un saint. Dur pour lui comme pour les autres. Un emmerdeur, oui, qui finira par vous dégoûter de la religion. L'affaire des drapeaux, ce n'était peut-être pas Lécheur.

Un coup. Le clocher ; la mairie. Encore trois heures. Ne plus penser, nom de nom. Ne pas dire : je veux ne plus penser... 1 054 habitants, 1 054 et demi, si Gaston a mis dans le mille, ça fait 1 054 feuilles de tickets de pain, 1 054 feuilles de tickets de matières grasses, 1 054 feuilles de tickets de viande ; en total, 1 054 et 1 054, 2 000 et deux fois 54... et 1 054, 3 000... Demander demain à Tattignies. Quoi ? ma pensée se dérobe ; les intestins vivants se dérobent : j'ai vu ça à Verdun, à l'infirmerie ; ça part dans tous les coins, ça glisse, ça glisse, ça dérape... Voilà, demander si Esther Trouche est enceinte. Il y avait deux choses. Deux choses ? Esther

17

Trouche, et quoi ? Non, pas deux. Demander si Esther Trouche est enceinte. Pour le bon de layette.

Dès qu'une lueur blafarde gratta l'obscurité comme une démangeaison, Morize se leva. Abruti par sa nuit blanche, il attendit dans un fauteuil l'heure d'aller à la mairie. Il s'endormit. La chaleur menaçait de durer ; le ciel, d'un bleu tendre et charnu de pétales de fleur, blanchissait sur l'horizon et se buvardait d'une brume légère. De temps en temps, une poussée de vent, aussi aigrelette qu'un fruit neuf, rappelait que le printemps commençait seulement. Juliette Vrin, sous une ombrelle de soie mauve, traversa la place du Marché.

Denise Véchard

Son ombrelle lui donne des joues de cadavre. Elle vient par ici ; elle va monter les escaliers de l'impasse. C'est l'heure qu'elle va voir son cureton. Est-ce qu'on lui demande ce qu'elle manigance avec Varèmes ? Ce qu'elle a fabriqué avec son Fritz ? Alors qu'elle foute la paix aux autres. Je vais pas regarder sous ses jupes, qu'elle vienne pas reluquer sous les miennes. Elle balance sa poitrine dans le sens de la marche ; ça fait comme les oreilles de l'éléphant. « Floc, floc, une poitrine triste et sans expression », disait Alphonse. Elle la porte autour de la ceinture ; c'est relâché : plus parce que c'est abandonné que parce que quelqu'un a jamais posé sa tête sur ces deux bas remplis de mélasse ?

En mettant mes deux poings dans le creux de mes reins, je m'amuse à faire pointer mes seins. Le Phonse aimait ça. Walter aime ça. Les hommes aiment ce qui se tient. Comme de passer sa langue sur ses lèvres pour les faire briller et gonfler ; et secouer ses cheveux en arrière avec un sourire.

Elle monte l'escalier. Je l'attends sur la dernière marche, pour lui lancer une vacherie au tournant. Elle se gêne pas pour m'esquinter devant ces dames. C'est une teigne, bigote, mauvaise langue, tout de la vieille fille rance. Quand on la voit traverser la place du Marché, l'air confit, la fesse et la paupière tombantes, la bouche comme serrée sur une épingle, on doute plus de sa virginité. La Germaine a des visions. Cette gueule d'endive au Moulin-Rouge ! Mince, alors. J'irais tout de suite à Hollyvode. Et cette coiffure de professeur de piano. Au repos, quand elle vous bigle pas, elle a de ces yeux en point d'encre entouré de rayons, comme une roue de bécane sans jante. C'est ce qu'elle a de moins moche.

La voilà. J'lui susurre : « Bonjour, vieille peau. » Je me colle mes deux poings dans les reins. Toc, dans l'œil. Oui, je suis blonde, oui, je suis jeune. Elle avale ses bajoues et incline son ombrelle pour faire écran. Elle a vu ma croix gammée ; c'est ce que je voulais. Bisque, bisque, rage.

— Bonjour, vieille peau, que je répète.

Je suis une obstinée, comme dit Walter. Il l'a vu quand j'ai mis dans ma caboche de l'accompagner à Avignon. Total, la croix qu'il m'a payée.

— On dit pas bonjour ? que je fais.

Elle pince sa robe entre le pouce et l'index.

— Laissez-moi passer, créature, qu'elle siffle comme une vipère.

Créature ! la teigne.

— Créature, eh bien et toi, tu t'en es pas payé avec la poupée du capitaine ?

Elle suffoque. Elle avait pas qu'à m'appeler créature. Si je suis une créature, c'est parce que Phonse est resté à Sedan. Sans ça, je serais la patronne de l'Hostellerie du

19

Château et elle me lécherait le derrière, la Vrin, comme tout le monde. Je serais pas une créature. Elle referme son ombrelle ; elle va faire une contre-attaque ; ça va chauffer. Ksss, ksss. Si Phonse revenait maintenant, une supposition, il me tuerait, à me voir comme je trafique : il n'aime pas les Boches.

— Germaine, regardez donc.

La mère Crémant tira la Germaine par la ceinture de son tablier ; de son pouce retourné, elle désigna l'impasse du Sud, de l'autre côté de la place du Marché.

— Mlle Vrin qui se crêpe le chignon avec la Véchard, dit-elle.

Au sommet des escaliers de l'impasse, dans l'ombre de l'église, Mlle Vrin poussait la pointe de son ombrelle dans les côtes de Denise Véchard. La Véchard sautait comme une jument piquée par un taon. Du Café de la Paix, on entendait les échanges de « vieille peau » et de « créature ».

La Germaine s'avança entre deux tilleuls, bien en vue, et leva le bras en criant :

— Hoho ! venez vite.

— Elles s'étripent, dit la mère Crémant, le regard latéral, la tête posée de guingois sur les épaules. Va falloir que vous y alliez.

La Germaine était déjà entre les deux adversaires. Elle tendit en croix ses gros bras tachés de son.

— Venez, venez vite, c'est trop drôle.

Elle riait, perdait sa respiration, tout essoufflée par la course. La main posée sur sa poitrine secouée de hoquets, elle essaya d'entraîner les deux femmes :

— Venez, je vous dis, fit-elle.

— Je n'ai pas le temps, dit Mlle Vrin.

— Le curé attendra. Ça vaut la peine, assura la

20

Germaine. C'est une histoire qui va l'embêter. Vous pouvez pas manquer ça.

Mlle Vrin rouvrit son ombrelle et se mit à descendre les marches. Denise Véchard retapa sa coiffure, et suivit la Germaine en faisant danser sur sa gorge la petite croix gammée. Elles retraversèrent la place, s'engagèrent dans la rue du Maillet. Devant la boutique du pâtissier, cinq ou six personnes étaient déjà groupées.

— Ce n'est pas encore ouvert et l'on fait déjà la queue ? s'étonna Denise Véchard. Qu'est-ce qu'il vend, le Lécheur ?

— Vous allez voir, annonça la Germaine.

Elles s'avancèrent. Sur les volets de la boutique, elles virent de larges lettres peintes au goudron. Germaine lut à haute voix, pour le plaisir :

> *Lèche-cul, lèche-bottes, Lécheur,*
> *Salaud, attend ton heure.*

— Ça rime, remarqua Denise Véchard. C'est des vers. Germaine relut :

> *Lèche-cul, lèche-bottes, Lécheur,*
> *Salaud, attend ton heure.*

— C'est vrai, dit-elle. J'avais pas remarqué.

— Qu'est-ce qui a fait ça ? demanda Peigne.

— Il a pas signé, tu penses.

— J'attends pour voir la bobine du Lécheur, dit le garçon boucher.

— Vous n'attendez pas, mademoiselle Vrin ? dit le garçon boucher.

— Je n'ai pas le temps, répondit la vieille fille. Pauvre M. Lécheur, ajouta-t-elle, l'air sucré.

— C'est pain bénit, mademoiselle. Il est toujours dans les bottes de Bachmann.

— Soyez prudent, monsieur Plénard, dit la Germaine.

Denise Véchard se mit à rire.

— Vous savez, dit-elle, ne vous gênez pas pour moi. Les Chleuhs, je m'en moque. Ce serait les Américains, ce serait du kif. Ils me paient bien et je travaille moins qu'à la papeterie de Fignes. A part ça, je suis pas mariée avec.

— Vous couchez quand même, siffla Mlle Vrin.

Denise haussa les épaules. A l'autre extrémité de la rue du Maillet, le père Pluret et M. Tattignies apparurent. Le père Pluret, en manches de chemise, avait passé les pouces sous ses pattes de bretelle ; son ventre important sautillait devant lui, entre son regard et le bout de ses pieds. L'instituteur marchait, les bras croisés derrière le dos, la tête presque entièrement dissimulée sous un panama couleur de vieil os. Ils revenaient de leurs jardins.

— C'est un poisson d'avril avec vingt-quatre jours de retard, dit Tattignies après l'avoir lu.

Pluret fit claquer ses bretelles sur sa poitrine en pente douce comme la prairie derrière la ferme Boudet.

— Il va regretter tous les saint-honoré comme avant guerre qu'il a pâtissés pour le doryphore, murmura-t-il.

— C'est pain bénit, répéta M. Plénard.

— Qu'en pensez-vous, Pisse-la-Craie ? demanda la Germaine ; elle relut :

Lèche-cul, lèche-bottes, Lécheur,
Salaud, attend ton heure.

— Ce n'est pas mal tourné, dit-elle.

— Il y a une faute d'orthographe, remarqua l'instituteur. Attends prend un *s*.

— Mais ça rime, fit Denise Véchard.

— Masculine avec féminine, c'est irrégulier.

— Vous n'êtes jamais content, grogna la Germaine.

— Tiens je n'avais pas vu, s'exclama Peigne.

Il se pencha, s'accroupit sur le ressort de ses mollets,

ses bras noircis de poils posés l'un à côté de l'autre sur
son tablier de cuir.

— Il y a un dessin dans le bas de la porte.

— Qu'est-ce que c'est ?

— Un pendu.

La demie de huit heures sonna.

— Il va ouvrir. Attention !

Tout le monde se recula, laissant devant la pâtisserie
une moitié du cercle vide qu'on laisse autour des lut-
teurs. Même les jours où il était censé ne pas travailler,
Lécheur aérait sa boutique. Il enlevait ses volets de
l'extérieur, c'est-à-dire qu'il sortait d'abord de chez lui
par la porte de côté avant de débarrasser sa vitrine des
panneaux de bois.

Cette porte s'ouvrit. Le pâtissier parut. Il fronça les
sourcils à la vue de la dizaine de personnes qui attendaient sa venue et retenaient leur respiration, l'œil
attentif.

— Je n'ai rien ce matin, rien à vendre. Je suis fermé.

Avec son bras, il fit « circulez », comme les agents.

— Même pas de saint-honoré comme avant-guerre ?
fit une voix.

Lécheur portait encore sa veste de pyjama rayée
mauve et blanc. Il se retourna, resta quelques secondes
immobile, pivota sur ses talons. Il se trouvait exactement
au centre du demi-cercle d'espace libre. Les yeux proé-
minents, il bégaya, la bouche ronde :

— Qui a fait ça ?

— On sait pas, répondit Germaine. On était venu
pour des gâteaux.

— Je me plaindrai aux gendarmes, dit Lécheur en
secouant sa manche de pyjama. J'irai déposer une
plainte au leutnant.

Il prononçait « leutnant », à l'allemande.

— Si vous voulez que je le prévienne, suggéra Denise
Véchard, la poitrine en figure de proue.

23

Lécheur enleva rapidement les volets et claqua la porte de la boutique.

— Rien à vendre, cria-t-il, rien ! Foutez-moi le camp.

Il n'y avait plus personne dans la rue du Maillet qu'il gesticulait encore derrière sa vitrine.

Elisa évita son père et son frère jusqu'au repas de midi. Ç'avait été facile. Les deux hommes étaient partis de bonne heure dans les champs ; Elisa avait attendu, pour descendre de sa chambre, que soit éteint dans la cuisine le bruit de bols, de cuillères et de gros souliers, qui enveloppait le petit déjeuner des hommes comme une coquille.

Du fourneau au bûcher, du bûcher à la cave, la grosse Marie traînait son tas de chair mou enluminé par la chaleur de la cuisinière ; Elisa s'étonnait toujours de ne pas voir sur le carrelage, derrière les savates avachies, briller la trace liquide qui suit les limaces. Les seuls sens actifs dont jouissait encore cette quenouille d'os généreusement entortillée de graisse étaient le goût et l'odorat : la cuisine de la ferme Boudet était excellente.

Elisa avala son bol de lait. Dans la salle à manger, elle trouva Berthe debout à côté du poste de radio. Les larges yeux, tout en iris, accommodés à l'infini, la traversèrent aussi aisément qu'une feuille de verre. La Boiteuse, sans baisser son regard, poussa son chiffon sur le buffet. Elisa fit demi-tour et sortit dans la cour. L'abreuvoir, la faucheuse, les seaux bossuaient le sol battu de lumière ; le père Boudet avait pris le charreton ; ils étaient allés aux Champs-Hauts. Fouetté par cette chaleur de mois de juin, le rosier faisait éclater le corset de ses boutons ; on voyait un peu de chair rose là où l'étoffe avait craqué. « Le tout-fou, songea Elisa. Il sent déjà comme en pleine fleur. La haie de sureaux aussi. La saison est en avance d'un mois, oui, d'un bon mois. »

— Bonjour, Myrtille, dit Elisa.

Dans le fond de l'étable, la vache renifla, balança la queue ; c'était sa façon de répondre à une politesse. Un son grêle, hésitant, s'éleva du parc à moutons.

— Bonjour, vous.

Puis Elisa gagna la route. Le soleil cuisait déjà le macadam. Elle prit la direction de Fignes, vers le pont de l'Aspirant, et tourna sur la droite, tout de suite après la ferme, dans le chemin de terre. La prairie, étendue, en pente douce, sur le dos, le ventre à peine bombant, prenait son bain de soleil. Devant la grange à paille, Elisa quitta les ornières de terre séchée pour s'enfoncer dans l'herbe jusqu'aux chevilles. Sur le bord de la Vélize, les saules gonflaient leur plumage bleuté.

Elle traversa le sentier qui se coulait entre le jardin de Tattignies et celui de Pluret, et, le long du jardin du père Pluret, elle gagna la berge de la rivière.

Avec de lentes volutes et un clapotis scintillant de miroir pilé, la Vélize descendait vers Jumainville. Elisa se pencha. Sur le fond de vase et d'algues, le reflet de son visage tendit un voile frémissant ; la couronne de nattes brunes, le front et les joues hâlés, les creux sombres du regard, le haut du corsage blanc sinuaient, se décollaient, se désagrégeaient, se multipliaient, puis une plaque d'eau lissée par le courant comme par une paume réfléchissait une image recomposée, un instant immobile, et de nouveau le miroir se gondolait, gonflait une joue, détachait le front du regard, brisait le portrait.

Elisa poussa jusqu'à la chambre de roseaux et revint sur ses pas. Berthe était toujours dans la salle à manger, devant le poste de radio. Elle boita le long de la toile cirée et se baissa pour fourrager dans le bas du buffet, elle se releva avec le dessous de plat et commença à mettre le couvert.

— Berthe, dit Elisa, je vais chercher le pain.

La Boiteuse posa ses mains sur les poches de son tablier de lustrine noire et resta sans rien dire.

Lorsque Elisa dépassa la haie de sureaux, une bicyclette la croisa. Sur le cadre, une jeune fille, coincée entre le guidon et les deux bras raidis du cycliste, était juchée en amazone. Elle passa, tournant vers Elisa un dos tendu de toile écrue fleurie de rouge.

— Bonjour, Elisa, dit le garçon.

Elisa leva la main et les suivit du regard. « Il est en retard, se dit-elle. Et s'il va comme ça jusqu'à Fignes... Qui donc est-elle ? »

Auguste rentra le premier. Il lança son béret sur une chaise, fixa sa sœur de ses petits yeux gris, puis détourna leur flamme narquoise vers la T.S.F.

— Tu ne les as pas pris, ce matin ? demanda-t-il.

Elisa garda le silence. Auguste leva les épaules, plissa sa bouche sans lèvres et passa dans la cuisine. Le père Boudet arrivait en tirant sa moustache.

— A table, souffla la grosse Marie.

Le Père Boudet

Si j'arrive à lui vendre mes haricots de l'année dernière pour des haricots frais, je me fais mille balles de plus, au moins. Il y connaît rien, c'est un musicien, et il comprendra pas ce que je lui dégoiserai. Faudra que je demande à Guste ce qu'il en pense. Il sera sûrement de mon avis.

— A table !

Bon, on y va. Mille balles de plus. L'interprète m'a demandé de la cochonnaille. Du lard. Ils aiment ça, c'est comme qui dirait leur plat national. Je lui refilerai tous mes choux au prix fort. Seulement, faudrait qu'il pleuve. Cette garce de soleil, ça grille tout. Les foins sont clairs ; si ça continue, ça va être maigre. J'aurai juste le fourrage pour la réquisition. Je m'arrangerai bien. J'irai voir Taille-de-Guêpe et je lui dirai : fourrage contre cochon. Je pourrai refiler mon fourrage en douce.

C'est pas avec le capitaine d'avant que j'aurais pu faire mon beurre comme avec celui-là. Il m'aurait drôlement remisé ; il m'aurait tout raflé, les haricots, la farine et le lard et le fourrage. Bachmann, lui, pour ce qui est du militaire, il s'en moque ; de l'argent aussi ; c'est pas lui qui paie. Autant que ça soit moi qui en profite. Il est arrivé à Jumainville le premier jeudi de juillet après l'entrée de l'Allemagne en guerre contre la Russie. Ça va faire trois ans dans deux mois et demi. En Allemagne, c'est comme partout, il y en a qui sont planqués. La preuve.

— Tu manges pas ? que je demande à Elisa.

Elle chipote sur le bord de son assiette ; du lapin comme ça ! Y en a qui paieraient des cents et des mille pour en manger du pareil ! Qu'est-ce qu'elle a à faire la gueule ? Quand je baisse la tête, je la vois plus ; il y a le rebord de mon chapeau qui me la supprime.

Pour du lapin, c'est du bon lapin. La Marie, c'est un meuble. On a pas de plaisir à la toucher ; mais pour ce qui est de la cuisine, elle ferait la pige à tout le village. La Germaine la gardera. Elle est comme moi, elle aime ce qui est bon, tout ce qui est bon. J'ai idée qu'on s'entendra bien. Ça me changera d'avec ma première. La Germaine est une brave fille, et puis alors là... Faut pas que je pense à ça, ça m'empêche de goûter mon lapin.

Mon affaire avec Bachmann, c'est un coup de cinquante mille balles. Cinquante billets de mille francs ; ça ne se trouve pas sous le pas d'un cheval. Tout bien réfléchi, est-ce que je souhaite que la guerre finisse ? Je revois le regard du maître d'école : ça me gêne. Chaque fois qu'on se rencontre, c'est le même coup d'œil. On dirait de l'eau qu'est gelée. Mais, sous mon chapeau, je peux bien m'avouer que je souhaite pas que la guerre finisse tout de suite. Je peux me l'avouer, bon Dieu, je suis le maître.

Élisa

Auguste mange son lapin avec ses doigts ; il ne mange pas, il dévore ; il lape la sauce avec une langue qui claque comme un torchon mouillé. J'ai vu Auguste gober un œuf. Il le gobe à la façon d'une fouine, avec le nez froncé, les yeux clignés, et des frémissements menus jusqu'aux oreilles ; avec surtout l'impression de gober de la vie. Devant son assiette de bête écorchée et fricassée, il a l'air d'un animal trapu. Il a de grosses jambes, de gros bras courts ; il est râblé, mais Marcel est plus fort, Marcel le dépasse de la tête. Il y a huit jours, au bal clandestin dans la grange de Daviot, il a boxé l'Empereur et il a gagné. Lorsque je lutte avec lui, ses bras sont durs et vibrants comme les ressorts du lit. Il est toujours premier en gymnastique, au collège. Il battra Auguste quand il voudra, quand je le lui demanderai.

Je regarde Auguste entre mes cils. Je ne vois qu'une chevelure noire, coupée en brosse, qui casque étroitement son crâne. Marcel est blond, d'un blond presque roux. Sur le front, ses cheveux font des crans. Dans le soleil, il ressemble à l'ange Gabriel, que l'abbé Varèmes a déménagé : il a une auréole.

— Tu manges pas ? grogne le père Boudet.

Auguste me coupe l'appétit. Berthe repasse le plat de lapin. Cinq et trois font huit, cinq et trois font huit, elle boite sans renverser la sauce. Auguste fouille dans le plat à la recherche des rognons, et il claque les fesses de la Boiteuse. Une claque de propriétaire. Elle esquisse un sourire timide. Elle veut lui montrer qu'elle apprécie cette marque de reconnaissance pour les services qu'elle lui rend dans l'intimité. Ça me regarde pas. Je la plains. Ses yeux restent toujours immobiles : ils sont pleins de couleur jusqu'au bord. On ne voit que ça dans sa figure. Il faut faire attention pour remarquer en dessous un petit nez pointu comme un derrière de citron. Le père garde toujours son chapeau sur la tête ; je ne peux jamais saisir son regard vairon. Il le dérobe, il le laisse glisser sous le bord de son chapeau.

Marcel ! ils me dégoûtent. Je ne suis pas de leur sang. Maman me l'a dit. De ma place, quand Berthe laisse la porte de la cuisine ouverte, je vois par la fenêtre au-dessus de l'évier, un bouton du rosier de maman.

C'était avant la guerre. Maman venait de mourir. J'avais quel âge ? On va commencer la cinquième année de guerre ; j'avais treize ans et les cheveux dans le cou. Je ne portais pas encore de tresses ramenées sur le devant de la tête, en couronne. Un soir, Guste m'a poussée dans l'étable. Il a voulu voir sur moi comment les filles étaient faites.

J'ai trouvé ce qui rend le regard de la Boiteuse insoutenable. C'est qu'il n'y a presque pas de blanc ; comme dans le regard des bêtes.

Elisa pompa sa sauce avec un morceau de mie de pain. Elle se leva pour aller prendre la salade. La grosse Marie s'occupait du café et Berthe était montée au grenier chercher des pommes.

M. Tattignies

Pourquoi veut-il absolument qu'Esther Trouche soit enceinte ?

Je dis : « Mais non, monsieur le maire, Esther Trouche

n'est pas enceinte, que je sache. Mme Rousselan m'aurait certainement prévenu. »

Il me regarde d'un air accablé. Pauvre Morize !

— Alors, dit-il, ça fera trois bons de layette pour le mois de mai.

3

Le soir glissait doucement sur le ciel. Du violet sombre s'amassait en gros paquets sous les basses branches des arbres. La nuit venait. Elisa sortit par la porte qui donnait sur la prairie. La sente, qui se coulait entre les jardins de Pluret et de Tattignies, disparaissait, mangée par les hautes herbes dentelées et de petites fleurs jaunes qui oignaient les lèvres d'une saveur amère. Comme au matin, Elisa traversa le chemin et suivit le treillage du jardin Pluret. Le menuisier arrosait ses carrés de légumes, l'arrosoir tendu, la pomme en bas, au bout de son ventre. Avec un bruit d'averse, l'eau crépitait sur les touffes de feuilles. Il releva le nez de son arrosoir ; l'averse divergente cessa.

— Bonsoir, Elisa, dit-il. Quelle cochonnerie de temps.

— Il fait beau, monsieur Pluret, répondit Elisa.

— Trop, fit-il. Pas une goutte d'eau. La terre est sèche, on dirait de la poudre. Comment veux-tu que ça pousse ? C'est pas du temps de printemps.

Elisa arracha une poignée d'herbes et de fleurs ; entre les dents, les herbes jutaient sucré et les fleurs légèrement amer.

— Je viens tous les soirs au jardin pour lui donner un petit peu à boire, continua Pluret. Juste une petite pissée d'oiseau pour montrer que je suis toujours là. C'est surtout pour le tabac.

Il cligna de l'œil.

— J'ai planté du tabac pour être indépendant de ces vaches-là.

— Bon courage, monsieur Pluret ! fit Elisa.

L'eau sommeillait, très sombre sous les saules. On avait dû, au cours de l'après-midi, faucher les berges en amont : des paquets d'herbes vertes et jaunes, emmêlées comme des cheveux arrachés aux dents d'un peigne, descendaient le fil du courant. Des fleurs de glais piquaient leurs lueurs immobiles à la pointe de leurs feuilles raides comme des lames. Dans l'ombre, brillait la chevelure de Marcel.

Elisa s'assit dans la chambre de roseaux. Marcel lui fit « chut » de la main. Une grenouillette, sur un parquet de lentilles d'eau, coassait la bouche fermée. Elisa distinguait sa gorge palpitante et les toiles transparentes de ses pattes. Brusquement la grenouille sauta.

— J'ai pu avoir les Anglais, ce soir, murmura Elisa.

Marcel appuya sa tête sur l'épaule qui coulait, brune, du corsage blanc.

— J'ai copié les principales nouvelles sur un bout de papier, continua-t-elle. Ça te sera plus facile.

Dans l'ombre grandissante, le papier au bout des doigts d'Elisa alluma une flamme pâle.

— Tu peux lire ?

— Non, dit Marcel. Je le regarderai ce soir. En pensant à toi, ajouta-t-il gentiment.

Ils restèrent silencieux. La nuit s'installait. Le violet, sous les saules, avait viré au bleu sombre. Le parquet de lentilles d'eau, où la grenouille tout à l'heure goûtait le soir, avait disparu ; les fleurs de glais s'étaient éteintes. Les crans de Marcel, eux aussi, s'étaient éteints. « Ange Gabriel sans auréole », songea Elisa. Elle soupira.

— Pourquoi la guerre ?... On est si bien !

Marcel

Pourquoi la guerre ? Je hausse les épaules. C'est bien une question de femme. Pourquoi les montagnes, les rivières, les engrenages ? Pourquoi les roues tournent et les leviers soulèvent et les avions volent ?

Justement un avion vole en ce moment au-dessus de nous. C'est un bimoteur fritz. Je le reconnais au son. Il descend, il va se poser sur le terrain d'Encontour. Elisa ne l'a pas entendu. Pourquoi la guerre ? Quelle question. « Il ne faut pas demander pourquoi la guerre, a dit Grangeon. Il faut la gagner. Ne pas dire il aurait fallu ; dire il faut. » Grangeon est un président extraordinaire. Il sait tout ; il sera reçu à son bac. Ça ne l'empêche pas de s'occuper des Teutonovores et de distribuer des tracts. Et d'être un bon copain. Chez le surveillant du dortoir des grands, ce n'était vraiment plus sûr. Surtout après le drame de Bertie. On risque la déportation.

Elisa se met à rire. Elle me parle :

— Je l'ai bien eue. Je suis entrée par la fenêtre pendant que Berthe me croyait en ville. Auguste avait débranché le poste, mais j'ai su le remettre.

Je lui demande :

— Tu l'as redébranché ?

Il faut se méfier, avec Auguste.

— Bien sûr.

Elle rit.

— Bravo Elisa !

Elle les a eus.

Je n'ose jamais lui dire « je t'aime ». Ça fait vieux jeu. Grangeon méprise le sentiment ; il dit que l'amour est un boulet, une entrave : Didon pour Énée, Omphale pour Hercule, des empêcheuses de partir à l'aventure. Il est vraiment calé...

J'ai quelque chose à lui dire, à Elisa. Elle me coupe :

33

— Que je te raconte, Cello.

Je connais l'histoire. Elle a déjà fait plusieurs fois le tour du pays. Papa a assisté au drame, il nous a raconté à table avec tous les détails : la figure du Bien-Nommé et l'inscription qu'il avait apprise par cœur. Elisa me demande qui a pu faire ça.

Je suggère :

— La Germaine n'aime pas Lécheur depuis qu'il l'a traitée d'« omnibus », tu sais, le jour de la réquisition des chevaux par les Verts-de-gris.

Elle a raison. Ce n'est pas le genre de la Germaine de manigancer ses coups par en dessous. La Germaine aurait plutôt giflé Lécheur en pleine rue. Ce qu'elle a fait. Le Bien-Nommé est un sale bonhomme, personne ne peut le sentir. On ne lui pardonne pas les saint-honoré. Pour les drapeaux, on n'a jamais su, mais c'est lui que le pays soupçonne ; lui et le curé.

— Elisa, quand ça s'est-il produit, l'affaire des drapeaux ?

— Le premier dimanche de mars après Stalingrad, comme dit papa.

Déjà ! Stalingrad paraît si loin. J'étais déjà en première : je redoublais. Il me semble que j'ai toujours été en première, et que je serai toujours dans cette satanée classe de bon Dieu, fermée au bout par cette barrière qu'il faut sauter à toute force. Grangeon sera reçu, lui.

— On est bien, dit Elisa. On laisse aller sa pensée à la dérive, comme les paquets d'herbe...

Je dis :

— Grangeon est un type épatant, tu sais ; il a cassé la gueule au petit Bertie qui a dénoncé le prof' de latin à la Gestapo. Et pourtant il est moins fort que moi. Il rageait à froid. On a changé aussi de local.

— Pour votre club ? demande-t-elle.

— Il n'y avait plus de sécurité chez le surveillant du dortoir des grands : la philo a aussi un mouchard. Nous avons installé nos cartes et nos tracts dans le placard d'escrime.

— C'est plus prudent que dans la cabine du surveillant ?

— On a le temps de voir venir. Il faut traverser toute la cour et le prof' de gym m'a confié la clé de la salle d'escrime. Tandis que dans le dortoir n'importe qui pouvait nous tomber sur le poil. Si l'on était pincé, oust, déporté en Allemagne. Surtout moi, à dix-neuf ans.

Le cycliste barbu roule sur l'horizon. Elle ne l'a pas encore entendu. Est-ce qu'il a pu passer la frontière ?

— Et ton camarade de math élem ?

Elisa pense à la même chose que moi : grand Dubus.

— Pas de nouvelles. On m'a dit que Bertie touchait deux mille francs de la Gestapo, par mois.

— C'est dégoûtant, dit-elle.

Il faut que je lui dise. Je vais prendre mon élan. Je ne peux pas lui cacher. Elles sont sous mon traversin, toutes les dix ; j'irai les porter jeudi à l'Aéro-Club. C'est le seul endroit où je pourrai liquider mes dix boîtes d'un seul coup. Claudot m'a marqué le prix à même le fer-blanc. Va-t-elle dire : c'est dégoûtant ? Bien lui expliquer qu'on a l'air de cloches, que tout le monde fait du marché noir, que les parents donnent le mauvais exemple, que c'est aussi stupide de demander « Pourquoi le marché noir ? » que « Pourquoi la guerre ? ». Elle va dire : c'est dégoûtant, et je rapporterai mes sardines à Claudot, je me connais.

Nous nous levons. J'avale ma salive.

— Les Teutonovores se sont abouchés avec Claudot.

Elisa s'est retournée.

— Grangeon ? demande-t-elle.

— Pas lui, personnellement. Le club a besoin d'argent. Tout le monde fait du marché noir.

Elle s'arrête et me regarde en face.

— Mon père et Auguste, oui. Pas le tien.

— Papa, c'est l'unique Français qui se refuse encore à manger plus que sa ration. Dans ce pays, il passe pour un imbécile. Tous les lycéens ont des bas de soie dans leur dico et des cigarettes de rab. Tout le monde en fait, je te dis.

— C'est dégoûtant, dit-elle. Le marché noir de Claudot n'est pas honnête.

— Qu'en sais-tu ?

— Tu m'en as parlé.

On ne devrait rien dire aux femmes. Hercule et Omphale. Hercule filant la quenouille aux pieds de sa poche. Voilà. Elle a dit : c'est dégoûtant.

Élisa

Non, je ne veux pas. Marcel du même sang qu'Auguste, la même démarche fuyante. C'est impossible.

— C'est peut-être ton père qui a raison, dis-je.

— C'est ça ! et laisser les Boches tout dévaliser !

Il est en colère. Je m'arrête. Bien sûr, on ne peut pas laisser... Que de problèmes ! Oui, pourquoi la guerre ? Tout ça n'arriverait pas. Marcel resterait lui. Mais il y a marché noir et marché noir. Celui de Peigne est honnête ; car ce sont les Français qui... Voilà. Je dis :

— Ce n'est pas du marché noir honnête, ça. Où vas-tu vendre ?

— A l'Aéro-Club, dit-il. J'irai jeudi en bicyclette.

— En somme, tu ravitailles les Boches. Ce n'est pas la peine de faire partie des Teutonovores.

Marcel a sursauté : Elisa !

— Bachmann va presque tous les soirs à l'Aéro-Club, et c'est là que les officiers du camp organisent leurs parties fines. C'est à Kopf que papa vend ce que Bachmann n'achète pas.

Non, je ne veux pas qu'il devienne un Auguste !

Le chemin quitte la Vélize et tourne vers le mur du parc. Ce soir, les Allemands ne chantent pas. Leurs chœurs à plusieurs voix sont jolis, à travers les arbres. Dommage que ça soient des Boches. Non, je ne veux pas.

— Qu'est-ce que c'est ? fais-je.

— Des boîtes de sardines, répondit-il. Dix.

La guerre. Ces vaches-là, a dit le père Pluret. Quand le père Pluret grogne : ces vaches-là, il désigne tous les puissants de l'heure : Vichy, les Allemands, les inspecteurs, tous ceux qui ne veulent pas qu'il plante du tabac. Tous ceux qui forcent au marché noir en ayant l'air de le combattre. Ils nous empêchent de connaître de vrais rendez-vous d'amoureux, de parler de l'avenir, de nous embrasser sans penser à autre chose qu'à nous deux... On retrouve sous la dent tous les faits du jour ; il craquent comme les calculs qui empierrent les rognons de bœuf...

Des sardines...

— Où sont-elles ?

— Sous mon traversin, dit-il.

Je ne veux pas. Je dis :

— Tu feras ce que tu voudras, Marcel.

Il écarte une branche de coudrier, puis la lâche ; elle siffle comme une lanière. C'était délicieux de laisser flotter sa pensée, de s'abandonner aux impressions : la tête de Marcel, la main de Marcel sur ma hanche, la bouche de Marcel, les fleurs jaunes de la prairie, le père Pluret pleuvant sur les bouquets de feuilles... Tiens, je ne lui ai pas dit que j'avais vu Emile. Est-ce qu'Emile arrose le jardin de la Kommandantur de Fignes avec autant de soin que son père arrose ses choux ? Ce matin, il était en retard. Qui était-ce, sur le cadre, la robe à fleurs rouges ?

— Je te laisserai sur le Tour de Ville, murmure-t-il.

J'agrippe la main de Marcel ; je la serre. Auguste. Je

37

souffle « Auguste » à Marcel. J'ai reconnu, elles sont découpées en silhouette sur le mur du parc, la tête ronde et les épaules remontées. Il a son béret. Il sort du château, avec quelqu'un. Ils sont tout de suite sur nous. Ils prennent aussi le chemin du bord de l'eau, mais en sens contraire. Nous n'avons pas à les éviter. Marcel est plus fort. Je me rapproche de lui jusqu'à sentir contre ma hanche le haut de sa cuisse. Je regarde fixement devant moi. Je vois les petits yeux gris, ils détaillent Marcel avec haine ; je m'efface, je sens Marcel, je sens le corps d'Auguste, il passe en biais tout contre moi. Il me frôle, son sourire me touche comme une main. L'autre est Gaston.

— C'est le chauffeur de Bachmann, dit Marcel.

Lorsqu'elle eut quitté Marcel, Elisa dévala le Tour de Ville. Elle voulait arriver à la ferme avant Auguste. A l'entrée de Jumainville, elle traversa les luzernes du père Boudet. Pour éviter de trop marquer son passage, elle bondissait par-dessus les touffes pointues. A chaque foulée, les dentelures des tiges frissonnaient sur ses mollets. Elle sauta le fossé, s'arrêta un instant sur la route goudronnée pour retrouver son souffle, puis elle reprit sa course. Elle ramena ses poings à la hauteur de sa poitrine, comme Marcel lui avait appris à le faire ; le bout de ses oreilles trempait dans un léger filet de vent.

Elle verrouilla la porte de sa chambre. Auguste n'était pas encore rentré. Elle se déshabilla dans le noir, la fenêtre grande ouverte sur la prairie. Elle entendit dans le couloir le trottinement inégal de Cinq-et-trois-font-huit. Les pas s'arrêtèrent devant sa porte. Le bouton tourna sans bruit. Elisa devina les larges iris bruns fixant le trou de la serrure, puis le trottinement reprit pour s'évanouir. La nuit appela Elisa à la fenêtre.

Pourquoi la guerre, murmuraient les saules de la Vélize,
pourquoi ? Un couple se dégagea de la haie de sureaux.
Elisa reconnut son père : il embrassait la Germaine.

Auguste rentra très tard. Elisa ne s'était pas encore
endormie. « Si j'avais su, songea-t-elle, je n'aurais pas
tant couru. »

Berthe

Elle est rentrée. Elle est rentrée seule. Je ne vois que la
nuit par la fenêtre. Mon Dieu, faites qu'Auguste monte
ce soir, faites qu'Auguste monte ce soir, mon Dieu,
faites qu'Auguste monte ce soir !...

Marcel

La maison a une drôle d'allure ; quelque chose de pas
catholique. Les persiennes sont fermées comme d'habitude... Mes parents ne sont pas couchés ; les persiennes
de ma chambre ne sont pas poussées et la porte de la rue
est entrebâillée. On m'attend.

Je ne vois qu'elles sur la table, les dix boîtes, en tas.
Elles étincellent sous la lumière jaune de la suspension ;
elles rayonnent, elles fouillent les moindres recoins
d'ombres de lueurs aiguës. Elles sont vivantes, elles sont
menaçantes. Je les avais pourtant mises... Papa est
debout, face à la porte. Entre lui et moi, la table de la
cuisine et les boîtes rayonnantes : j'ai l'impression d'être
traduit devant un tribunal. « C'est dégoûtant », a dit
Elisa.

— Qu'est-ce que c'est que ça ? demande-t-il.

Ils me fascinent, les éclairs en faisceaux sur la table. Claudot a marqué le prix, à même le fer-blanc. On le voit très bien : 200 avec un petit *f* à droite.

— Qu'est-ce que c'est que ça ? répète-t-il.

Il pointe son index, il désigne les conserves. Je les avais mises sous mon traversin ; est-ce que j'ai fait mon lit en partant ? Il n'avait pas le droit de fouiller, je le lui dirai.

— Des boîtes de sardines, fais-je.

Je crispe mon poing sur ma cuisse ; je sens le froissement du papier d'Elisa. « C'est dégoûtant. Tu feras ce que tu voudras, Marcel. »

— Je le vois bien, dit-il.

J'ai failli répliquer : « Pourquoi me le demandes-tu, alors ? » Je recouvre mon sang-froid.

— D'où viennent-elles ?

— De dessous mon traversin.

— Pas d'ironie, fait papa. N'aggrave pas ton cas.

Je réponds :

— De Fignes.

— Tu fais du marché noir ?

Pour lui, il n'y a pas de différence entre le marché noir honnête et l'autre.

— Non, papa.

J'hésite. Il reste immobile.

— Je vais t'expliquer...

— Tu veux nous déshonorer ? Cela ne te suffit pas de te faire recaler régulièrement au baccalauréat ? Tu veux qu'on nous arrête. Tu veux qu'on nous montre du doigt dans la rue ?

On le montre parce qu'il ne veut pas en faire. Il fait du théâtre, en ce moment. L'acte de la trahison : découverte, confrontation, les pièces à conviction, et toute la musique. Pour dix malheureuses boîtes. Il est unique.

— Elles sont à quoi, tes sardines ? dit-il.

— A l'huile.

— A l'huile ! Tu n'as pas de remords. Cancre et fripouille ! Qu'est-ce que j'ai fait au bon Dieu ?... Aux gendarmes, c'est aux gendarmes que je devrais te mener !

Maman. Elle n'est pas couchée. Elle gémit : « Aux gendarmes », et la voix sort dans le dos de papa. C'est le drame. Pour dix petites boîtes que je ne vendrai même pas. Je dis :

— Il ne faut pas dramatiser, papa...

Il m'énerve. Nous sommes en 1944, après tout. Il repart.

— Dramatiser ! Je dramatise maintenant !

L'interrogatoire recommence :

— Depuis combien de temps fais-tu ce trafic ?

— C'est la première fois, je le jure sur la tête de maman.

Elle me fait de la peine ; elle est effondrée dans le coin de la cuisinière, au-dessus de la réserve de bûchettes. Elle me voit déjà en prison, la pauvre maman. Il balaie d'un geste le tas de conserves. C'est un écroulement de rayons, une brève cascade de miroir de métal. Il se dégonfle, il est si frêle, il laisse son bras retomber, papa, ses joues se creusent, il s'écroule aussi ; plus de colère, il soupire. Papa !

— Quelle misérable époque ! dit-il.

Il souffre. Cette lassitude me bouleverse. Un sanglot me gratte la gorge et grimpe. Mon papa. J'ai envie de dire que je ne le ferai plus, comme quand on est gosse. Un désespoir si brutal pour dix petites boîtes. Il s'assoit, la tête basse. Il a honte, honte de moi ; Elisa a toujours raison : c'est dégoûtant. C'était pour les Boches. Je me dirige vers papa.

— Pardonne-moi, je t'en prie. Je les rendrai, je te le promets.

Elle avait dit : « Fais ce que tu voudras, Marcel. »

— Tu n'es pas tellement responsable, murmure-t-il.

Il parle presque pour lui seul. Il a l'air si faible, dans son veston gris, si désemparé. Maman ne bouge pas dans son coin. Il parle. Sa voix me fait mal. Je lisse sur ma cuisse le papier d'Elisa. Je n'ose pas pleurer ; j'aurais honte de mes larmes, je ne sais pas pourquoi.

— Je rendrai ces boîtes, papa, je te le promets.

— Je ne te gronde pas, dit-il. C'est l'époque qui veut tout ça.

Il montre les sardines, le bras mou. C'est l'époque telle qu'on nous la fait.

Il met la main sur mon épaule et plisse sa figure mince.

— Les misérables, dit-il, paieront-ils jamais assez cher.

Il se relève ; il dit à voix basse, les joues blanches et creuses : « Les vaches », de toutes ses forces.

C'est le premier mot un peu gros que j'entends dire à mon père.

4

Le lendemain, le distique injurieux que Lécheur avait gratté de ses volets tout le long du jour, avait réapparu ; mais avec une variante :

> *Salaud, lèche-bottes, lèche-cul,*
> *Lécheur, tu seras pendu.*

Le pâtissier ouvrit sa porte vers huit heures et demie. Une bonne dizaine de personnes stationnaient devant sa boutique en se livrant au commentaire littéraire de l'inscription. M. Tattignies trouvait la rime faible.

— Pas encore satisfait, répliqua la Germaine.

— Ce n'est pas volé, répétait M. Plénard.

« La justice et la vengeance divine poursuivant le crime, songea l'instituteur, avec cette indifférence que le Prud'hon anonyme peint au goudron. »

Peigne, Pluret, Mme Perle, l'aîné des enfants Bavousse attendaient la sortie du pâtissier. Denise Véchard gloussait comme une perdue, « à en faire pipi sous elle », déclara-t-elle.

— Le voilà, dit la Germaine.

Posément, Lécheur enleva les panneaux de bois, mais tous les spectateurs remarquèrent le tremblement de ses mains. Sans un mot, il pénétra dans sa boutique et se mit à nettoyer ses volets.

Jumainville

Depuis le 25 avril, je ne me sens pas dans mon état normal. Quelque chose me chatouille du côté de la rue du Maillet. Cela me chauffe comme un mal blanc ; j'ai envie de me gratter, mais un village ne peut pas se gratter ; on le gratte : la voiture à ordures de Morize, les balais des cantonniers, le soleil qui passe ses ongles dorés sur mes toits et me force à faire le gros dos et à ronronner les après-midi d'été... La rue du Maillet m'a élancé toute la matinée ; des groupes de Jumainvillois se sont collés à la vitrine de mon pâtissier ; des caillots qui refusent de circuler. Lécheur a nettoyé ses volets, et, le jour, il les range dans son arrière-boutique. Mes habitants en sont pour leurs frais, mais ils s'agitent, ils discutent, ils se déplacent. A l'heure de l'apéritif, au *Café de la Paix,* j'ai certainement 38 à 39 de fièvre. Cela me fatigue. Je regrette mon calme habituel.

Le lendemain, ma fièvre reprend. L'inscription est plus serrée, plus percutante, comme dit mon instituteur. Elle se limite à une insulte qui, pour l'auteur, résume tout, constitue le summum de l'infamie ; elle ramasse toute sa force dans un poing. « Sale Boche », en capitales énormes ; le goudron dégouline jusqu'au trottoir en larmes noires et brillantes. Tout mon corps semble réduit à la rue du Maillet ; mon Tour en Ville, ma Grand-Rue, ma place du Marché elle-même, mon impasse du Sud, ma rue Semeur sont morts, je ne les sens plus, je n'y fais plus attention. Toute ma sensibilité, le frémissement de mes nerfs, se réfugie rue du Maillet. Est-ce pour les saint-honoré, est-ce pour les drapeaux, est-ce une vengeance personnelle ? Mon marchand de couleurs veut y voir une espèce de justice immanente. « C'est pain bénit », dit-il. Mon menuisier et mon cordonnier se lèchent les lèvres ; ce sont les voisins de gauche de mon pâtissier et mon pâtissier est un mauvais voisin. La Germaine s'amuse : elle n'aime pas Lécheur. Tòutes les nuits, depuis celle du 24 au 25 avril, un de la Résistance pénètre peut-être en moi, se glisse dans ma chair, passe devant chez Pluret, devant chez Peigne, s'arrête à la vitrine de Lécheur, sous l'œil-de-bœuf de Mlle Vrin ; là, il peint ses lettres, un petit pot fumant à la main. Je n'ai encore rien senti. A part la maison de mon maire où je dors mal quand arrive la fin de mois, je ne remue ni pied ni patte avant le petit jour. Dès onze heures, d'ailleurs, je suis quasiment bâillonné et aveuglé par le couvre-feu. Je ne sens même plus les patrouilles. Je tâcherai de faire attention.

Lécheur, encore une fois, a soigneusement gratté le goudron.

Le matin suivant, dès sept heures, il est debout. Il ouvre la porte ; il n'est plus en pyjama comme les autres jours ; il a enfilé sa veste blanche. Mes Jumainvillois l'ont deviné : la Germaine est déjà là, avec Peigne, Pluret, l'Emile Pluret. Sur les volets, la littérature a cédé la place au dessin : toujours en noir brillant, s'épanouit un postérieur emphatique, marqué à la fesse droite d'une croix gammée ; de ce volumineux séant, qui couvre à lui seul la moitié de la vitrine, s'approche une langue bavante, d'où le goudron goutte jusque sur le pavé. Lécheur fait demi-tour, referme la porte derrière lui. Toute la journée, ma pâtisserie reste fermée.

La nuit, l'artiste anonyme, surpris sans doute de n'avoir pas à refaire la nuit ce qu'on aurait dû défaire le jour — je cite les propres termes de mon instituteur — fignola son œuvre. Il enduisit le postère d'une matière brunâtre que les spectateurs identifièrent avec une moue dégoûtée : je la connais bien ; mes ruelles, mes encoignures et ma maison Charles en sont trop souvent déshonorées ; et pas toujours uniquement par les chiens.

— C'est par souci de couleur locale, dit Tattignies.

Son chien flaire la vitrine avec beaucoup d'intérêt. « Enfin, semble-t-il signifier, de la pâtisserie qui veut dire quelque chose. »

— Ici, chien-chien, dit Tattignies.

Lécheur ne sort même pas pour constater le désastre. Pluret tambourine sur la porte.

— Lécheur ! crie-t-il, c'est jour avec !

Tout mon quartier se tord. Cela me fait comme une colique. Mais ce n'est pas désagréable.

Ce jour-là, comme par hasard, tous mes habitants ont eu à faire rue du Maillet. Mon mal blanc me pèse, c'est un gros furoncle ; tout mon sang se précipite vers le point névralgique : on veut vérifier le jugement esthétique porté par Pluret, qui a déclaré chez la Germaine :

— Le cul du Bien-Nommé, on dirait du vrai.

Le soir même, Lécheur va se plaindre au château. Il obtient du « leutnant » que la patrouille passe par la rue du Maillet ; mais Bachmann se refuse à lancer une proclamation à ma population, un ultimatum à mon maire. Tout ce qu'il voit, c'est que demain il ne jouira pas de son saint-honoré dominical.

Mon pâtissier se met à dormir l'après-midi, pour monter la garde durant la nuit. Il a porté à la Kommandantur de Fignes son fusil de chasse et son revolver d'ordonnance de la guerre de 70. Comme arme, il n'a qu'un bâton d'épine. Dès que le jour s'évanouit, derrière sa porte, il s'installe, prêt à bondir au moindre bruit. Je le sens comme une écharde vivante dans ma chair endormie.

Mlle Vrin

Je viens de voir de la lumière filtrer sous la porte. Il veille. Moi aussi. Mes jointures sont ankylosées. Je

saurai qui c'est. Je me moque de Lécheur, autant que de
n'importe quel Jumainvillois, Jumainville est une prison
— mais je veux savoir. Je posséderai un secret que je
devine important. Je pourrai en disposer comme il me
plaira. Peut-être contre le curé. Je pourrai faire des
allusions, le retourner sur le gril — je ne sais pas,
monsieur le curé, non je ne sais rien — il sera fou de
rage. Si ça pouvait être la garce du Café de la Paix. J'irai
d'abord la trouver, puis Mme Merle. Elles copinent
ensemble, c'est inadmissible : une traînée qui m'insulte.
Elle se frotte à tous les hommes de son café pour se faire
pincer l'arrière-train.... Comment s'est-elle conduite avec
ses petits Autrichiens, une honte, une honte ! Et moi ?
J'ai séché sur pied, derrière la porte, je n'ai jamais pu
caresser un coin de sa peau, que de loin, que de l'œil.
Elle l'a peut-être tenu entre ses bras ; quand il allait
revoir son capitaine, il s'arrêtait toujours au Café. Si
c'était la Germaine ! A la rigueur, Peigne : il a refusé de
ressemeler mes décolletés beiges avec du vrai cuir.

Mon échafaudage tient bon. S'il croulait, je tomberais
entre la lessiveuse, l'O-Cédar et la malle. La lucarne est
un œil ; ce n'est pas un œil-de-bœuf, c'est mon œil à
moi ; c'est ma maison qui veille, elle veut savoir. La
position est bonne. Une position stratégique, dirait mon
cher curé-adjudant. J'embrasse du regard toute la pâtisserie, la moitié des maisons à droite et à gauche : Peigne,
puis Pluret.

Il ne faut pas que je gigote ; la chaise fait craquer le
couvercle ; c'est l'osier qui fait ce bruit-là, presque
chaque fois que je respire ; la malle, à chaque fois,
souffle une odeur de naphtaline. Je monte la garde dans
l'odeur du panier ; c'est tout mon passé qui m'encense à
la naphtaline, en prison, dans la naphtaline...

La lune baigne la vitrine, elle coule sur la maison, elle
éclaire l'autre lune qui vit, palpite dans le rayonnement !
Elle semble — la langue surtout — retrouver de la

chaleur... La chaussée s'estompe, la ruelle sombre dans le noir... Ernst! je revois Ernst! sa chair, sa chair vivante, ses épaules qui roulent sur la résille du rideau. J'écarte le rideau — elles roulent dans la rue. Musclées, pétries de lumière... Son dos bruni, qui se creuse tendrement en descendant vers la ceinture... Mon beau Frisé. Il était bouclé comme une perruque de théâtre. Sur le mur de la pâtisserie, au-dessus du dessin, je revoir son cou baissé; oui, il se baissait comme ça, chaque matin: la position de l'homme à sa toilette. Je l'entendais se lever de côté, de l'autre côté de la cloison; je l'imaginais passant son pantalon, j'attendais cinq minutes; le souffle me manque encore, c'était pourtant il y a trois ans, oui, trois: début de l'occupation. Von Scheer a été le premier. Bachmann est venu plusieurs mois après. Ernst était l'ordonnance du capitaine von Scheer; il est donc venu tout au début. Véchard a dit: «La poupée du capitaine; ordonnance.» Il y en avait un comme ça chez Mondanitas. Poupée du capitaine. Il allait le revoir tous les soirs après s'être brossé les ongles, la Germaine n'a pas pu y toucher alors! Ça expliquait tout: ses belles mains, surtout, allongées, douces, douces, douces, fondantes; et fortes cependant. Elles couraient devant sa bouche comme de petits animaux tout nus quand il jouait de son harmonica. J'attendais cinq minutes, le souffle mort, puis je descendais rapidement coller mon œil au trou de la serrure. L'écran bizarre, découpé pour le passage de la clé, était plein de chair blonde; les reins lumineux se creusaient, puis ils se gonflaient suivant qu'il se baissait sur la cuvette pour se laver la figure ou se redressait devant le miroir pendu à l'espagnolette pour la barbe. Je restais courbée en deux, les seins sur les genoux, cassée. Je ne vivais plus que par les yeux, jusqu'à ce qu'il enfile sa chemise. Quand je me redressais, des taches jaunes et pourpres, en grappes, éclataient sur la doublure des mes paupières; j'avais fixé le

soleil. Je suis allée à Fignes m'acheter du *Soir de Paris*
de chez Bourjois. Ça n'a servi à rien. J'ai encore le
flacon sous le nez ; il est à peine entamé. Ernst est
reparti ; il ne m'a jamais adressé la parole. Il m'a serré
la main de sa main douce et forte. J'ai vécu deux mois
cette torture que je voudrais revivre, que je revis. Le
flacon est là, sous mon nez. Il est posé sur le rebord
poussiéreux. Je le prends, je le tourne, je regarde
l'étiquette *Soir de Paris ;* deux mois il a couché avec une
seule cloison entre lui et moi, soixante nuits de Jumainville. J'ouvre, je respire longuement en fermant les yeux
avec force. J'oublie tout, j'oublie la prison, j'oublie la
naphtaline. Ne pas me confesser à l'adjudant. C'est le
dos d'Ernst, mon joueur d'harmonica, que je revois.

Le postère et la langue disparurent au bout de trois
jours. Les veilles de Mlle Vrin devinrent plus calmes,
mais restèrent aussi vaines. Elle demeurait pourtant
juchée sur sa chaise pendant toute la nuit, scrutant
l'ombre. Sans doute le poète dessinateur profitait-il,
pour badigeonner les volets de Lécheur, d'un moment
d'extase de Mlle Vrin ; il avait tranquillement gou-
dronné ses inscriptions, protégé par le souvenir des
épaules frémissantes de l'Allemand et par ce dos rayonnant qui appelait les caresses.

Lécheur avait nettoyé ses volets : les dessins et les
insultes allaient recommencer. Débarrassée de la vision
hallucinante, Mlle Vrin épiait, le nez devenu, pour un
temps, insensible au *Soir de Paris.*

Le jour suivant, Mlle Vrin traîna la malle d'osier sous
l'œil-de-bœuf, hissa la chaise de la cuisine sur la malle
et se hissa elle-même sur la chaise. Elle frotta son nez
contre le rideau. Il était de bonne heure : les maisons
côté soleil de la rue du Maillet étaient encore toutes

roses et fondantes dans la lumière. Dans le champ d'observation, il ne passait pas un être vivant dont le mouvement ne fût enregistré avec précision et soigneusement rangé dans un coin de la mémoire. Le chien de Trouche, noir et feu, trottina le long du trottoir ensoleillé, flaira l'amorce de la ruelle, pissa, la patte en équerre, et disparut en remontant par la ruelle vers la rue Semeur. Peigne passa à bicyclette, puis Pluret. « Peigne, dit Mlle Vrin. Pluret. Bon. » Pluret revint bientôt avec un panier rempli de salades ; il avançait, le ventre en avant, comme un navire, avec le même roulis. Les petits Bavousse et les petits Merle passèrent en trombe piaillante.

— Des voyous, se dit Mlle Vrin. J'aurais des enfants...

Elisa Boudet — elle courait tout le temps — remonta la ruelle, suivie de peu par M. Plénard. La fenêtre du milieu, au premier étage de la pâtisserie, se ferma. En quelques grandes enjambées, un Allemand eut traversé la rue du Maillet. Mlle Vrin souffla, porta la main à sa ceinture, sur sa poitrine. Une bouffée chaude, un large éblouissement doré lui rappelèrent, un éclair, le souvenir d'Ernst. Un avion vrombit assez bas. Mlle Vrin appuya son nez sur le rideau de l'œil-de-bœuf.

L'avion était allumé.

« C'est un Allemand », songea-t-elle.

Le chien des Trouche revint flairer son pipi.

Régulièrement, le temps coulait à surveiller ainsi le quartier. A chaque seconde, la tonalité de la maison Lécheur changeait. Mlle Vrin poussa le flacon de parfum, entrouvrit la fenêtre ronde. Une légère brise se faufila jusqu'à son visage ; elle portait un vague air de musique qui semblait venir de chez la Germaine. Justement, la Germaine passait. Mlle Vrin referma doucement l'œil-de-bœuf. Un panier au bras, la Germaine se hâtait vers le bas de la rue. Elle tourna la tête vers la vitrine de Lécheur, d'un mouvement trop naturel pour ne pas être étudié, songea Mlle Vrin. « C'est elle, mon Dieu. » La Germaine filait vers la droite. Elle dépassa la maison Peigne. Elle n'allait donc pas au ravitaillement. Elle dépassa la maison Pluret. Mlle Vrin se pencha, au risque de chuter du haut de son perchoir.

— Elle va à son rendez-vous avec le père Boudet, se dit-elle.

La nuit s'installait petit à petit, mais l'obscurité gardait des transparences de verre fumé.

La voiture du château stoppa soudain devant la pâtisserie. Mue par un réflexe, Mlle Vrin se recula dans le noir de sa buanderie. La malle d'osier craqua, souffla jusqu'à la fenêtre son haleine de naphtaline. C'était Gaston qui venait de rentrer chez Lécheur. Lorsqu'il ressortit, Mlle Vrin ne put rien voir ; elle était gênée par la voiture.

Onze heures sonnèrent enfin. Passé cette heure, tout être humain qui se promenait dans la rue du Maillet était suspect. Mlle Vrin redoubla d'attention.

Une heure, puis deux heures assenèrent au silence un, puis deux coups de poing. La vieille fille fixait la vitrine avec une telle intensité que les volets, parfois, lui paraissaient agités d'un brusque mouvement de danse.

La nuque de Mlle Vrin céda ; le menton s'affaissa dans les plis de son cou...

— J'ai failli m'endormir, sursauta la vieille fille. C'est la quatrième nuit que je monte la garde.

Elle secoua la tête, souleva le rideau, rouvrit un instant la fenêtre, écarquilla les yeux. La nuit semblait plus noire. Les sourcils froncés, Mlle Vrin scruta l'ombre. La porte de Lécheur était grande ouverte. Sur les volets, des lignes indistinctes s'entre-croisaient, que des bavures prolongeaient jusqu'au sol. Automatiquement, la bouche ouverte sur un cri étranglé et les mains pressant les macarons de cheveux qui lui couvraient les oreilles, Mlle Vrin se retrouva debout sur le couvercle de

51

la malle d'osier. Le panier répondit au choc par un soupir à la naphtaline. Elle tira violemment la fenêtre et se précipita dehors.

Lécheur était allongé dans son couloir, la main serrant son bâton d'épine.

— Il est mort !

Sur les volets, un Lécheur dessiné à gros traits de goudron, pendu et coiffé d'un casque à pointe, tirait la langue. L'odeur du goudron frais empêchait Mlle Vrin de rassembler ses idées. Elle voletait autour de la vitrine comme une mite autour d'une lampe. Elle croyait voir partout, même dans la ruelle qui longeait sa propre maison, le cadavre du pâtissier.

Lorsqu'elle réagit, il était trop tard. Le sous-officier lui serrait le bras à la faire crier. La patrouille était arrêtée le long du trottoir, comme une charrette. Mlle Vrin essaya de s'expliquer. Aucun des soldats ne comprenait le français. Elle tira sur son bras, fit « ouille », puis : « Vous me faites mal », se trémoussa ; elle glissait sur le trottoir, entraînée vers cette masse noire qui l'attendait, immobile. De son bras libre, elle montra Lécheur, le dessin, se frappa sur la poitrine avec véhémence.

— Moi aller au secours ; moi aller au secours, répéta-t-elle ; chaque fois, pour insister sur son dévouement, elle appuyait sur le mot « secours », tout en pointant son index dans la direction du couloir. Le sous-officier parla, sans desserrer son étreinte.

— Je ne comprends pas, dit-elle.

Elle secoua la tête, désigna le pendu.

— Pas moi, ça, pas moi ! cria-t-elle, comme si toute la patrouille était sourde. Moi au secours.

— *Ia, Ia,* répondit le sous-officier.

— Crétin, murmura Mlle Vrin. Pas moi. Moi innocente, reprit-elle à voix haute.

L'Allemand paraissait intéressé par le dessin ; il

appuya son doigt sur le casque à pointe, regarda Mlle Vrin et souligna son étonnement en relevant les sourcils jusqu'au milieu du front.

— *Nein,* dit-il.

— Crétin. Pas moi, pas moi. Moi ici. Elle montra sa maison, de l'autre côté de la patrouille insensible, immobile, noire.

— *Ia, Ia.*

Le sous-officier laissa un homme près de Lécheur qui reprenait connaissance, et introduisit, ainsi qu'une pièce dans une tirelire, Mlle Vrin dans la patrouille. La patrouille, toujours comme une charrette, se remit en route. Elle s'écarta du trottoir, manœuvra dans la rue du Maillet et remonta vers la place du Marché.

Mlle Vrin

Le crétin m'a lâché le bras. Je suis sûre que j'aurai des bleus, un cercle bleu autour du bras. La brute et la crème de gourde. Quand on n'est pas capable de comprendre autre chose que son baragouin, on ne se mêle pas de vouloir dominer toute l'Europe. Je suis innocente. Qu'est-ce qu'il va croire : que j'ai tué Lécheur ? C'est une erreur judiciaire. Je m'expliquerai avec le lieutenant, je ferai punir le crétin.

Il marche sur le trottoir, à côté de sa troupe. Ils font exprès de taper du talon sur les pavés. C'est pour réveiller tout le pays, tout Jumainville va me voir dans ce paquet de soldats. Tout le monde est déjà aux aguets derrière les persiennes. Nous longeons le *Café de la Paix.* Ils tapent du talon, tous ensemble, exprès. C'est seulement depuis qu'ils m'ont arrêtée qu'ils font tout ce bruit, puisque je ne les ai pas entendus venir. Les brutes. Je sens la Germaine. Elle a entrouvert ses volets et elle retient ses éclats de rire de jument. En voilà une qui est

53

heureuse. Elle va pouvoir se rendormir pour faire de jolis rêves.

Nous traversons la place du Marché ; nous nous dirigeons vers la Grand-Rue. Je traverse tout Jumainville, au milieu d'une troupe d'Allemands plus bruyants que tout un charroi de betteraves. Et qui puent. Ernst sentait l'eau de lavande. Ça pue le cuir, la chaussette, le drap militaire, le suint. J'avance dans l'odeur solide de la patrouille. On dirait un bateau. Ça fait refluer la fraîcheur de la nuit comme une onde, de chaque côté. Si ce n'est pas le bruit de bottes, c'est l'odeur qui réveillera les gens. On va me voir, je n'y coupe pas. Sur ma gauche et sur ma droite, je vois deux soldats de profil. Celui de gauche est gentil. Il a l'air de dormir. Il est plus maigre qu'Ernst ; il doit avoir des salières.

Que va-t-on me faire ? Le crétin m'emmène au château. On fusille toujours dans les fossés, comme à Vincennes. Ici ce sera dans celui du Tour de Ville. Je vois déjà la Germaine dansant sur mon cadavre. Et je ne sais pas qui c'est.

La nuit a beau être fraîche ; je suis en nage. L'abbé Varèmes aussi rigolera.

— Cette pauvre mademoiselle ! dira-t-il.

Denise Véchard

C'est pas compliqué. Vous poussez la poussière sous le fauteuil, le plus bas, celui où ça représente *Le Renard et les Raisins*. Ni vu ni connu, je t'embrouille. Je vais tout de même pas m'esquinter pour eux comme pour Phonse. Pour Alphonse, je travaillais comme qui dirait pour moi. Je l'ai bien repérée, les fesses serrées sur sa chaise dorée, à côté de l'Hitler grandeur nature, mais, mine de rien, je la laisse mijoter.

Elle a dû me voir, elle marronne. Je suis bien tranquille que je suis la dernière personne qu'elle aurait voulu voir. Walter m'a dit qu'elle avait passé tout le temps là. Je me retourne et je m'écrie, comme si j'étais heureusement surprise.

— Mademoiselle Vrin, quel bon vent ?

Elle pipe pas. Je montre la photographie du Führer.

— Ça s'est bien passé, la nuit de noces avec le patron ? que je demande.

Elle prend son air Jeanne d'Arc. Je la pousse. Je dis, en m'appuyant sur mon balai :

— Alors, c'est vous qui peinturlurez des cochonneries sur la boutique du Lèche-bottes ?

— C'est une honte, qu'elle siffle.

Si elle m'appelle créature, je lui balance mon balai dans les chasses.

— Eh ben ? que je fais, qu'est-ce que vous fabriquiez à trois heures du matin, tout habillée dans la rue du Maillet, devant chez lui ?

Ça la lui coupe.

— Je me justifierai devant le lieutenant, qu'elle dit.

Je hausse les épaules.

— Si vous croyez que vous allez pouvoir lui monter le bourrichon, que je dis.

Elle garde le silence, les mains sur les genoux et les seins sur les mains. Elle ferme les yeux.

— Le sous-off', il a fait un drôle de rapport.

Elle bouge pas. On dirait une statue. C'est plus la peine, je peux plus rien en sortir. Je traîne mon balai de l'autre côté du hall, en me tapotant les cheveux.

Devant le lieutenant Bachmann, emmailloté dans une peau d'un rose porcin, Mlle Vrin retrouva tout son calme. Le musicien grassouillet et obséquieux ne l'intimidait nullement. Mlle Vrin protestait auprès de l'interprète et l'interprète présentait ces protestations d'une

voix terne. Mlle Vrin revolverisait du regard le lieutenant qui répétait : *Ia, ia,* foui, foui, sans conviction.

— Une faible femme ne peut avoir assez de vigueur
pour pocher les deux yeux du pâtissier et l'envoyer
knock-out sur le carreau de son couloir, dit-elle.

L'interprète baragouina. Mlle Vrin fixa le lieutenant.

— Foui, murmura-t-il.

— C'est évident, trancha-t-elle.

Elle fut relâchée. Le lieutenant fit un plongeon ;
Mlle Vrin le toisa, défripa sa jupe, foudroya Denise
Véchard, qui s'était attardée dans le hall pour la voir
sortir, et retourna au village, raide comme la justice.

Tout le monde était au courant.

— Elle a passé la nuit au château, dans la salle de
garde, oui, monsieur Pluret, comme je vous le dis, au
milieu des soldats, déclara la Germaine.

Mlle Vrin, la tête droite mais le feu aux joues, passe
devant l'église sans s'arrêter. « C'est la première fois,
depuis ma typhoïde, que je manque la messe du matin,
songea-t-elle. Ne pas me confesser à l'abbé Varèmes. »
Elle se jeta dans la place du Marché comme elle se serait
précipitée à l'eau, presque suffocante. Les regards la
fusillaient. « Je ne sais pas si je n'aurais pas préféré
l'autre fusillade, celle du Tour de Ville », se demanda-
t-elle dans le fond de son cœur.

— Oui, dit la Germaine à voix haute, toute la nuit
dans la salle de garde à faire la vie, comme de bien
entendu, vous pensez.

Lorsque Mlle Vrin arriva chez elle, une odeur déli-
cieuse, envahissante, lui coupa les jambes. Ernst et tous
les Allemands de la patrouille firent rayonner dans sa
cuisine des dos marmoréens. Elle respira profondément.
Dans la hâte de cette nuit, elle avait cassé le flacon de
Soir de Paris.

Mme Merle

Mon Dieu, je l'ai vue faire des pointes. C'était le soir
que l'on a écrit la lettre à l'évêque, pour le bal clandestin. On était toutes chez elle. Quand on a eu signé, elle a
pris la lettre en chantonnant, elle l'a serrée sur son cœur
et puis elle l'a reposée sur la table. C'est alors qu'elle a
porté les mains aux nattes enroulées qui lui cachent les
oreilles, avec des grâces, comme si elle jouait à pigeon-
vole, et qu'elle a fait des pointes. Je suis la seule à l'avoir
vue, mais je l'ai vue. J'en mettrais ma main au feu. Elle
a dansé sur les pointes, juste deux, trois pas, et puis elle
a demandé : « C'est terminé, mesdames ? » Mon Dieu,
mon Dieu !
Il faudra que j'en parle à la Germaine.

La route venant de Fignes longeait le camp d'aviation
de Fignes-Encontour, puis descendait très lentement,
avec de larges boucles, vers la Vélize. L'abbé Varèmes
n'aimait la cicyclette que lorsqu'il n'était pas besoin de
pédaler. Malheureusement, Jumainville se nichait dans
une cuvette ; de quelque côté qu'on se tournât, vers le
château, vers Fignes, vers Villois, il fallait toujours

grimper. Et les hameaux de la paroisse se trouvaient tous, en petits tas, disséminés sur le plateau.

L'Abbé Varèmes

Aller à la Traquette, au fin fond des Champs-Hauts, jusqu'au bord de la forêt, pour ça. Perdu mon temps : il aura droit tout juste à un enterrement de dernière classe. Pourtant bien beau, une belle cérémonie, une messe de mariage, un enterrement avec les tentures, une prise d'armes avec beaucoup de clairons. Tant pis. Dieu, je vous offre ma peine. Et ma sueur.

Déjà la Croix-Basse. J'ai fait vite. J'ai chaud. Le soleil tape dur sur la soutane et sur le béret. Une plaisanterie à côté du feu éternel que le Tout-Puissant réserve aux pécheurs, à la crapule. Je descends de bécane pour souffler un peu. Soleil ou pluie battante, je ne quitte jamais mon pépin. Je le ficelle le long du cadre, au-dessus de la pompe à pneu. Voilà, je l'ouvre. Suis tout de suite mieux. Ouf. Du sommet de la côte, on embrasse le village en perspective cavalière. Je l'examine comme une carte. Manque d'ordre. Je te frapperais tout ça d'alignement, si j'étais le maître. Au cordeau, là et là, en croix, comme dans mon église. N'ont qu'à venir chez moi pour prendre de la graine. Rien qui dépasse, toutes les chaises dans le rang, et, dehors, plus une herbe, une bonne couche de mâchefer. Ça fait propre. Partout de la propreté, voilà ce qu'il faut.

Mon église est en serre-file, à gauche. Elle est trapue : un coup de poing lui rentre la tête dans les épaules. Heureusement, elle est perchée sur les escaliers de l'impasse. Ça la grandit. Et fraîche comme une cave. Ici, je rissole. Ce parapluie noir me chauffe le crâne. Pénitence.

A partir de la Croix-Basse, plus besoin de pédaler,

sauf pour le raidillon du Tour de Ville, à moins de passer par les escaliers de l'impasse du Sud. Faut mettre la bicyclette sur l'épaule. Impasse du Sud ; pourquoi du Sud ? Elle s'ouvre à l'est de la place, c'est pour ça sans doute. Quelle municipalité de crétins ! D'ailleurs ça va sauter d'ici peu de temps, à la mairie. Je leur prépare une petite histoire de bal clandestin qui n'est pas dans une musette. Ça m'étonne que Mlle Vrin ne m'ait rien dit. Elle n'a rien dû savoir, pour une fois. Je vais la souffler. Encore une que j'ai mise au pas. Avec du mal. Tout cela me sera compté. A chaque révolution de sacristie, toc, ça faisait pas un pli, cinquante francs d'amende ou pas d'absolution, pas de communion. J'ai brisé toute tentative, impitoyablement, comme à la compagnie. Maintenant, j'ai mon bataillon de saintes femmes bien en main. Je leur ai enlevé l'ange Gabriel du père Levallois. Me narguait ; symbolisait le règne de Levallois. Elles le lui avaient offert peu de temps avant son départ. Elles l'entouraient d'un culte particulier, elles le fleurissaient. Mlle Vrin l'époussetait plus souvent que saint Antoine de Padoue et que saint Pierre ; ils avaient pris des allures de parents pauvres. Cette adoration, c'était surtout pour m'embêter. Ça n'a pas traîné. Ma Jeanne d'Arc a une autre allure. Et puis d'abord, elle a bouté les Anglais hors de France ; elle donne un exemple plus nécessaire que l'archange Gabriel. Leur Gabriel est remisé dans un coin de la sacristie, où il y a pas mal d'araignées. Il y a belle lurette qu'il a disparu sous la poussière ; comme ça, elles finiront par l'oublier. Va falloir que je reparte. Il fait de plus en plus chaud. Mon front n'arrête pas de couler.

Reprends ma bécane d'une main ; de l'autre, je garde mon pépin ouvert. Une main suffira pour diriger. Je préfère retrousser ma soutane avec tout un système d'épingles à nourrice plutôt que de monter une bicyclette de femme. C'est la bicyclette que j'avais sur le front,

59

celle-là. Jamais crevé, jamais une panne. Du bon matériel militaire et qui a fait toute la guerre, toute la débâcle.

Je me laisse glisser dans la descente ; à chaque tournant, je modifie l'inclinaison de mon parapluie ; il fait frein. La route est bordée de chaque côté par un fossé ; blanc de poussière ; j'ai trois bons kilomètres de descente avant le pont de l'Aspirant. Le macadam est égratigné par les roues des machines agricoles. Mal tenu. Pauvre Lécheur ; c'est de voir le goudron que ça me fait penser à lui. Un partisan solide, lui. Il me fournit de la bonne pâtisserie comme avant-guerre. A Bachmann et à moi, les deux valeurs du pays. Bachmann ne vaut pas le hauptmann von Scheer, c'est un musicien. Mais il est le seul à Jumainville qui porte un uniforme. Avec moi. Je compte pour rien le képi du garde champêtre ; et du facteur. Pauvre Lécheur ! Déplorable histoire ; encore un coup des fauteurs de troubles, faudra m'occuper de ça. Il a eu tort d'aller au château sans me consulter d'abord. Je l'aurais obtenu, moi, l'ultimatum à Morize... Avec un peu de doigté, j'en fais ce que je veux, de nos vainqueurs. Le matin où j'ai aperçu un drapeau anglais et un drapeau américain flotter au-dessus du plus grand tilleul de la place du Marché, j'ai poussé Bachmann à adresser un rapport à la Kommandantur de Fignes. Ça n'a rien donné à l'enquête. Si ç'avait été le hauptmann von Scheer, ça n'aurait pas traîné. Si c'était le hauptmann von Scheer, l'affaire Lécheur ne traînerait pas non plus : on saurait déjà l'auteur des barbouillages. Flanquerais tout ça en taule. Les seuls gens qui ont compris comment fallait procéder, c'est l'Inquisition.

Cette fois-ci, je n'irai pas au château. J'écrirai directement à l'évêché ; je demanderai une sanction contre Morize ; et contre Tattignies. On va voir à Jumainville si ce n'est pas l'abbé Varèmes qui commande.

J'aurais dû demander à la fille Trouche si Denise

Véchard était au bal avec l'interprète. Faut reconnaître que je l'ai habilement interrogée. Elle n'est pas maligne pour deux sous, elle le porte sur sa figure, avec son œil terne, sa bouche entrouverte ; et son profil de brebis. J'ai conduit l'interrogatoire comme il fallait, comme lorsque j'ai mené l'enquête pour le vol de chaussures à la compagnie.

— Mon père, j'ai dansé, a-t-elle murmuré.

J'ai failli sauter en l'air, dans le confessionnal.

— Où ?

— Dans la grange à Daviot.

— Quand ?

Elle a bêlé :

— Monsieur le curé...

— Je ne vous donne pas l'absolution ! Quand ?

— Samedi, il y a huit jours.

Cela fait dix jours. Faut que ma lettre à l'évêque parte ce soir.

J'ai demandé à la pénitente :

— Z'étiez avec qui ?

— L'Emile Pluret.

— Le maire y était ? Et l'instituteur ?

Elle a fondu en eau, une neige au printemps.

Un bal clandestin organisé par le Ballon rond de Jumainville et par la Société de pêche de la Vélize. Pour les prisonniers, sans doute ? Il n'y en a plus. A fallu que je tombe sur une paroisse sans prisonniers. Il y en a eu deux : le rapatrié ne vient pas à la messe et l'autre, l'évadé, le gaulliste, je ne l'ai jamais eu comme paroissien. On m'enlève un immense champ d'action. De quoi ai-je l'air auprès de mes collègues avec un Secours National sans prisonnier ? Pas de quête, pas de visite à domicile, ça me rappelait les revues de casernement. Mes sermons, quand je parle d'eux, restent dans le vague. Mon collègue de Villois a plus de chance. Il a pu constituer un « groupement de Femmes de Prisonniers » ;

tous les trimestres, il réunit sa paroisse pour des fêtes : le
« Colis du Prisonnier ». Il fait de l'argent. Mon cinéma du
patronage, même avec Fernandel, me rapporte beaucoup moins. Beaucoup moins, en tout cas, que ce bal.
Trente francs pour le cavalier, quinze pour la cavalière,
m'a dit Esther Trouche. Ça me fait bouillir.

Je franchis le pont de l'Aspirant ; il y a un léger dos-
d'âne. Ma bicyclette file. La Boiteuse remonte la prairie ;
elle se glisse du côté des étables. Elle ne vient jamais à la
messe. Pourtant la famille Boudet est pratiquante. A
voir. Je dépasse la ferme ; les volets sont fermés. J'entends la friture d'un poste de radio. Par-dessus la
luzerne, j'aperçois un panama dans le jardin. C'est
l'ennemi, l'instituteur. Il se relève, je pédale. C'est
dommage, je pouvais encore faire cinq cents mètres en
roue libre, jusqu'à l'entrée du village, quoi ! Son sale
cabot vient aboyer après moi.

Je grogne : « Sale cabot, fiche-moi le camp ! »

Il gueule et court à côté de ma bicyclette. Je donne un
coup de pied. Dans le vide. Un coup de guidon. J'ai failli
partir dans le fossé. Sale cabot d'un sale maître.

— Comme-vous ! appelle-t-il.

Bien une idée de mécréant d'appeler un chien Comme-vous ! Le chien s'en va. Je baisse mon parapluie et
j'appuie sur les pédales. J'ai quitté la Traquette à deux
heures et demie au soleil, l'heure des paysans. Il doit être
maintenant un peu plus de cinq heures, à l'heure de la
ville. La classe est déjà finie ? Feignant. Celui-là aussi va
le sentir passer, le bal chez Daviot.

Je descends pour grimper à pied le petit raidillon du
Tour de Ville. Je ferme mon parapluie.

Je pénètre dans ma forteresse par la petite porte de
côté. Fraîcheur de cave, c'est bien ça. Suis aveugle. Je
reste immobile, à me lécher les lèvres et à remuer
faiblement les doigts dans l'eau du bénitier. Je suis chez
moi. Mes yeux s'habituent à l'obscurité familière. Les

62

gros piliers blanchis à la chaux sortent de l'ombre ; même, je peux distinguer sur chacun d'eux les troncs que j'y ai mis.

Je traverse le chœur, j'esquisse une génuflexion devant le tabernacle ; pousse la porte de la sacristie. J'entends : « Monsieur le curé », c'est lancé d'une voix étouffée. Mlle Vrin se décolle du confessionnal. Dans la lumière d'aquarium dirigée en faisceaux par les vitraux, elle s'avance vers moi, en flottant. On dirait une méduse. Faudra que je fasse enlever la mousse des vitraux.

— J'ai à vous parler, dit-elle.

Ses mains se pétrissent mutuellement. Signe de nervosité. Elle baisse la tête. Attitude de coupable. Toutes les créatures sont coupables. Toutes !

M. Tattignies

Il a l'allure anachronique d'une bicycliste 1900 plongée dans le deuil. Il remue une étrange paire de culottes de golf. Avec son parapluie ouvert, sa soutane retroussée, ses pieds longs et plats comme des bouts de planche, il dessine sur le goudron, en noir sur bleu, une ombre cocasse. Je la vois mal, c'est dommage. Comme-vous court le saluer. C'est une boule de poils qui bondit en sinusoïde dans la luzernière du père Boudet et jaillit près des mollets, drapés de noir. Il décoche un coup de talon, il oscille, titube, se reprend. Son parapluie sautille comme l'ombrelle d'une danseuse de corde.

J'appelle : « Comme-vous ».

— C'est bien, chien-chien. Tu as failli le flanquer par terre.

Il pédale ferme et dirige vers moi le bouclier noir de son parapluie. Oui, je regrette Levallois. Un esprit large.

— Comme-vous ! cesse de gratter là. Viens.

Il est très obéissant. Je dis : « Toutou », et il remue la

queue. Mme Rousselan m'a raconté le texte de la lettre que Levallois avait répondu aux saintes femmes, quand elles ont essayé de le faire revenir. Après l'avoir tellement accablé de misères qu'il s'est enfui à tous les diables, si je puis dire. « Mon temps de purgatoire à Jumainville a suffisamment duré. Mes péchés ne sont pas si nombreux ni si noirs qu'ils nécessitent mon retour parmi vous. » Et toc !

Mes légumes manquent d'eau. J'arroserai ce soir avec Pluret. Comme-vous me regarde, il a l'air triste. Je lui gratte le crâne.

Je dis : « Eh bien ! chien-chien, il a dû t'appeler sale cabot, hein ? »

L'abbé Varèmes mit les mains derrière son dos, se balança, la tête légèrement penchée, son nez osseux frétillant. Il était prêt aux confidences.

— Pas ici.

Mlle Vrin, d'un signe de tête, montra, dans le fond de l'église, une forme sombre tassée sur un prie-Dieu. Ils passèrent tous les deux dans la sacristie.

— Alors ? demanda le curé.

Il affectait de tourner le dos à la vieille fille. D'une petite armoire, il tira sa barrette, la coiffa après avoir jeté son béret à la volée sur une chaise. Du pied, il cogna une statuette ailée qui était recouverte d'une épaisse peluche grise.

— Alors ? répéta-t-il.

D'un geste brusque, il se retourna vers Mlle Vrin ; elle était restée collée à la porte. Dans l'ombre, il ne voyait d'elle qu'une forme immobile habillée en clair, une tête inclinée, serrée, sous le chapeau, entre deux plaques rondes de cheveux nattés, et deux mains qui se gommaient l'une l'autre.

Mlle Vrin

— Alors, dit-il.

Il se retourne comme un diable. Je ne sais pas où commencer. Le dos d'Ernst me gêne. Même ici, mon Dieu. Je suis une pécheresse. Il illumine la pièce obscure, avec un soudain éblouissement blond et rose. J'ai respiré le *Soir de Paris* toute la journée. J'ai la migraine. Je me sens intimidée.

Il me demande si je veux être entendue en confession. En confession, avec lui. Il serait trop content de me tenir.

Je dis : « Oh ! non ! »

Je ferai le voyage de Fignes.

Oui, je me décide. Il se balance, le cou tendu, les mains derrière le dos. Ses yeux, à demi clignés sous les sourcils relevés, me vrillent comme deux mèches de vilebrequin. Il est heureux de me sentir dans mes petits souliers. J'enrage d'être moralement au garde-à-vous. Moi, qui commandais toute la paroisse de Jumainville. Je n'ai pas dit mon dernier mot.

Je commence par le panégyrique de Lécheur, pour me mettre en train :

— M. Lécheur est un très bon catholique, un excellent paroissien, qui suit régulièrement les offices...

— Je sais, dit-il. Je connais mes paroissiens, moi.

Qu'est-ce qu'il veut dire ? Il ne me connaît pas et je suis sa paroissienne. Sait-il que j'ai écrit à l'évêque, dans son dos ? Non, alors ?

Je prends à son début le récit de la persécution dirigée contre Lécheur. Il s'impatiente.

— Je sais, dit-il. Je suis au courant de ce qui se passe dans ma paroisse.

Je pense au bal. Ça me fait rire en dedans. Je retrouve mon sang-froid. Je dis :

65

— Mais, monsieur le curé, savez-vous que ce pauvre
M. Lécheur a été à deux doigts de la mort ?

Il a un haut-le-corps de surprise.

— Quoi ? Mais quand ?

— Cette nuit, monsieur le curé.

Je marque un point.

— Cette nuit ! Seulement maintenant que vous venez
me le dire ! Suis donc le dernier informé ! Le lieutenant
sait ?

Je hoche la tête.

— Et le maire ? fait-il.

Je dis :

— Oui.

J'ai trouvé une arme contre lui.

Je marque un deuxième point. Mes mains ne tremblent plus ; je le regarde en face.

— Jusqu'à Tattignies...

Il m'interroge du menton, je fais « oui » de la tête :
trois points.

— Jusqu'à celui-là qui sait tout avant moi ! Le dernier
du village ! Je ne sais rien, on ne me dit jamais rien !
Comment voulez-vous que je défende les intérêts de
l'Eglise ?

En trois enjambées, il a fait toute la largeur de la
pièce et tourne comme un écureuil. J'ai failli gémir :
« Vous me donnez le tournis, monsieur le curé. »

— Je suis venue tout de suite après le déjeuner,
monsieur le curé. Vous n'étiez pas là.

— On m'a appelé à la Traquette, grogne-t-il. Mais
avant midi ?

— J'étais au château.

Il fonce sur moi, les yeux méchants. Je dis :

— J'étais arrêtée.

Il souffle. Il a cru un instant que j'avais été faire une
déposition sans passer par lui, le supérieur hiérarchique
des âmes pieuses. Il recule.

66

— Bon, dit-il. Racontez-moi tout.

Il s'assoit sur la chaise, sur son béret. Je reste dans le creux de la porte ; il me voit mal. Je dresse la chronologie des événements. Avec minutie. Il en aura pour son argent. J'insiste sur le passage de la Germaine, dans la rue du Maillet. Je garde Ernst et le flacon pour le curé de Fignes. Je me confesserai.

— Voilà, monsieur le curé, dis-je.

Il me demande :

— Vous n'avez rien pu distinguer ?

Je ne vais pas lui dire que je m'étais endormie. Il serait capable de me donner une amende.

— Il faisait pas mal nuit, dis-je.

— Même pas la taille, la silhouette ? Un homme ou une femme ?

— Non, monsieur le curé. Je ne sais pas.

Il est de mauvaise humeur.

— Total, vous ne savez rien, dit-il.

Je pince les lèvres. Il n'avait qu'à monter la garde, lui.

— A trois heures du matin, dis-je, on ne voit pas comme en plein midi. Et puis, l'individu était masqué et enveloppé dans une capuche. Je n'ai pas pu voir si c'était un homme ou une femme.

Je me confesserai à Fignes. J'irai samedi, par la camionnette de Boisselut.

— Un masque, une capuche ? Intéressant. Vous auriez dû crier, appeler au secours, sortir dans la rue.

— Facile à dire. Il était peut-être armé. En tout cas, il était fort. La preuve : Lécheur.

— C'est donc un homme ?

— Je n'ai pas dit ça. J'ai dit : il, comme j'aurais dit : elle. Il y a des femmes qui sont capables, à Jumainville, de boxer le pâtissier. Pas moi, bien sûr. Mais regardez la Germaine.

Il se lève.

— Mademoiselle Vrin, dit-il, il faut continuer votre

67

faction. Vous viendrez au rapport au moment de l'angélus, ou plus tard dans la soirée. Surveillez la rue du Maillet.

— Et la place du Marché, monsieur le curé. J'ai idée que la Germaine...

Il a un geste bref de la main :

— Nous verrons, dit-il. En attendant de pincer le coupable, rapportez-moi tout ce que vous verrez d'insolite. Je tiens à être au courant de tout ce qui se passe chez moi... A propos, est-ce que vous saviez que le Ballon de Jumainville et que la Société de Pêche avaient organisé un bal clandestin, il y a environ huit jours ?

Il l'a su. Ses yeux à demi fermés se posent sur moi, comme deux doigts. Je proteste.

— Moi, monsieur le curé !

Puis je demande :

— Un bal clandestin ? Quelle honte !

Je l'ai su bien avant lui, le soir même, par le fils Pluret. J'en ai même écrit à l'évêque ; une lettre collective, signée par toutes ces dames. L'évêque va lui demander des explications. Il va piquer une rage folle. C'est bien pour qu'il ne devine pas le coup que je me montre si soumise. Je demande :

— Et où, monsieur le curé ?

Je m'avance dans la pièce. Ma migraine a disparu.

— Peu importe, dit-il, je vais écrire à Monseigneur.

— Vous avez raison, monsieur le curé, c'est une honte. A votre place, j'irais me plaindre au château.

Je dissimule un sourire. Je fais une pause, puis je susurre :

— Comme pour les drapeaux, monsieur le curé.

La Germaine

C'est l'heure où mon café est plein. Ça marche. Maintenant que j'ai fait peindre les trois boules, la rouge et les blanches, va falloir que j'achète un billard. J'en parlerai au père Boudet. J'ai de la place en poussant la table de Pluret près du comptoir. Sur la terrasse, des gens sont assis sur les chaises de jardin, ils jouissent des taches de soleil que les tilleuls leur font danser sur la figure.

— Un pernod, la Germaine, qu'on me dit.

C'est Janvier.

Je prends mes bouteilles sous mon comptoir. Les fumiers m'ont volé mon zinc. Sur une toile cirée, ça fait des ronds. C'est pas propre. Le sucre poisse. Rien ne vaut un zinc, c'est sûr. Quelle sacrée bande de voleurs !

— Bien tassé, que je fais comme ça, à Janvier.

Pluret, Peigne et lui parlent de Lécheur, de la Vrin.

— Je trouve ça bien marrant, que je dis de temps en temps.

Mais je les écoute pas. Mes idées trottent.

Hier au soir, dans les sureaux, il a été catégorique : « Veux-tu qu'on se marie ? », qu'il m'a demandé.

— C'est à voir, que je lui ai répondu. Faut toujours

réfléchir dans ces cas-là. Pour Théo, j'ai bien fait.

Il s'est déboutonné, comme on dit :

— J'ai besoin d'une femme, la Germaine, qu'il a murmuré en suçant sa moustache. Besoin d'un pas de femme dans la maison. La Boiteuse est boiteuse et la Marie, elle compte pas : elle fait que la cuisine, elle n'est bonne qu'à ça. J'ai besoin de quelqu'un qui me passe la carafe en me regardant avec des yeux comme tu me les fais, qu'il m'a dit — ça, c'était gentil. L'autre, c'était une chichiteuse, tout juste capable de faire pousser des roses. Avec toi, j'ai mon pain blanc devant moi.

Ça aussi, c'était gentil.

— Voir, que j'ai fait.

— Tu as de la tête et le reste. Je suis plus jeune, mais je peux faire bien de l'usage. Tu le sais bien.

J'ai dit :

— C'est vrai, ça. Et d'abord, c'est dans les vieux pots qu'on fait les bons onguents.

— Alors ? qu'il m'a demandé.

— Faut que je réfléchisse.

Ça mérite réflexion. Il a des sous. Ça, ça m'est égal. Mon café marche ; pour ce qui est de l'argent, j'aime mon indépendance. Comme ça, on peut les envoyer balader. Je garderai mon café. Il est d'accord. Je ferai retapisser les chambres du devant. J'ai déjà demandé à Plénard. Je voudrais faire hôtel.

— C'est pas pour avoir de la viande sous la main ? qu'il m'a demandé, soupçonneux.

Voilà un point à régler. Il est pas vieux, c'est sûr. On l'appelle le vieux parce qu'il y a Auguste et qu'il faut qu'on fasse la différence. Mais il est pas vieux ; je connais même des jeunes qui sont plus vieux que lui pour bien des choses. Il a une belle moustache et des mains aussi costaudes que celles de Théo. C'est un bel homme, quoi, qui fait de l'honneur à une femme. Dommage que ses yeux lui donnent un regard mi-paille, mi-foin. Ça fait pas franc. Quand on sera ensemble, je lui ferai enlever son chapeau.

Janvier me demande un autre pernod. « Voilà », que je fais. Un autre rond sur cette saloperie de toile cirée. Les fumiers de voleurs !

Mais j'aime bien ma liberté. Je suis dans toute ma fleur, comme dit Pisse-la-Craie. Je songe pas à dételer. D'un autre côté, le mariage c'est la situation stable, solide, que ma famille, elle, a jamais connue. La Céleste serait contente de savoir que je pense à m'établir. J'aurai enfin un grand nom, comme tout le monde. Je serai Mme Boudet et pas seulement la Germaine. Germaine Boudet. Ça fait marrant. Jusqu'à présent, j'ai été qu'un prénom pour tout le patelin, même pour Morize, même pour M. Tattignies : « La Germaine », qu'ils me disent toujours. Est-ce qu'ils me diront des Mme Boudet longs comme le bras ? Je regretterais. Il y a des femmes, comme la Vrin, qu'on n'a jamais su si elles avaient un prénom. Il n'y a pas un homme qu'a dû s'en servir. Quoique, pour la Vrin, j'en mettrais pas ma couenne à brûler. Germaine Boudet, la Germaine. Faut réfléchir.

J'ai déjà refusé : Germaine Blanchon. Mais j'avais que dix-huit ans. C'est pas un âge à ne prendre qu'un seul homme. Je suis pourtant restée près de quinze ans avec lui et je l'ai pas plus trompé qu'une autre, et avec des hommes moins bien que lui ; ça compte pas. La preuve qu'on s'entendait bien, c'est qu'il m'a tout laissé. Il était plus jeune que Boudet, mais il est mort. J'ai bien fait : je serais veuve à l'heure qu'il est, tandis que je suis toujours fille ; la Germaine. Je respecte les traditions de la famille, que me dit toujours Tattignies. L'Ugénie, la Céleste, la Germaine. Chez nous, les femmes ne pondent que des filles et comme aucun enfant n'a de père parce qu'il en a eu de trop, il y a pas de mâle définitif. Boudet va être le premier. Mais l'époque était pas troublée comme maintenant. Aujourd'hui, allez donc savoir ce

71

qui, du jour au lendemain, peut vous tomber dessus ? Un mari, ça peut servir, ça donne un état civil. Et je peux trouver plus moche que Boudet. Avec Elisa, je m'arrangerai. Elle ne se mêle pas des affaires de son père. Pourvu qu'elle roucoule avec son Marcel... Il y a Auguste. Il me fait déjà la gueule parce que je fréquente le vieux, qu'est-ce que ça va être quand je serai sa belle-mère.

— Tu rêves ?

Boudet passe derrière le comptoir. Il tient à montrer qu'il est chez lui.

— A quoi penses-tu ? qu'il me demande.

— A ce que je pense, que je réponds.

Je me mets à rire et lui rigole de confiance. Il me caresse le derrière. C'est plus fort que moi, quand je sens sa main forte et tiède et écarquillée, je frissonne de la croupe comme une jument touchée des mouches.

Janvier, Peigne, Pluret, Boisselut, Trouche, qui sucent leur verre. C'est de bons clients.

Je pousse tout à coup un ricanement et j'annonce :

— Lèche-Curé-la-Gambille qui revient de chez Scrogneugneu. Elle y est fourrée depuis le déjeuner, je me demande !

Elle fonce à travers la place du Marché, tête baissée sous son ombrelle.

Je dis :

— Elle a le feu aux jupes ; je me demande ce qu'elle a bien pu fabriquer avec la soutane.

« Je suis la citadelle du péché », qu'elle crie partout. Depuis plus de vingt ans qu'elle est dans le pays, elle ne fait que m'attaquer. Elle en est pour ses frais de poudre. Le balai a rossé l'ombrelle, un jour, tout le monde se rappelle. Je demande pas mieux que de faire la paix. J'aime pas les disputes. Mais j'aime pas non plus qu'on me marche sur les pieds. Je sais me défendre, je suis assez grande.

72

Elle tourne dans la rue du Maillet. Je me penche, j'ouvre la fenêtre sans renverser mes bouteilles.

— On vous a mise au mâle, cette nuit, que je lui dis. Ça vous a remontée, la corrida ? Ça vous a chassé vos aigreurs ?

Elle se précipite, nichée qu'elle est dans son ombrelle.

— Paillasse à Wehrmacht ! que je lui jette.

Je suis satisfaite. Je referme la fenêtre.

— Tu vas lui chercher des pouilles, qu'il grogne.

— Mince alors, que je fais comme ça, je suis bien tranquille qu'elle a dit au Boche et au curé que c'était moi qui avais peinturluré le Bien-Nommé ! Je me défends.

— Tout de même, Mlle Vrin arrêtée par les Frisés, c'est pas croyable, que dit Pluret.

Janvier renchérit :

— Sûr, elle a dû avoir les foies.

— Elle ? que je rigole. Elle s'est fait sauter par tout le corps de garde. Elle leur a montré la lune, tiens, aux Chleuhs, et les étoiles ; avec la manière de s'en servir.

— C'est pas parce que tu l'aurais fait, qu'il dit, qu'il faut que tout le monde soit comme toi.

Je ris :

— Ceux de maintenant, ils sont trop moches.

Mes petits Autrichiens, c'était de la crème ; tendres et maladroits comme de jeunes chiots. Les jeunes morveux, j'aurais pu être leur mère. Il y en avait de bien complaisants et de bien balancés : l'ordonnance du capitaine, tiens, qui jouait de l'harmonica : elle en avait fait un pétard : « Chez une femme seule ! qu'elle glapissait, c'est une honte, j'irai me plaindre au château — Va voir Hitler, eh ! punaise, que je lui avais dit. Ne t'en fais pas ; il te touchera pas, ton Frisé. Il a trop soin de ses ongles. » D'abord, c'était pas des Prussiens. Des Autrichiens, c'est différent. Ils étaient jeunes : « Matame Chermaine, Matame Chermaine, Merte Hitler, Merte Hitler ! » Des gosses.

Tout le monde donna son avis :

PLURET. — Ça c'est vrai qu'ils sont moches ; à côté de ceux du début.

BOUDET. — Ceux du début, c'était pour nous en flanquer plein la vue.

PEIGNE. — C'est les raclures, maintenant.

PLURET. — Les fonds de tiroir.

BOISSELUT. — Tiens, la Russie, ça leur en pompe.

JANVIER. — C'est bien fait. Les vaches !

Et tout le monde répéta :

— Ah ! les vaches.

— Et tout ça, fit la Germaine, à cause de leur fumier de Hitler.

Une approbation à plusieurs voix s'éleva dans la salle. Des gens de la terrasse rentrèrent dans la pénombre du café pour répéter :

— Ce fumier de Hitler, tout de même.

— Il sera pendu, assura Pluret.

— On avait dit ça du Kaiser, remarqua Trouche en secouant la tête.

— Oui, mais, cette fois-ci, on a compris, dit Pluret.

— Le fumier, répéta la Germaine.

— Vous parlez de ces messieurs ? demanda Tattignies sur le pas de la porte.

La Germaine tendit, derrière son comptoir, son bras moucheté de taches de son :

— Entrez, proposa-t-elle, que je vous offre un rafraîchissement.

Le père Boudet baissa la tête et fila reprendre sa place à la table. La Germaine secoua les bras, les enveloppa de son tablier, puis versa un pernod. D'un mouvement preste du poignet, elle rattrapa la goutte au bord du goulot et la repoussa avec le bouchon à l'intérieur de la bouteille. Le chien flaira le plancher.

— Ça pousse comme vous voulez, le jardin ?

— C'est bien sec, gémit Tattignies.

Tous reprirent le gémissement. En chœur, même Janvier qui n'avait pas de jardin.

Pluret ajouta que c'était une catastrophe, qu'on avait bien besoin de ça, qu'une année où il aurait fallu des récoltes à faire péter les greniers les champs ne donneraient même pas de quoi satisfaire aux réquisitions des Boches, qu'il n'y avait pas de bon Dieu.

Janvier

Où dégote-t-elle ses machins pour fabriquer une bibine pareille ? C'est meilleur que du Fils ou que du pastis. J'en ai redemandé un autre. Une bombe peut me dégringoler dessus cette nuit. Ça sera toujours ça de pris.

Sacrée Germaine ! Elle est la première à s'appeler Cuisse-Hospitalière. Comme dit mon grand-oncle : « C'est peau de mère en fille, dans cette famille ; mais c'est de braves peaux. » Les femmes de Jumainville, elles devraient lui être reconnaissantes de leur renvoyer un mari tout remonté et de bonne humeur. *Café de la Paix*. La voilà la paix ; siroter son pernod bien tassé. C'est le remède assuré contre le cafard et les ennuis de famille. Sacré veinard de Boudet.

— Comment va votre neveu ? demanda Tattignies à Peigne.

Moi j'étais en Prusse-Orientale. Ils m'ont tenu deux ans et demi, trente et un mois à Kœnigsberg. Ils m'y tiendraient encore si je n'étais pas système D. Je suis électricien, ça m'a pas empêché de me faire rapatrier comme agriculteur. Et l'autre prisonnier de Jumainville, il s'est débiné chez de Gaulle, qu'on dit. Je le revois, ce sacré Léon, aussi nettement que s'il était dans le café : un grand beau gars qui braconnait comme pas un. Et

lourd des poings. Il s'était cassé la gueule avec le père
Boudet. On n'a jamais su pourquoi. Un tout fou, quoi,
une tête brûlée. Et avec le Bien-Nommé ! il a voulu le
fendre comme une bûche, avec sa cognée. Six mois de
taule. Pour voies de fait. Lécheur ressemblait à une
poire blette.

Le maître d'école enlève son panama. Il éponge son
crâne qui a des reflets jaunes, comme qui dirait des
vieilles touches de piano.

Il dit :

— Il fait bon chez vous, la Germaine. Et c'est bon
aussi, votre truc.

— Sûr. Il faut bien touiller avec sa cuillère. J'en avais
pas du pareil à Kœnigsberg.

On se relança sur l'histoire Lécheur. La Germaine
récita à pleine gorge les « poésies » vengeresses et commenta les dessins avec tant de vigueur que la salle
croyait les revoir. Pluret, un peu jaloux du succès de la
Germaine, ajoutait des fioritures.

— Et c'est vrai, ce qu'on dit de Mlle Vrin ? interrom-
pit l'instituteur.

Germaine se déchaîna ; elle décrivit la Lèche-curés,
nue sous son peignoir de pilou, bondissant dans le clair
de lune à travers la place du Marché...

« Elle est inspirée », songea Tattignies, Mlle Vrin mettait une patrouille hors de combat, y compris le sous-officier, prenait le château d'assaut, épuisait le corps de
garde et violait jusqu'à la photographie de Hitler.

— Pensez donc, dit la Germaine, elle était heureuse
de se mettre un puceau sous la dent !

Le *Café de la Paix* gloussait, jubilait, se bourrait les
côtes à coups de coude.

— Elle vaut mille.

76

— Crevant.

— Sacrée femme !

— Vous n'exagérez pas un peu ? questionna Tattignies.

— Une ancienne danseuse qui s'est mise cul bénit pour chasser le diable de ses jupes ! fit la Germaine en haussant les épaules. Je le tiens du garde champêtre. Pas celui-là. Celui d'avant, quand elle est arrivée après son voyage à Lourdes, qu'elle a raconté, pour sa typhoïde. Et le garde champêtre...

— Evidemment, sourit Tattignies. Un garde champêtre est une source autorisée.

Des rires ronflaient dans les poitrines, comme du feu dans un poêle. La Germaine était aux anges et le père Boudet riait de la voir rire ; les larmes glissaient dans les rides de ses joues ; il en oubliait le regard de l'instituteur.

Il sursauta, lorsque, la salle calmée, Tattignies l'interpella :

— Père Boudet, dit-il.

Le père Boudet grogna sans relever la tête, les yeux protégés par le rebord de son chapeau.

— Il y a une note arrivée pour vous à la mairie. Vous touchez un service rural. Un étudiant. C'est M. le maire qui vous l'affecte.

— Je suis pas fauché, avec ça, murmura le père Boudet.

— Vous êtes le seul à réclamer de la main-d'œuvre, et vous n'êtes pas content quand on vous en envoie.

— On me donne de la fille. Ç'a la tête pleine, mais rien dans les bras. Ça fait pas du travail qui rend, ces ouvriers-là. Ça vaut pas ce que ça mange.

— Il travaillera toujours autant qu'Auguste, glissa la Germaine.

— Vous lui rendez sans doute service, à ce jeune homme, continua Tattignies.

— S'il fallait rendre service à tout le monde...

Le père Boudet s'arrêta ; à travers le bord de son feutre, il avait deviné le regard glacial.

— Et puis, j'ai pas de place pour le loger, grommela-t-il.

— Au-dessus de ton étable, à côté de tes bonnes, tu sais, la chambre de ton ancien charretier ? suggéra Pluret.

— Occupe-toi de tes oignons, fit Boudet.

La Germaine s'avança, gourmande :

— Il est jeune ? demanda-t-elle.

— Un étudiant, qu'on te dit, répliqua le père Boudet. Leur nez pisse encore du lait, aux étudiants.

Germaine, avec un large sourire, se lécha les lèvres.

— Je peux le prendre, dit-elle. Et gratis. Tant pis, j'attendrai pas que Plénard me fasse les chambres du devant. M'est avis que je pourrais attendre longtemps.

Le père Boudet regarda la Germaine, ouvrit la bouche, la referma. Il se tira la moustache et dit :

— C'est bon. Je le coucherai.

La Germaine éclata de rire.

— Avec qui ? J'irai le border, moi, ton poulet !

Le père Boudet rouvrit la bouche, puis haussa les épaules en tournant la tête.

— V'là la viande fritz, murmura Pluret. Elle sent la terre moisie.

Denise Véchard entra, provocante, comme à l'ordinaire. Elle faisait sauter sur sa poitrine la petite croix gammée en or.

— Elle finira par se faire casser la gueule, murmura Peigne.

— L'opinion de femmes comme ça, ça compte pas, dit Pluret. Ça serait les Américains, qu'elle ferait pareil.

Denise, les poings sur les hanches, s'arrêta sur l'entrée.

— Avisse, clama-t-elle. Le lieutenant donne un concert dans une semaine, mardi prochain, 9 mai, à neuf heures et demie du soir.

Elle ricana, insolente :

— Vous y êtes tous cordialement invités. Il y aura des petits gâteaux de chez M. Lécheur et du porto pour les dames. Et autre chose aussi, que je peux pas dire.

Elle se sauva. Le *Café de la Paix* réagissait violemment. On eut le délicat plaisir d'entendre Germaine la traiter de « pute nazie » et d'« essuie-bottes à croix gammée ».

— Elle va se faire cloquer par un Fritz, avança Janvier.

— Par son interprète. Ils sont toujours ensemble, dans toutes les granges, dit Trouche.

— Pas si bête, murmura la Germaine. Regardez-moi ça. Elle le remue, son panier à crottes.

Elle se tourna vers Boudet, qui s'était à nouveau glissé derrière le comptoir.

— Tu y retournes, au château ? demanda-t-elle sévèrement.

Le père Boudet remua les épaules, d'un mouvement vague.

— T'occupe pas, dit-il. C'est mes affaires.

— Les miennes aussi, si je veux. J'ai bien le droit d'y fourrer mon nez, non !

Le père Boudet tendit la main pour flatter la croupe ; d'un saut de hanche, la Germaine repoussa la caresse.

— Change pas de conversation, grogna-t-elle. Que tu fasses du bizeness avec les Chleuhs, ça me chiffonne. Mais que t'ailles chez eux leur lécher ce que je pense comme le pâtissier, ça non !

— Tu couchais bien avec tes Frisés, répliqua le père Boudet.

— Ça n'a rien à voir, décréta la Germaine catégorique. C'étaient des Autrichiens, je leur faisais crier : « Merte Hitler ! »

Elle ajouta, soudain mélancolique :

— Et d'abord, à l'heure qu'il est, mes Frisés, comme tu dis, ils sont tous morts.

Berthe

Auguste.

Lécheur se réveilla, courbatu, les fesses coties par le carrelage du couloir. Le derrière pincé par l'angoisse, il risqua un œil dans la rue. Elle était vide ; on n'avait pas touché à ses volets. « Le beau matin », songea-t-il. Il se prit à aimer le printemps. Les yeux semblables à des huîtres portugaises, la mâchoire douloureuse, il fit quelques pas sur le trottoir, en se frottant les mains.

Lécheur

J'ai déclaré la guerre aux ombres. J'ai passé toute l'après-midi d'hier à nettoyer mes volets. Je ne me suis pas caché : toute l'après-midi, on m'a vu, sous un soleil à cuire un œuf, astiquer ma boutique ; j'ai gratté les taches de goudron sur mon trottoir ; je me prépare à la lutte. J'aurais dû garder mon revolver d'ordonnance. Je l'abattrai comme un chien. La nuit a été calme. Il n'a pas osé risquer une autre attaque ; l'échauffourée de la nuit précédente l'a surpris. Qu'est-ce qu'il croyait ? Je l'abattrai à coups de bâton ; et le village aussi, à coups de bâton ; ses apitoiements ironiques me donnent des envies de massacre.

« Pauvre M. Lécheur ! », répète la Vrin. Elle encore,

mais Pluret, Peigne, Plénard, le *Café de la Paix,* l'instituteur. Ils ne perdent rien pour attendre. Ils ne se doutent pas. «Pauvre M. Lécheur !... » Rira bien qui rira le dernier.

Je traverse Jumainville, à cheval, à la tête d'une troupe de S.S., la mitraillette sous l'aisselle. Je ris de voir les Jumainvillois courir comme des rats, dans tous les sens, donnant du crâne dans les coins de maison, s'assommant contre les tilleuls du marché, tombant comme des mouches. Que les autorités d'occupation me nomment gauleiter de Jumainville ! Le lieutenant est trop doux. J'arrête tout le monde, je torture, j'arrache des ongles, je coupe des langues, des seins, des oreilles, je rabote la Germaine, tiens, du haut en bas, et je fous le feu à son chignon queue de vache ; pour finir, je fusille tout le monde, rram ! d'un coup de scie horizontal et j'accroche les cadavres comme des lampions dans les tilleuls de la place du Marché.

Je frotte mon menton, il est mou, on dirait du bouilli. Je hume l'air. Le matin est splendide, merveilleux : l'ennemi n'a pas osé revenir cette nuit.

On va voir de quel bois se chauffe le pâtissier Lécheur, le Bien-Nommé comme ils disent. On va voir.

Vers l'heure du dîner, au moment où l'on redonnait l'électricité, Lécheur ouvrit ses fenêtres toutes grandes et lança sa T.S.F. au maximum. L'énorme voix, mêlée de chuintements, de sifflements, de rots, de hoquets, emplit la rue du Maillet de sa marée. Le son battait les murs, sautait dans les pièces, s'épanouissait en panache au-dessus des toits et au-dessus de la place du Marché, fusait par les ruelles dans les rues voisines en éclaboussant les vitrines. Les façades le portaient, le canalisaient comme un tuyau d'orgue et s'ouvraient comme un pavillon de phono à hauteur de chez la Germaine.

82

Là-haut, les vitres de l'école vibraient. Lécheur se campa sur le pas de sa porte, pour suivre l'éditorial de Radio-Paris. Les fenêtres de la rue se fermèrent. « Ils vont crever de chaleur », se dit le pâtissier avec plaisir.

Quand Radio-Paris eut fini, il capta Berlin, une émission tonitruante dans le genre « discours du Führer ». Jusqu'à dix heures du soir, il écouta, hurlés en allemand, des communiqués dont il ne comprenait pas un mot.

Mlle Vrin

Cent francs à saint Antoine si, le soir de la lettre, le facteur arrive à l'heure. Cent francs, j'en fais le vœu. *Amen.*

A l'heure de l'électricité, Lécheur voulut exploiter son avantage de la veille. Il déchaîna sa radio et parcourut les ondes de la Radio nationale et de la Radio nationale-socialiste.

— Assez, protesta la rue.

L'annonce vociférée d'une émission intitulée la « Voix du Reich » succéda à un *Maréchal, nous voilà,* auprès duquel les trompettes de Jéricho n'étaient qu'un soupir murmurant de pneu dégonflé. Cela faillit déclencher une émeute. Le buste de Mlle Vrin jaillit hors de l'œil-de-bœuf et pria le pâtissier « de faire un peu moins fort, car elle avait la migraine et désirait se reposer la tête ». Lécheur dédaigna cet appel. La rue se fit houleuse. Les maisons pondirent un à un leurs habitants sur le trottoir, des habitants indignés, dont Lécheur, niché au creux de son tonnerre comme une chrysalide au sein de son cocon, devinait les cris au rond de la bouche et aux saccades des bras. La Germaine, les poings noués, parlait de tambouriner le Bien-Nommé.

Le pâtissier eut un geste malheureux. Il voulut lâcher

toutes les vannes du cataclysme dont il était maître, délivrer toutes ses foudres. Il se trompa de bouton. Il glissa sur les ondes comme sur une peau de banane et tomba pile sur la fin d'une émission de la Belgique libre : le speaker assurait, la voix hérissée d'une haine concentrée :

— Bonsoir et courage, on les aura, les Boches !

Cette déclaration tonna, explosa, roula jusqu'au château. Un instant, Lécheur, verdâtre, le geste fébrile, resta les idées mortes. La rue éclata de rire. La Germaine s'affaissa sur le trottoir, les jambes cassées.

— C'est marrant, gloussa-t-elle. Le coup est marrant ! Sacré Lécheur !

— Il cache son jeu, ce luron-là, dit Pluret, la bedaine tressautante.

— Cré farceur ! fit Peigne.

Les communiqués allemands eurent beau ronfler dans le quartier jusqu'à dix heures du soir ; c'était loupé : la rue du Maillet trouvait ça irrésistible.

Lécheur, ulcéré, prêt à douter de la justice divine, apercevait, derrière les rideaux, des sourires, des hochements de tête amusés, presque des encouragements.

Cette nuit-là encore, le calme régna sur le front de la rue du Maillet ; aussi la nuit d'après, et puis l'autre, et puis l'autre. La crise était finie. Lécheur n'alluma plus sa radio à faire sauter les vitres, se coucha comme tout le monde, sans bâton d'épine et dans son lit, rouvrit sa boutique. Le dimanche 7 mai, sur la table du lieutenant Bachmann, le saint-honoré réapparut.

Mlle Vrin continua sa veille. Elle y avait pris goût. Chaque soir, elle juchait ses chairs molles et blêmes jusqu'à l'œil-de-bœuf, et, dans l'attente du sensationnel, elle épiait. C'était le sommeil qui venait la prendre. Rien d'extraordinaire : la patrouille allemande tapait du talon sur le pavé ; des chats, des chiens proposèrent à l'examen de la vieille fille des figures de danse qu'elle scrutait, les

84

joues en feu, les genoux coincés contre le mur, le souffle suspendu par l'attention. Deux fois, au milieu de la nuit, Lécheur inspecta ses positions. C'était tout.

— R.A.S. ? lui demandait l'abbé Varèmes, à la sacristie.

— Rien, monsieur le curé.

Le Facteur

Je distribue d'abord par la rue Semeur. J'ai rien pour les Bavousse, une lettre pour Mme Merle, rien pour les Plénard, une lettre d'Allemagne pour la mère Crémant. Dans le coin il y a la gueule du salaud. Qu'on doit cracher sur ce timbre-là avec plaisir. Je reviens à la place par la rue du Maillet. Un catalogue pour la Vrin. Je lui donnerai à l'église en même temps que le journal et les deux lettres du curé. Elle est presque toujours à la sacristie quand j'arrive pour le courrier. Puis je remonte par la Grand-Rue, je fais l'école, je reviens par le Tour de Ville. Le soir, je m'arrête à l'église. Un journal et deux lettres. Un journal de ratichons, pour sûr. Pas besoin de regarder.

Quand j'arrive au presbytère, c'est sur les cinq heures et demie, six heures. Mais faudrait pas que le train ait du retard ou que je crève. Et mes pneus, c'est plus que de la corde. Je le dirai à M. Morize : « Si vous voulez que « je fasse mon service régulièrement, faut me donner « des pneus. Plus de vélo, plus de courrier », que je lui dirai. C'est plus que de la corde. C'est capable de péter rien que sur le mâchefer du curé.

Je sonne.

Mlle Vrin

Même si je moissonnais quelque secret, je répondrais :

« rien » au curé. Je ne vais pas abandonner à l'usurpateur ce qui me reste de pouvoir. Je ne suis pas tombée des dernières pluies. Je viens au rapport ; c'est entendu, mais je ne rapporte rien.

— R.A.S. ? demande-t-il.

— Rien du tout, monsieur le curé.

La seule chose regrettable, c'est qu'il n'arrive rien d'intéressant. Je suis patiente. Je le suis devenue. « Avec du temps et de la salive... », disait Pablo ; qu'est-ce qu'on fait passer ? C'est un proverbe espagnol. Qu'est-ce qu'on fait passer ? Un chameau ou un éléphant, par le chas d'une aiguille. Je salive toutes les nuits ; dans l'espoir.

J'ai noté les temps, comme pour une course. Si tout marche bien, je suis là quand il distribue le courrier. J'ai promis cent francs à saint Antoine et je prie, tous les soirs, sur ma malle d'osier.

Je souffle quand j'arrive à la dernière marche. On vieillit. Si je pouvais enfin me sentir vieille, complètement vieille. La guerre a détruit ma paix. Ma mémoire me joue des tours. Le *Soir de Paris* s'est cependant évaporé : il n'a pu lutter contre la naphtaline ; il faudrait renifler la plinthe au-dessous de l'œil-de-bœuf, pour retrouver peut-être un reste de parfum, une idée de parfum. Malgré ça, un détail de rien, une gliclée de lune sur un pavé bombé comme un muscle, des jeux de chiens, un début de rêve et voilà Ernst qui rebouche tout le paysage. Ça me donne encore chaud rien que de penser aux questions qu'elle m'a posées.

« Mise au mâle... » Je me suis confessée à Fignes. Le voyage dans la camionnette de Boisselut, le retour par chemin de fer et les deux kilomètres à pied pour revenir à la gare, c'est le plus lourd de la pénitence. Mais je ne peux pas raconter Ernst à l'adjudant. Ça lui donnerait barre sur moi. Je préférerais cent ans de purgatoire en plus.

La réponse de l'évêque ne peut plus tarder. Plus de dix jours que j'ai écrit. Signée par toutes ces dames. J'en ai dansé de joie, sur les pointes. Monseigneur va remarquer l'absence de sa signature. Il ne manquera pas de lui écrire. Je compte là-dessus. Sa rage me met en joie et je ressaisis, par la même occasion, le gouvernement. Coup double.

— R.A.S. ?

Il pourrait dire bonjour.

— Non, monsieur le curé.

Je reste toujours dans l'ombre. Un rayon de lumière verte touche le bout de son nez, comme un pinceau. Ça doit le chatouiller.

— Ça piétine, ça piétine, dit-il.

Il piétine, lui aussi, dans sa sacristie.

Je dis :

— Je ne peux tout de même pas aller dessiner moi-même des horreurs sur les volets de M. Lécheur pour vous faire plaisir.

Son nez s'allonge. Lécheur a nettoyé ses volets, toute une après-midi, le visage illuminé et ses yeux tuméfiés presque rieurs. Les gens se clignaient de l'œil en se donnant du coude dans les côtes. L'autre va revenir. La dernière fois, ça n'a pas loupé. Pourtant, ça fait cinq nuits calmes.

Il grogne : « Ça piétine. » Il fait les cent pas ; le pinceau de jour vert le touche à la nuque.

C'est imminent. La lettre est sans doute dans le train, sur la bicyclette du facteur, à la poste peut-être ? Ça me donne le courage de tordre le cou à ma timidité.

Je demande :

— Et pour le bal ?

Il aime poser des questions ; mais il n'aime pas qu'on lui en pose. Il gonfle le cou, pointe du nez et d'une voix sèche :

— J'ai protesté auprès de mes supérieurs, dit-il. Nous écraserons le mal.

87

Puis, avec un petit rire en cascade de coquilles de noix :

— Nous verrons la mine de Morize et de Tattignies.

Je souris. J'attends de voir la sienne, la mine de l'abbé Varèmes.

Avant même qu'il ait sonné, j'ai entendu le crissement des pneus et des souliers ferrés. Ils froissent le mâchefer.

— Voilà le facteur, monsieur le curé, dis-je.

Un journal, deux lettres. J'ai un catalogue.

Je dis :

— Merci, facteur.

Je suis plus émue que le matin où j'ai surpris les épaules rayonnant dans le trou de la serrure.

— Tiens, la réponse de l'évêché, fait-il. Déjà !

Je sens ma poitrine onduler. J'ai chaud. Le rosissement de mes joues me trahit, je le crains. Je m'écarte du curé, je me pousse dans le noir. Il étouffe :

— Comprends pas, dit-il. C'est fou, indigne... A moi ! Impossible ! Moi qui fais tout, qui me tue !

Il relit, s'écroule sur la chaise, la lettre dépliée flotte au bout du bras mou. C'est la première fois que je lui vois les yeux en billes. Je m'approche. Je tâche de communiquer à mon empressement une chaleur naturelle. J'ai l'haleine courte, les doigts électriques, je cueille la lettre ; elle se détache, elle est mûre. Monseigneur s'étonne. Les termes sont cinglants ; on ne peut pas être plus net. Il est «douloureusement surpris de constater la criminelle complaisance de son ministre. Par bonheur, les âmes pieuses de Jumainville veillent à la sauvegarde de la moralité chrétienne». Les âmes pieuses, c'est nous. Il conseille à l'abbé Varèmes de modeler sa conduite sur celle de ces saintes femmes. Je dois cent francs à saint Antoine.

Il arrache la feuille. Il rugit, il suffoque ; il a des foudres plein les prunelles et des éclairs en zigzag au bout des doigts. Ça me fait penser à Dieu chassant

Adam et Eve. Il dégrafe le col de sa soutane, jette sa barrette au travers de la sacristie. Je bois du lait.

Je murmure :

— Monsieur le curé, dans quel état vous vous mettez, tout de même.

Je mets de l'huile sur le feu en somme. Il crie :

— Qui m'a fait ça, dites ! Vous demande qui m'a fait ça ! Vingt dieux !

— Monsieur le curé !

Il blasphème ! Je note tous les détails. Je soigne le compte rendu à faire aux âmes pieuses, comme dit Monseigneur. Je leur dirai : « Il jurait comme un païen, mes bonnes. »

Il avance sur moi, le doigt tendu.

— Vous qui m'avez fait ça ?

— Monsieur le curé ! dis-je.

— Si c'était vous, malheureuse !

Il me souffle sous le nez. Ses yeux sont des boutons de bottine. Je commence à ne plus me sentir très en sécurité. Je me serre dans ma robe ; je me coince dans mon ombre ; je jette mes « Monsieur le curé » d'une voix qui s'appauvrit.

Il se collette avec sa colère. Il respire un grand coup, s'enfonce d'un coup de poing le béret jusqu'aux sourcils. Il dirige vers moi un regard rouge, qui appelle les grands carnages. Ça me fait glisser la nuque jusqu'au bas des reins.

— Je saurai qui, menace-t-il.

Je bredouille :

— Au revoir, monsieur le curé.

Un sourire rentré me chauffe l'intérieur ; mais j'ai les moelles fraîches et la peau des cuisses granulée. Je file.

Je viens de vivre le plus beau jour de ma vie. Un des plus beaux, en tout cas.

— Papa est au château, avec Auguste ; pour le concert.

— C'était ce soir ? Je suis pourtant bien tranquille ; la Germaine lui a défendu d'y aller. Pluret l'a dit à papa.

— Oui, mais il y a Auguste.

Elisa se coula dans les roseaux, le long du corps allongé de Marcel.

— Il y a Auguste, répéta-t-elle.

— Et alors, fit Marcel. Ce n'est pas ton père qui commande ?

— Il le dit. Et plus d'une fois encore. Mais avec lui, c'est toujours le dernier qui parle qui a raison. Excepté quand c'est moi, bien sûr.

Marcel la prit par le cou et la pressa épaule contre épaule. Sous le dos des jeunes gens, les roseaux vidés de leur sève par le soleil crépitaient comme des brindilles. Aux branches, les feuilles pendaient avec un laisser-aller avachi de guenilles. *Stormy weather,* songea Elisa. Elle chercha l'air de cette chanson.

« Il fait tout noir », chantonna-t-elle.

— Le bon temps, murmura Marcel : mil neuf cent trente-neuf.

Elisa soupira, pour elle seule.

— Il va pleuvoir.

— Ce n'est pas trop tôt, dit Marcel.

Elle ne croyait pas avoir parlé tout haut. Elle accrocha une tige d'herbe, sans la voir ; l'étoffe de l'herbe palpitait dans les pliures de ses doigts, avec une tiédeur de pulsation. Elisa tira, puis porta la chair verte à sa bouche.

— Quoi de neuf, Zaza ?

La réponse s'empêtra dans l'herbe mâchée.

— On ne parle pas la bouche pleine, dit Marcel.

Elle sourit, cracha son herbe, eut une houle vague des épaules. Auguste avait enlevé une pièce du poste ; elle n'avait pas découvert laquelle.

— Je n'y connais rien, moi. Chaque fois que je touche un bouton électrique, je fais sauter les plombs.

— Ça ne fait rien, dit Marcel. On a trouvé un autre moyen pour avoir les nouvelles. J'ai démissionné de l'information. Le prof' de gym a la radio ; il l'a installée dans le placard d'escrime. Le seul ennui, ce sont les heures : ça ne colle jamais avec les interclasses et on ne peut pas rester longtemps aux cabinets : le patron surveille la cour de son bureau. Il chronomètre les sorties d'élèves. Une belle vache.

— Et Bertie ? demanda Elisa.

Marcel gloussa la bouche fermée.

— Pas rentré depuis le cassage de gueule par Grangeon. On en profite. Mais nous sommes toujours sans nouvelles du grand Dubus.

— Tu aurais dû l'amener à Juine, fit Elisa.

— Il voulait partir par l'Espagne.

Marcel fit une pause, il tourna la tête vers Elisa.

— Claudot aussi s'est fait pincer, dit-il.

— Tu vois, fit Elisa.

Elle piqua son coude dans le brasillement des roseaux et se dressa sur sa hanche. Elle glissa ses doigts dans les touffes, si douces à la peau, de l'auréole de son archange Gabriel.

— Tu as toujours raison, dit-il.

Avec précaution, prenant son temps, d'un mouvement de col aussi souple qu'un rengorgement de chatte, elle plaça sa couronne de nattes brunes près de l'oreille de Marcel dans le creux de l'épaule, juste assez profond pour la tempe et la joue, moelleux et tiède comme un oreiller au matin. Du bout de ses ongles, elle gratta sous les boucles d'or. Le front renversé, Marcel noyait son regard dans les trous de ciel coincés par les feuilles. Il allait pleuvoir. Le violet du soir était tout là-haut, marbré de mauve et de reflets étrangement rosés, sans qu'on eût pu dire si c'étaient des nuages. Les jardins, les champs, les toits, les arbres au-dessus d'eux, la rivière même gonflaient des dos immobiles pour mieux boire la pluie.

— Ta robe est jolie, murmura Marcel. Elle est neuve ? Je ne te la connaissais pas.

— Tu ne me la connaîtra plus, dit Elisa, soudain sévère.

— Elle ne te plaît pas ? demanda-t-il.

— J'ai oublié de te dire, murmura Elisa. Si, il y a du nouveau, à la ferme. Ou plutôt un nouveau. Pierre Le Meur, un étudiant de Paris. Il a l'air très sympathique. Il s'est déjà pris de bec avec Auguste. Son premier geste a été de sentir les roses. Il a dit qu'il aimait beaucoup les fleurs.

Elle sentit, sous sa paume, rouler la tête de Marcel.

— Il est beaucoup moins bien que toi, par exemple. Il est petit, pas costaud du tout. Il est même moche quand on le regarde bien.

— Il faut se méfier, dit Marcel. Un type qu'on ne connaît pas.

— Il est recommandé par M. Tattignies.

— C'est une référence, je l'admets. Mais qu'est-ce qu'il vient faire ici ?

Elisa devina que Marcel s'était apaisé.

93

— A papa et à Guste, dit-elle, Morize et M. Tattignies ont fait gober que c'était le requis du Service rural qu'ils avaient réclamé. A moi, M. Tattignies a dit la vérité. C'est un étudiant ; il a vingt ans ; il vient de finir ses examens, il est venu se camoufler à Jumainville. Il ne tient pas du tout à se faire ratisser pour l'Allemagne... Tu vois qu'on peut avoir confiance, ajouta-t-elle.

— Je ne dis pas. Qu'est-ce qu'il va faire ?

Chaque parole de Marcel déclenchait un léger ronflement dans l'oreiller d'Elisa, vers la pointe de son menton, là où Marcel puisait sa respiration.

— Travailler à la ferme, dit Elisa. Ça ne peut pas lui faire du mal. Il ne demande pas mieux, d'ailleurs.

— Il est là pour ça, dit Marcel.

— Aussi, fit-elle. Il ira sans doute aider M. Tattignies à la mairie. C'est d'accord entre papa et Morize.

— Qu'est-ce qu'il fait comme études ? demanda-t-il.

— Droit.

Marcel, lui, sentait, lorsque Elisa parlait, les maxillaires jouer sur sa poitrine ; le menton de la jeune fille donnait de petits coups, comme si elle picorait. Les doigts d'Elisa trottaient dans ses cheveux, grattant ou caressant d'une caresse irrégulière.

— Et tu m'as dit quel âge ? demanda-t-il.

— Vingt ans, répondit Elisa. Classe 44.

— Un an de plus que moi. Seulement, murmura-t-il.

— Qu'est-ce que ça fait ? Toi, ce ne sont pas les études qui t'intéressent. Tu n'as pas besoin d'être bachelier pour diriger un garage.

— Va dire ça à papa, fit Marcel.

— Et cette fois ? s'inquiéta-t-elle.

— Je vais encore me faire étendre. C'est plus fort que moi, je crève dans une salle de classe, j'étouffe. Les doigts me démangent. Voilà trois ans que je serais mécanicien : Salomon prend les apprentis à partir de seize ans. Je ne peux pas concentrer mon attention sur

ce que j'écris. Ça ne m'intéresse pas, mais pas du tout...
La géo, Corneille, Cicéron... Et puis des cochonneries
comme le latin et le grec... S'il faut que j'attende ma
majorité pour devenir mécanicien !

— A la fin de la guerre, dit-elle. En ce moment il n'y
a pas de voitures.

— Alors, nous nous marierons, affirma Marcel.

Il fit cette déclaration gravement, face au ciel qui
noircissait, face aux feuilles qui hochèrent la tête,
comme pour approuver, sous les premières gouttes de
pluie.

— A la fin de la guerre, reprit Elisa. Mais quand ?

Elle savait bien que personne ne pouvait répondre. « Il
pleut enfin », songea Marcel ; il ferma les yeux dans
l'attente des larmes sur son visage.

— Pierre m'a dit que ça ne pouvait plus durer
longtemps, fit Elisa.

— Pierre ?

Elisa tourna la tête et planta son visage debout sur la
poitrine de Marcel. Elle ronronna « grosse bête » et se
recoucha, heureuse sans trop savoir pourquoi.

Élisa

Les trous du ciel, à travers les saules, s'emplissent de
plomb. Les gouttes vont tomber.

Je dis :

— Tu ne seras pas long à l'appeler Pierre, toi aussi.

— Tu vas vite, Elisa, dit-il.

Le crétin chéri. Les premières gouttes me piquent le
front ; les joues, le cou.

Les feuilles chantent, chacune leur note, sous les
pichenettes de l'eau. Le ciel glisse jusqu'à nos deux
visages immobiles ; nous portons des masques aux paupières closes. D'abord un doigt sur le front, deux sur les

joues, puis de petites tapes liquides et tièdes autour des lèvres et sur les ailes du nez.

— Ta robe, dit-il.

Ma robe ! qu'elle fonde, qu'elle disparaisse ! C'est de l'argent boche.

— Egal, dis-je.

Ils avaient quelque chose à se faire pardonner, pour m'offrir un tel cadeau. Ils cherchaient à me rendre complice.

Je l'avais mise. Je n'ai pas voulu l'enlever tout de suite. Mais je ne la mettrai plus jamais. Je la donnerai à la Boiteuse, tiens. Les rayures roses et bleues étaient jolies ; j'aime les couleurs pastel. Pierre l'a trouvée jolie. Marcel aussi. Elle se colle à mon corps, me serre. Elle se noue, c'est un lacet autour de ma gorge. J'arracherai la robe allemande, comme j'ai déchiré la pochette.

Toutes les mains de la pluie pianotent au hasard sur mes paupières, sur mes oreilles, dans les plis de mon cou ; de plus en plus vite. Le pianotement se fond en une caresse délicatement appuyée, pénétrante, qui fraîchit.

Je dis :

— Le ciel fond.

Je lèche mes lèvres, j'ouvre la bouche pour goûter le nuage qui glisse à terre. Je bois à même le ciel, les membres dénoués posés sur le sol à l'abandon. Seuls, vivent ma bouche entrouverte sous la fontaine et mes doigts qui sentent les boucles de Marcel renaître comme les herbes. La rivière crépite. Le ciel fond.

Dans le soupir qu'exhalait la terre délivrée de son attente, étendus côte à côte, les yeux clos, comme des gisants, le visage baigné luisant d'eau, le sourire aux lèvres, Marcel et Elisa, sous l'étreinte du ciel, partaient à la dérive.

L'Abbé Varèmes

Il aurait besoin du corset ; sa graisse déborde du fauteuil. Mais l'uniforme le sauve. L'uniforme ! Il ne vient tout de même pas à la cheville du Hauptmann. Avec le Hauptmann, Morize ne serait pas là, à dodeliner du chef en écoutant la musique, mais en taule — ou fusillé.

Est-ce que ça m'amuse d'aller faire mes dévotions à ce débauché, à cette saucisse molle ? Mais je me plie. Il est le châtiment. *Mea maxima culpa.* Il est aussi la Promesse de l'Ordre, du grand nettoyage. Prendre exemple sur moi. Du pain noir, de l'eau, des épreuves. Le saint-honoré de Lécheur est un hommage à Dieu, je l'accepte. Mais à part ça ? Le jeûne, l'humiliation, le sang et la sueur pour retrouver la pureté.

Je dis : « Très, très », puisque Morize a dit : « très ».

De quoi parlait-il ?

— La pluie, mâchonna le père Boudet avec le bout de sa moustache.

Il essaya de prêter l'oreille au froissement de papier que faisait la chute de l'ondée sur les terrasses. Il était trop près de l'orchestre ; un tortillon de cuivre hoquetait, sur sa gauche, des sons dont le volume lui emplissait la tête.

— Putain de musique ! grogna-t-il.

Il contempla les draperies fondantes que la pluie tendait aux fenêtres. « Les avoines vont gagner dix centimètres en une heure de temps, songea-t-il. Et les foins donc. C'est des écus qui tombent. » Loin de la marche du *Tannhaüser,* il revoyait son avoine, surtout celle des Champs-Hauts : une pitié, un tapis-brosse mangé par les mites, jaune, maigrichon, où les lignes de semailles se dessinaient encore, comme les traces d'un peigne dans un pelage de bête malade.

— C'est cette eau-là qui va faire du bien, se répéta-t-il.

Il sourit. A ce sourire, le lieutenant Bachmann, botté jusqu'en haut des mollets, les mains sur les cuisses étalées, se haussa tout entier vers lui en roulant sur la cuisse gauche.

— Choli, mossieur Poutet ? demanda-t-il.

— *Ia, ia,* bafouilla le père Boudet au hasard.

L'Allemand s'écroula dans le fauteuil, satisfait, et les mains toujours collées aux cuisses, il recommença la manœuvre dans la direction opposée. Il roula sur la cuisse droite vers Morize.

— Choli, mossieur Morisse !

— Très, fit Morize.

— Très, très, répéta l'abbé Varèmes, aussitôt.

L'œil vague, Morize et le curé adoptèrent un air inspiré. Ils posèrent délicatement leur tête, ainsi qu'un melon fragile, sur leur main épanouie et piquèrent leur coude sur le bras de leur fauteuil. Le père Boudet copia l'attitude. Il changea seulement de coude.

Il voulut replonger dans sa méditation sur les avoines. L'orchestre, à coup de sons pesants et ronds comme des poings, secouait sa rêverie, bouleversait son paysage intérieur, bousculait ses perspectives de luzernes qui croissaient et verdissaient, le temps de dire « ouf », crevait ses tableaux de fenaison miraculeuse.

S'imposant au père Boudet, une fenêtre rosit, palpita, s'éteignit.

« L'orage maintenant, songea-t-il, pourvu que ça ne couche pas les champs ! »

La musique couvrait les lointains roulements : dans la fenêtre les palpitations rosées se précipitaient avec la soudaineté de déchirures silencieuses. Le bruit de l'averse sur les terrasses s'exaspéra. Dans l'ombre, on voyait des colonnes de rayures verticales et pressées. Une onde de fraîcheur parfumée à la pierre et à la terre mouillées se glissa par les portes-fenêtres et, comme la vague cabrée sur la digue montre son ventre et secoue haut, à bout de lame, un panache de plumes frisées et de perles, le frais heurta l'orchestre, s'épanouit en éventail et enveloppa tout d'une poussière d'odeur liquide. Le père Boudet respira.

L'éblouissement bref emplit la fenêtre que la silhouette du chef d'orchestre fendait de haut en bas. La nuit dehors achevait de noyer les arbres, les terrasses, les mille colonnes de pluie. Les ampoules pincées au sommet des pupitres soulignaient sur les vitres les billes d'eau et les bavures qui glissaient avec des plis de tentures ; mais tout était effacé par les éclairs qui crevaient les pans d'ombre de lumière blême. A une accalmie de la musique, des raclements d'arrière-gorge roulèrent jusque dans la pièce.

Le lieutenant Bachmann esquissa vers le père Boudet une manœuvre inquiète.

— Orache, *ia ?* demanda-t-il.

Le père Boudet hocha la tête, puis, pour montrer son bien-être, il s'enfonça dans son fauteuil, écarta les cuisses, remua ses coudes en ailerons et soupira un sourire.

Le lieutenant hésita un instant, sourit à son tour, battit des avant-bras :

— *Ia, ia, viel besser,* dit-il. Mieux, plus confort.

Le curé fixait le chef d'orchestre, le nez vivant, et de temps en temps approuvait d'un coup de menton. Morize semblait perdu dans la musique comme dans un bois, la tête cueillie toujours immobile sur la paume de la main. Le père Boudet le soupçonna de dormir.

Le silence le surprit soudain et lui vida la tête. L'orage roulait plus lointain.

« Le v'la qui tourne autour de la cuvette. Ce n'est pas pour nous », se dit le père Boudet.

D'un même mouvement d'envol, les musiciens plaquèrent un paquet de feuilles sur leur pupitre.

— Cré bon Dieu ce n'est pas fini.

Bachmann se manœuvra.

— Mozart, annonça-t-il.

— *Ia,* dit le père Boudet.

Il mordilla sa moustache. La nuque pivotante, il chercha Auguste, comme pour le prendre à témoin de son martyre. Il ne le vit pas. Lécheur, raidi de dignité, les paupières et le bas du visage violet sombre dans la demi-obscurité, regardait droit devant lui, les bras posés sur les accoudoirs de son siège en angle droit, comme les pattes d'un lion de marbre. Auguste, tout à l'heure, avant la pluie, était assis à côté de lui, sur la petite chaise dorée. La chaise était vide. Derrière, toutes les chaises étaient vides.

Le Père Boudet

Qu'est-ce que je fous là ? Elle m'a défendu d'assister au concert. J'ai dit oui. Je dis toujours oui à ce qu'elle me raconte. Parce que c'est elle, la Germaine, la Germaine Boudet. Alors je dis oui. Mais lorsque le Guste a mis sa chemise propre, il a remarqué que je gardais mes affaires de semaine.

— Tu vas pas venir comme ça au château, qu'il m'a dit.

— Pour quoi faire, au château ? que je lui ai demandé.

— Au concert, pardi. Tu sais bien ce que je veux dire. Ça fait huit jours que tu l'as appris chez la Germaine.

Il sait toujours tout, comme s'il était partout, avec ses yeux et ses oreilles.

Il a continué :

— Change-toi. Tu peux pas garder ton velours.

— Ça me dit rien ce soir, que j'ai fait comme ça. Il fait trop chaud. J'ai pas envie de mettre un col pour crever. Et tout ça pour faire plaisir au pique-choucroute.

— T'as changé d'idée ? qu'il m'a demandé.

— Quelle idée ?

— Tu y es déjà venu deux fois, au concert des Frisés.

— Parce que, que j'ai fait.

— Parce que quoi ? qu'il a dit. J'ai bien compris que c'est la cuisse du *Café de la Paix* qui t'a chamboulé les méninges. A ton aise, moi j'y vais. Seulement, si le lieutenant, il me demande pourquoi que t'es pas venu, je lui dirai.

— Tu lui diras quoi, merdaillon ? que j'ai dit. Qu'est-ce que tu veux que j'y foute, à ton concert ?

C'est vrai ça : qu'est-ce que j'y fous ? Morize, il y va ; il est bien obligé, c'est le maire — le curé, Lécheur, ils aiment les Chleuhs. Mais moi ? En fait de musique, j'aime bien l'accordéon à la T.S.F. et celle de la fanfare ; et encore, ça dépend de quoi ils jouent.

— Et ton porte-monnaie ? qu'il m'a dit.

Ça m'a fait comme si Tattignies m'avait regardé. J'ai dit :

— C'est moi qui commande ici, oui ou merde ?

— Beau commandement, que tu te laisses emberlificoter par une femelle !

La Boiteuse avait déjà préparé ma chemise blanche rayée bleu avec le col à coins cassés comme pour aller à Fignes, et ma cravate à pois violets. J'ai revu les bras de la Germaine en train de laver ses verres. Elle m'a défendu. J'ai dit :

— Et puis non, là.

J'ai dit non. Me raser en semaine ! Je veux pas me faire suer.

— Comme tu veux, qu'il a fait. A tout à l'heure. Je me demande ce que Bachmann, il va penser.

Il est parti. Je me suis dépêché d'enfiler ma chemise, je me suis rasé sans respirer. Après tout, j'ai bien le droit de faire ce que je veux. Si je veux aller à la musique des Boches, moi, si c'est mon plaisir. C'est pas à la Germaine d'y fourrer son grain de sel. Je me suis pas laissé conduire par ma première femme, c'est pas pour me faire enjuponner par la deuxième.

L'orage a tourné. Il a pas plu assez. Tout juste trois gouttes dans quatre pots de chambre. Ils détraquent le temps avec leurs satanées machines et l'autre avec sa musique. Comment l'appelle-t-elle ? Chleuh, Frisé, Fritz, Boche, Teuton, Doryphore, Vert-de-Gris, Mâche-paille, Roteur de bière, Pique-choucroute. Mais ça c'est pour tous les Boches. C'est comme quand on dit que le petit pois est une légumineuse ; c'est les noms de famille. Pour le lieutenant tout seul, c'est Miche-Blonde et Taille-de-Guêpe. Ou seigneur de Baise-cul, ou gaulei-ter de mes fesses, quand elle veut se foutre d'eux. Il y a qu'elle pour trouver des trucs pareils.

C'est comme pour Tattignies. Elle l'appelle Pisse-la-craie. Mais faut pas croire. C'est du respect. Faut qu'elle trouve des surnoms pour tout le monde. Elle répète toujours que Pisse-la-craie c'est son homme. Mais je comprends bien que ça veut pas dire la même chose que quand elle me roucoule dans la haie de sureaux : « T'es mon petit homme. » Je suis pas jaloux de lui ; il est même marrant quand il fait l'officier prusco sur les trottoirs de Metz. Mais son crâne qu'on dirait une patinoire, ses moustaches à la fois grises et jaunes et son regard qui me traverse la tête...

Le Guste s'est défilé, le porc. Il a salué le lieutenant, il s'est assis sur sa chaise ; avec le grand Gaston, l'inter-prète et la petite Véchard. La chaise est vide ; les autres chaises sont vides.

Le père Boudet suça sa moustache ; mélancolique, il coinça entre le pouce et les doigts de sa main gauche la peau de sa joue, où en semaine, la barbe enroulait une brosse grise en spirale pareille à un ressort de montre. Il s'enfonça dans le fauteuil.

La pluie s'était tue. L'orchestre se taisait. L'ombre grignotait la salle, insidieusement, à peine refoulée par les lumières piquées en vers luisants au-dessus des partitions.

— Dans le noir, plus choli, beaucoup plus, avait déclaré le lieutenant.

Le curé et le pâtissier avaient approuvé avec véhémence. De sa place, le père Boudet ne distinguait plus la photographie de Hitler, grandeur nature, entre les deux piliers du hall. La dernière note soupirée, Hitler jaillit dans la lumière du lustre rallumé.

Auguste n'était toujours pas revenu, mais la Véchard rentrait avec l'interprète. Dans les rangs de chaises à peine bousculées, Lécheur se dressait solitaire, forçant au sourire ses lèvres fendillées comme de l'argile cuite au soleil.

Mains aux genoux, les bottes craquantes, le lieutenant se souleva de dessus la tapisserie de son fauteuil où un Renard bavait, les moustaches tournées vers une treille. Morize croulait de fatigue, d'ennui, de passivité, le menton glissant dans la cravate. Il en arrivait à regretter von Scheer. L'abbé Varèmes, toute soutane claquante, les mains derrière le dos, la tête en avant, pointait du nez ; d'un nouveau coup d'œil horizontal le père Boudet parcourut l'immobile ondulation dorée des dossiers vides.

— Choli ? s'inquiéta le lieutenant.

Morize appuya du menton sur sa cravate ; le curé s'empêtra dans un essai de définition de son plaisir et finit par dessiner une ellipse verticale autour de son visage et à frôler d'un bruit de baiser les ongles rapprochés de son pouce et de son index. Lécheur suivit le groupe dans le salon, derrière l'orchestre, et le père

103

Boudet, le regard intérieur posé sur des frissons d'avoine et de chair laiteuse, suivit Lécheur.

Le père Boudet s'imaginait être élégant, parce qu'il levait son petit doigt lorsqu'il prenait son verre. Sa mauvaise humeur poussa haut — une flamme sous un coup de vent — il venait de constater que le Dubonnet du lieutenant était du vrai, et non un jus saccariné si peu différent du vin de mai préparé par la Marie. A chaque avalée de vin, de vieux souvenirs, dans ce tendre échauffement du palais qui sentait l'avant-guerre, poussaient de la tête contre l'ombre, mais le noir les tenait englués. Le père Boudet songea à sa première femme ; cela lui fut désagréable. Il secoua le souvenir de sa mémoire comme la poussière d'un tapis, et se raccrocha du regard au lieutenant.

Le drap gris de la Luftwaffe bridait un glissant écroulement de graisse couleur de rose pompon. Taille-de-Guêpe portait son cou comme un foulard négligemment noué. Plus haut, deux lobes, d'un carmin plus décidé, pesaient sur un sphincter au-dessus duquel le nez pointait comme une indécence. Germaine déclarait très haut qu'il avait une bouche qui attirait plus le papier de soie que le baiser et que, le matin devant sa glace, il devait hésiter avant de savoir par quel bout enfiler son pantalon. Deux petites gouttes bleues se noyaient dans l'affaissement des paupières et du front : on s'attendait toujours à les voir disparaître, mais, à chaque regard du lieutenant, elles reparaissaient à la surface et surnageaient pour un temps. Le tout était toituré d'un chaume chlorotique et pelucheux qui ramenait la pensée du père Boudet vers ses avoines en souffrance. Le lieutenant s'apitoyait sur les parties blettes du visage de Lécheur. Le curé entreprit Morize, qu'il tenait coincé dans l'embrasure d'une porte-fenêtre. Auguste rentra. Gaston le suivit de peu.

Bachmann s'efforça.

— Ch'ai... porté... Amsterdam... pelles tulipes, dit-il.

« Il est constipé », songea le père Boudet. Le lieutenant poussa. « Pelles tulipes » tombèrent comme deux crottes rondes, avec un bruit de billes.

— Pelles tulipes pour ici, dit-il.

Il pointa son index saccadé vers le parquet.

— Oh ! moi, vous savez, les fleurs, hasarda le père Boudet.

— *Ia, ia,* dit le lieutenant.

Les lobes carminés tentèrent de remonter vers les gouttes bleues pour laisser au sphincter la place d'un sourire. Les gouttes bleues disparurent de la surface du visage, englouties.

— *Ia, ia,* cholies tulipes.

L'abbé Varèmes abandonna Morize anéanti dans son encoignure. Le curé, le pâtissier et le père Boudet reprirent : *Ia, ia,* et sourirent comme des danseuses.

Siegfried Bachmann

Tralala lalala. Trop fort le violon. Lala, lala, bien ; et cela s'enchaîne. Ça ne vaut tout de même pas Wagner.

Le Führer a raison. La vraie musique est allemande et la vraie musique allemande est celle de Wagner. D'abord, je m'appelle Siegfried. Ce violon est mauvais. Lalalalaine, beaucoup plus doux. Il appuie comme un scieur de long. Cette phrase me fait penser à la France. C'est un pays bien agréable. Nuremberg est joli, mais Paris, ah ! Paris. J'y reviendrai après la victoire. Avec Paula. Oui, Mozart me fait penser à Paris, cette phrase surtout. C'est la lumière de Paris. Mais, avec Paula, Paris perdra de son charme. La bière est mauvaise, mais les petites femmes valent toutes les bières des brasseries de toute la Bavière. Mon ami Kopf m'a fait venir ma Charlotte. Je ne me rappelle jamais son nom. Elle a un

105

très joli petit derrière. Ach ! elle s'appelle... Cela me reviendra tout à l'heure.

Tralalala. Ces Français ne comprennent pas la musique. Le curé voudrait me faire fusiller l'autre. Merci. Il faudrait adresser un rapport à Fignes, diriger une enquête. J'ai assez d'embêtements avec la garde des lignes téléphoniques. Les deux autres me nourrissent : farine, gâteaux, haricots, lard. Pauvre M. Lécheur. Il ressemble à un fruit tombé d'une branche.

C'est fini. On rallume. Je me lève. Ces fauteuils sont très confortables. J'ai du mal à m'en arracher. Je leur demande s'ils ont trouvé Mozart joli. Je ne le comprends pas. Il fait un rond devant son visage et s'embrasse les doigts. J'ai compris. Oui, oui, fais-je.

C'est du vrai Dubonnet, du Dubonnet d'avant-guerre. Walter Printz l'a découvert dans les caves du château, il y a près d'un an. Il y en avait dix caisses. C'est une des dernières bouteilles. C'est dommage.

Je tends la main vers le menton de Lécheur. Comment lui demander s'il souffre ? Je dis :

— Douleur ?

Il fait non de la tête. Le curé emmène Morize dans le coin du kasino. Je voudrais leur dire que je vais planter des tulipes hollandaises sur la pelouse. Je trouve que mon château manque de fleurs. Quel est le mot qui traduit « tulipe » en français ? Ah ! oui, « tulipe ». Je me lance.

— J'ai porté Amsterdam belles tulipes, dis-je.

C'est difficile, le français. Il faut que je cherche mes mots. Printz n'est pas là. Encore avec la petite bonne, certainement. Je veux me débrouiller sans lui. Je répète : « Belles tulipes. » Ils n'ont pas bien compris. Il me regarde avec ses yeux de couleur différente. Je recommence. Je dis que ces tulipes sont pour mon château. Il me répond quelque chose. Je ne comprends pas. Je dis : « Oui. Oui. » Je souris. Tout le monde sourit. Mon chauffeur est rentré avec le fils Boudet.

Ah ! j'y suis. Elle s'appelle Jacqueline. Elle a vraiment un plus joli petit derrière que Paula.

Le père Boudet et Auguste revinrent à la ferme par les bords de la Vélize.

— Alors, t'es content, dit le père Boudet, que je me sois enquiquiné à cent francs de l'heure ?

— Ça te rapportera bien plus, répondit Auguste. Et t'as liché du Dubonnet d'avant-guerre. De quoi tu te plains ?

Auguste ricana et se mit à sabrer les herbes. La nuit enveloppait le chemin d'un linge frais. Le père Boudet demanda :

— Pourquoi as-tu foutu le camp ?

— Mes oignons, dit Auguste.

— Je vais te claquer pour t'apprendre la politesse, tu vas voir. Je suis toujours le patron, tu sais.

Les saules soufflaient dans leurs narines une haleine sucrée. Des nuages frottaient sur le ciel plat leurs découpures en feutre.

— Tu diras rien à la Germaine, hein ? dit le père Boudet après un silence.

Auguste haussa les épaules.

— Je parle pas aux traînées, dit-il. J'aimerais que tu en fasses autant. Dans ton intérêt.

Le père Boudet ouvrit la bouche, fixa la silhouette courtaude de son fils cinglant les roseaux et les saules, et ne dit rien.

Comme ils s'engageaient dans l'escalier, la Boiteuse tira un petit coup le veston d'Auguste. Elle l'attendait depuis longtemps, collée à la rampe.

— Elle est rentrée ; une vraie soupe, murmura-t-elle, et avec sa nouvelle robe encore. Il y a pas un quart d'heure. A croire qu'elle était tombée dans la Vélize.

Elle riait toute seule. Elle n'a même pas essayé de faire marcher la radio.

— Elle était accompagnée ? demanda Auguste.

— Non, dit-elle.

— Elle venait par les jardins ?

— Comme d'habitude.

Auguste flatta les épaules, sous le tablier noir.

— Merci, ma vieille, murmura-t-il.

La Boiteuse leva vers lui son visage.

— Oui, mais tu montes me voir tout à l'heure, fit-elle.

9

La nouvelle piqua ses racines au *Café de la Paix,* vers les neuf heures du matin, au moment où la Germaine, les bras en croix, décrochait les volets de la vitrine.

Là, elle poussa ses tiges, déplia ses feuilles jusqu'à nouer un buisson de cris de femmes, de plaintes et de « Heulà ! mon Dieu » qui bruissait sur toute la place du Marché. Puis elle marcotta en remontant la rue du Maillet, lança ses griffes vers la rue Semeur, épanouit un cœur de feuilles chez les Plénard et, avec la vitesse d'un liseron espionné par le cinéma, échela vers l'église pour retomber sur le village par le Tour de Ville et la Grand-Rue en vrilles et en bouquets de feuilles. Un rameau poussa sa fleur jusqu'à la ferme des Boudet. A la tournée de onze heures, le boulanger, du siège de sa carriole, boutura la nouvelle un peu partout.

— Un kilo de gros et une livre de fantaisie.

— Vous savez pas, disait-il, le fils Pluret est requis pour l'Allemagne.

— Pas possible !

— Encore un...

— Quand donc la fin ?

Les volets du *Café de la Paix* étaient restés dehors, appuyés sur les fusains. La mère Pluret hoquetait dans son tablier.

109

La Germaine, un paquet de plis entre les sourcils, lâchait la vapeur en murmurant : « Les fumiers ! » pour elle seule.

— Faut pas vous tourner les sangs comme ça, dit-elle.

— Le garde champêtre vient d'apporter la feuille, murmura Mme Pluret. Il travaillait pourtant à la Kommandantur, comme jardinier.

— Ils s'en balancent, du jardin de Fignes, affirma la Germaine. Ils veulent tous les jeunes, voilà ce que je dis. L'année dernière, vous vous rappelez, le Victor Crémant, les deux Rousselan, le neveu de Peigne et les Juine.

— Le lieutenant m'avait bien promis qu'on ne le toucherait pas.

— Promesse de Boche ! fit la Germaine.

La mère Pluret, les bras morts, les yeux pleins d'eau, regardait dehors. Elle se demandait quelle couleur pouvait avoir le soleil maintenant qu'on lui volait son fils.

— C'est que c'est tellement bombardé, leurs villes. Je ne le verrai peut-être plus, renifla Mme Pluret.

Le filet de pauvre voix chatouilla l'arrière-gorge de la Germaine comme du vinaigre.

— Des bêtises, décida-t-elle. D'abord, il n'est pas encore parti.

La mère Pluret tourna son regard d'eau vers la Germaine.

— Mon mari est allé au château, dit-elle.

La Germaine haussa les épaules. Elle appela :

— Hé ! madame Peigne !

Mme Peigne entra, un sac de toile cirée roulé sous le bras.

— Je vais pour les salades. Il a plu, dit-elle.

— Le fils Pluret est déporté par les Chleuhs, lâcha la Germaine à bout portant.

— Mon Dieu, comme Jean. Et où ?

— Je ne sais pas, fit Mme Pluret. Je n'ai pas pu lire. C'est trop difficile.

— Mon neveu est à Basdorf, près de Berlin, déclara Mme Peigne.

Les mains nouées, la mère Pluret demanda :

— Comment ça va-t-il pour lui, là-bas ?

— Il attend.

La Germaine tapota l'épaule de la mère Pluret.

— Vous voyez bien, dit-elle. Il n'est pas mort. Et il y en a qui reviennent. La preuve : les Juine, tous les trois à la fois.

— Il vit d'espoir, le pauvre, fit Mme Peigne.

— Les fumiers ! répéta la Germaine.

Ce fut alors que la nouvelle commença à pousser des tiges et des feuilles. Mme Merle et Mme Bavousse entrèrent dans le café, puis Mme Plénard et Mme Crémant.

— Mon Dieu ! gémit Mme Merle.

— Ils le savent, qu'ils sont les plus forts.

— Tous nos garçons.

— Qu'on les a fait pousser jusqu'à vingt et des années, comme des arbres.

— Et tout ça, pour leur donner.

— Comme si les Boches buvaient notre lait, à même.

— Des fumiers, des fumiers, mâchonnait la Germaine.

Sa colère lui roulait une boule de salive chaude qu'elle mâchait comme de la mie.

— J'ai du travail plein la maison, gémit la mère Pluret. Mais j'ai le cœur à rien. Ils me prennent mon Emile, mon fils, mon seul.

Ses larmes tombaient pareilles à des gouttes d'orage ; elles faisaient des étoiles sur le dos de ses mains.

— Allons, allons, pleurer n'arrange rien, dit la mère Crémant.

— Ils les paieront, ces larmes, et cher l'une, je vous dis, moi, gronda la Germaine.

Des nuées fessues, des nuages de baudruche qui

pataugeaient dans du bleu pâteux, se culbutaient du côté de Villois, par-dessus l'école.

— Je ne sais pas si je fais bien de sortir ma terrasse, grogna Germaine. Le temps va changer.

— On ne s'en plaindrait pas, murmura la mère Crémant.

La main plate ajustée en visière au-dessus des sourcils, la Germaine examina le coq du clocher.

— Le vent tourne, dit-elle. Je ne sors pas mes chaises de jardin. — Madame Pluret, appela-t-elle en se tournant vers l'intérieur du café, votre mari qui descend l'impasse du Sud.

La mère Pluret se tassa sur sa chaise.

— Faites-lui signe que je suis là, dit-elle. Je n'ai plus de jambes.

Pluret se dirigea vers le *Café de la Paix*. Il faisait des yeux de chat sauvage. Personne ne pensait à trouver qu'il était trop gros. Il tenait une feuille du bout des doigts.

— La feuille, geignit la mère Pluret.

— Oui, dit Pluret. De beaux salopiauds.

— Mais le lieutenant...

— Tout juste s'il ne m'a pas flanqué à la porte, coupa Pluret.

— Il avait promis, pourtant...

La Germaine caressa l'épaule de la mère.

— Emile n'est pas seul, dit Pluret. L'Empereur aussi part. Je viens de voir son patron au château.

— Il avait pourtant réussi à se camoufler comme cultivateur, dit la Germaine ; il était peinard.

— Justement, dit Pluret. Bachmann n'y est pour rien. Fignes non plus. Ça vient de plus haut.

Il ajouta, après un temps, en mordillant ses lèvres pâles.

— Parce qu'on a écrit plus haut.

— Qui ça, on ? demanda la Germaine.

— Voilà, répondit Pluret, avec un vague geste des bras.

— On les a dénoncés ! souffla la mère Pluret.

— Des jaloux, bien sûr.

— C'est possible, dit Mme Crémant. C'est pas parce que l'Emile et l'Empereur partiront que le mien rentrera. Je veux pas me faire meilleure que je suis ; il y a des fois que je marronne quand je n'ai pas reçu de lettre de quinze jours trois semaines et que je vois votre gars descendre de la gare ou l'Empereur aller au bal. Mais de là à aller les vendre ! C'est pas possible. Faut se mettre dans la peau des autres. C'est pas plus les Peigne, que les Rousselan et que moi. Alors ? Quant aux Juine, vous savez aussi bien que moi. Alors ?

— Je ne dis pas ça, répondit la Germaine. Mais faut bien tout de même que quelqu'un ait mouchardé. La preuve.

Elle désigna la feuille au bout des doigts de Pluret.

— Les gars Juine n'ont pas été dénoncés, murmura Pluret.

— Peut-être que celui qui a écrit ne savait pas qu'ils étaient rentrés, suggéra Mme Bavousse.

— Ça fait dix mois qu'ils sont venus en permission et qu'ils ne sont pas repartis, dit la Germaine. Ça se sait jusqu'à Fignes et à Villois. Secret de polichinelle.

— Jusqu'aux gendarmes qui sont au courant.

— J'ai vu Bourdaine parler à l'aîné des Juine, comme je vous vois.

— Ils ferment les yeux.

— De braves gens. Ils savent ce que c'est, que des fils, eux.

Avec un balai de brindilles, la Germaine griffa son carrelage.

— Je réfléchis à une chose, dit soudain Pluret. J'étais là avec mon fils et l'Empereur, le premier matin des inscriptions, quand Lécheur a ouvert sa boutique.

113

Auguste

Il a des bras gros comme des flûtes. Un intellectuel ; ça veut tout dire. Il se penche vers le sol comme sur un dictionnaire et tient sa binette comme un porte-plume. Je suis plus costaud que lui. Si j'ai un conseil à lui donner, c'est de ne pas la ramener.

— J'aime les fleurs, qu'il a dit.

Elle a eu un rire de fille chatouillée. « J'aime les fleurs. » Je lui en foutrai, des fleurs.

Hier, le père a rapporté une robe de Fignes, avec une pochette rose marquée E.

— Merci, papa, qu'elle a dit comme ça.

Elle l'a mise tout de suite. La robe lui allait très bien, c'est pas pour dire. Quand au dîner, je ne sais plus pourquoi, elle a dit « les Boches », je lui ai lancé dans tibias :

— T'as rien à dire contre les Friquets, t'en vis.

— Moi ! qu'elle a sauté.

J'ai dit :

— Oui, toi, avec tes airs de mijaurée.

— Comment ça ? qu'elle a demandé.

Le père m'a regardé, il m'a dit : « Auguste ». Il avait la trouille. J'ai cassé le morceau pour les faire râler tous les deux.

— T'en vis, que j'ai fait. Ta robe et ta pochette, c'est avec de l'argent boche qu'on les a achetées ; l'argent des haricots de Bachmann.

Elle s'est mordu la bouche et elle a déchiré la pochette d'un seul coup, crac.

— Déchire ta robe, idiote, que je lui ai dit.

Elle était toute pâle ; elle a fini de dîner sans rien dire et elle a filé retrouver son mecton. Elle avait gardé sa robe à rayures.

114

Ce matin, elle l'a donnée à Berthe. Elle l'a fait exprès, c'est plus qu'un chiffon.

Les nuages montent dans le ciel. Il fait chaud. L'intellectuel a enlevé sa chemise. Sa chair est blanche ; c'est de la viande de femme.

Vers cinq heures, le gris du ciel se craquela ainsi qu'un vieux vernis. Les nuages prirent de la forme, du volume, des ombres. Un vent léger prenait les saules de la Vélize à rebrousse-poil ; tout le pelage de la berge et de la prairie Boudet était parcouru de frissons rapides. Les jardins avaient bu leur content ; ils soufflaient une brume dansante et attendaient que le soleil revînt leur caresser le ventre.

Il avait plu de onze heures à quatre heures. Le fils Pluret était rentré de Fignes vers midi, à bicyclette. Il avait reçu toutes les averses sur le dos. Lorsqu'il arriva dans la cuisine, il laissait des mares par terre comme un parapluie.

La Kommandantur de Fignes lui avait annoncé son départ en Allemagne. Ni content ni mécontent, il avait planté là sa bêche et ses plants de tomate. Sous la pluie qui lui coulait ses doigts humides dans le cou jusqu'aux plis de l'aine, il avait roulé la dizaine de kilomètres Fignes-Jumainville.

Mme Pluret

Il doit être demain à midi à la gare de l'Est. Il est jeune et pour les jeunes tout nouveau tout beau, même si ça doit crever le cœur des parents.

Je lui demande pourquoi il enfile une chemise propre.

— Je vais dire au revoir aux copains chez la Germaine, qu'il me dit.

Comme s'il partait au service. Mon Dieu !

Je demande :

— Tu ne passes pas ce dernier soir avec nous ?

— Bien, m'man, qu'il fait ; mais faut que j'aille dire au revoir aux côpains.

Il me promet d'être là pour huit heures. Il partira demain matin pour être à midi à la gare de l'Est, à Paris.

Je le regarde boutonner son col ; il choisit une cravate. Je le suis, les mains croisées sur le ventre, dans ma chambre. Il se vide sur le crâne un bon gobelet d'eau de Cologne.

J'ai failli dire : « Fais attention, c'est tout ce qui me reste. » Je ravale ma langue. C'est pas en Allemagne, bien sûr, qu'il pourra se parfumer à l'eau de Cologne.

Je profite de mon reste. J'examine ses moindres gestes pour les apprendre. On vit tous les jours avec les gens, on mange en face d'eux, on couche dans deux pièces qui se touchent et on n'a jamais remarqué que son garçon rit du coin des yeux et tire une langue comme une escalope en mettant sa cravate. Il s'est parfumé et il a mis une cravate à son père, celle en soie naturelle. C'est pas pour ses copains, bien sûr, surtout le parfum. Un blanc-bec comme ça. On a encore les doigts collés à tous les rubans de leur baptême et à leurs petits chaussons de laine rose, qu'ils en sont déjà aux pantalons longs. C'est ça un fils : une moustache qui pousse trop vite.

Je dis :

— Je vais préparer tes affaires. Va t'amuser, mon grand.

L'Empereur pérorait au milieu de la salle. Il déclarait qu'il étriperait la vache qui l'avait dénoncé ; que, d'abord, il n'était pas encore arrivé en Bochie, et que si jamais il arrivait à son bled, les Doryphores se mordraient les doigts de l'avoir emmené de force.

— Tu en fais un bousin, dit la Germaine. Autant de pétard que trente-six députés.

116

Elle se tourna vers Emile.

— Eh bien ! l'Emile, demande-t-elle en riant, c'est pour moi que tu t'es fait si beau ? Et parfumé, mesdames !

— Tu sens la cocotte, dit l'Empereur.

— C'est pour Hitler, répondit Emile.

— Tu aurais dû te parfumer au purin, alors, répliqua la Germaine.

Juine aîné donnait des conseils aux bleus.

— Vous ne pouvez pas vous camoufler tout de suite, dit-il. Vous avez eu droit à une émission spéciale, on vous a à l'œil. Les Fritz d'ici et de Fignes sont prévenus. Mais il y a toujours moyen...

— Vous en faites pas, coupa l'Empereur. On n'est pas encore arrivé à Berlin.

Juine aîné s'approcha d'eux et, baissant la voix :

— Si vous voulez faire du camping, murmura-t-il, vous savez où me trouver. Je peux vous être utile, même pour ce qui est de la radio. J'ai des relations.

De derrière le comptoir, le père Boudet tendit des verres à Peigne, à Janvier et à Pluret. Il tira sa moustache.

— Je bois à la classe, dit-il, aux nouveaux conscrits. Nous aussi, on a connu ça, on n'est pas mort.

— Pas toi, bien sûr, siffla la Germaine. Mais d'autres, vieille bête. Tu ferais mieux de te taire et de ne pas la ramener avec ton régiment. C'est pas pareil. Il ne s'agit plus de courir les bordels dans une garnison à grands coups de clairon. Mais de partir là-bas, chez les Chleuhs, en usine, pour remâcher de la paille, des poussières et du cafard. Tu comprends ? Il s'agit de vivre chez des gens qui, quand tu dis pain, eau ou femme, pour prendre un exemple, ne comprennent pas ce que tu veux. Et c'est des jeunes comme ça qui s'en vont. Tout frais, tendres comme de la tige de printemps, des veaux à peine léchés, quoi. Je te demande...

117

Du père Boudet, on ne voyait que la calotte de feutre et les bords du chapeau qui lui mangeaient les yeux.

— Sers le pernod, dit la Germaine.

Elle lui mit la main sur l'épaule.

— Ce que c'est que de parler sans savoir, dit-elle. Tu recommenceras plus.

— Ça va, dit le père Boudet. C'est moi qui paie. La ferme !

Les nuages poussaient des flaques d'ombre bleue sur les trottoirs. Par la porte ouverte et par toute la devanture, le friselis des tilleuls venait papilloter autour du comptoir. L'odeur de luzerne s'amenait par paquets depuis les champs.

Marcel entra.

— Je suis venu vous dire au revoir, dit-il. Ma mère m'a dit. C'est pas de chance pour vous deux.

Il prit les mains d'Emile et de l'Empereur.

— On n'est pas encore arrivé, dit l'Empereur.

— On verra bien, dit Emile.

— N'empêche, celui qui vous a dénoncés...

— Il court pas aussi vite qu'on l'emmerde, dit l'Empereur.

— Si justement, mon vieux, coupa Juine aîné. Il nous connaît, on le connaît pas. Et il peut nous emmouscailler. Voilà ce que je dis.

— Ça fait rien, dit l'Empereur, on n'est toujours pas arrivé.

Emile regarda dehors par la fenêtre de côté. Le vent léger, à petits coups, poussait les épluchures de nuage dans un coin de ciel, entre la cheminée de chez Lécheur et la porte de son grenier à farine. Il allait faire bon près de la Vélize, et sec : on pourrait s'allonger. Emile se lissa les cheveux et renifla le bout de ses doigts.

— Je vous souhaite le bonsoir, les gars, dit-il. Faut que je rentre.

— Rentrer où ? demanda l'Empereur. Avec une chandelle, oui. C'est pour ça, l'eau de Cologne et la cravate ?

— Rougis pas, c'est de ton âge, dit la Germaine.

— Grand corniaud, dit Emile.

— Ça fait deux mois qu'on te voit causer avec Esther Trouche dans toutes les ruelles, fit l'Empereur. Au bal, t'étais avec elle. Ce soir, tu pousses l'offensive.

La Germaine gloussa ; elle se claqua les cuisses dans un bruit de lavoir et d'eau giflée.

— Il va la troucher, l'Esther, dit-elle.

Emile, couleur écrevisse bouillie, reniflait ses doigts pour se donner une contenance et répéta :

— Ben quoi, ben quoi, et après...

Gêné, il regardait du côté de son père, qui faisait tourner à vide une petite cuillère dans son verre.

— Tu vas lui faire le coup du départ en Allemagne, continua l'Empereur. Connu.

Il riait en renversant la tête jusqu'à montrer le cornet intérieur de ses narines.

— Le grand Gaston l'a fait avant toi. Esther est une bonne fille. Elle marche à chaque fois.

— Allons, dit la Germaine. Foutez-lui la paix. On te demande, à toi, dit-elle à l'Empereur, si tu apprenais le nom des étoiles à Céleste Rousselan entre deux javas, au dernier bal ? Occupe-toi donc de tes fesses et laisse tranquilles celles des autres.

— Oh ! la Céleste, murmura l'Empereur.

Mais il se tut.

— Faut bien qu'il s'entraîne, reprit la Germaine. Il va leur montrer ce que c'est qu'un coq gaulois, aux souris. Qu'elles y passent toutes, nom d'un petit bonhomme. A commencer par la femme de l'ingénieur en chef.

— On s'en est payé, dit le grand Juine.

Il se lécha les lèvres et cligna de l'œil vers la Germaine. L'Empereur éclata, rageur :

— Des fois, vous êtes pas saouls ? demanda-t-il.

Il saisit la flèche de son pantalon.

— Je leur montrerai ça, oui, déclara-t-il, et je leur dirai, aux gretchen : « Vous voyez ça, eh bien ! c'est pas pour vos gueules, mes vieilles. »

— Ce que t'es vache ! murmura Juine.

Les tilleuls multipliaient les petits signes d'invite. Dans les yeux d'Emile valsaient des reflets d'herbe et de jupe claire.

— Va voir ta mousmé, dit la Germaine.

Le père Pluret réfléchissait toujours en écoutant le tintement de la cuillère contre le verre, comme si on préparait un médicament.

— Je serai à la maison pour huit heures, lança Emile vers son père.

— Voilà le plus beau, annonça presque aussitôt la Germaine.

Le père Boudet, par la fenêtre-étalage, avait reconnu le casque de cheveux coupés ras qui calottait le front jusqu'au-dessus des sourcils. Il se glissa derrière le comptoir. Auguste s'arrêta sur le seuil.

— Je viens te chercher, dit-il au père Boudet.

— On dit bonsoir, fit la Germaine.

— Je viens te chercher, répéta Auguste.

Il bouchait la porte avec ses coudes écartés. Le père Boudet se grattait la barbe à pleines griffes. On entendait le grésillement des ongles sur le poil et le cuir.

— On dit bonsoir quand on est poli, dit la Germaine.

— Je tiens pas à perdre mon temps ni ma politesse, grogna Auguste. Avec les peaux, pas besoin de discours.

— Miteux, dit la Germaine avec calme.

— Je viens te chercher, dit Auguste à son père. C'est pas ta place ici. Le bordel, c'est plus de ton âge.

— Merci, dit le père Pluret. Il posa sa cuillère.

— Pas de quoi, dit Auguste.

Il restait toujours dans la porte, calé sur son ombre couchée jusqu'au bout de la salle. Derrière sa tête et ses

120

épaules rondes, les feuilles des tilleuls sautaient dans le vent.

— Il y en a marre de tes visites ici, dit Auguste. Je tiens pas à ce que tu gâches la ferme.

— Pour ce que tu y travailles, dit la Germaine.

— T'occupe pas, coupa Auguste sans la regarder.

Il reprit.

— A ce que tu la gâches pour ça.

Il eut un geste de menton vers la Germaine.

— Et pour ça, ajouta-t-il.

Il venait de voir les cheveux de Marcel briller doucement dans la pénombre de la salle.

— La maquerelle et le maquereau, ricana Auguste. L'une te monte le bourrichon, et l'autre rempaille ta fille.

— Bon sang ! dit le père Boudet.

— Vous avez de la patience, dit Marcel.

— Ça oui, dit le père Pluret. Ça ne serait pas ton fils et tu ne serais pas là, il y a beau temps que je lui aurais retourné la tête de l'autre côté de Paris.

Le père Boudet se racla la gorge. La Germaine, les poings dans le creux des hanches, le dos à son échafaudage de bouteilles vides, le regardait.

— T'es pas si forte que ça, lui lança Auguste. Il est allé chez les Fritz, hier, tu vois.

— Bon sang ! reprit le père Boudet. C'est moi le maître, tu entends. Je ferai ce que je voudrai. Et c'est pas un morveux comme toi qui me mènera par le bout du nez.

— Tu vois pas jusque-là, coupa Auguste. Rentre.

Il ricana.

— Ta fille t'attend. La rosière de la Vélize.

Marcel eut l'impression qu'un genou le cognait dans le bas des côtes. Il respira un grand coup et écarta sa chaise. Auguste avait enlevé les pouces de sa ceinture et pivoté du côté de la menace. Il ne coulait plus sur le

121

carrelage que la tranche de son ombre. Il vit les poings se contracter comme des nœuds que l'on serre.

— C'est pas parce que tu as cassé la gueule à l'Empereur, commença-t-il.

— L'Empereur t'emmerde, dit l'Empereur. C'est pas ton bizenesse.

Auguste tortilla en un sourire sa cicatrice de bouche.

— L'Union sacrée, siffla-t-il.

Une flamme lui lécha les deux joues et lui picota la nuque. A travers des étoiles de sang et des grappes de points d'or tournants, il aperçut Marcel, l'Empereur et Juine aîné qui riaient, et son père, la bouche ouverte. La Germaine était là, sous son nez, à lui lancer tranquillement son rire en pleine figure, comme un seau d'eau.

— C'est la guerre, grinça Auguste, sans desserrer les dents.

— Oui, mon garçon, dit la Germaine. Si les deux baffes ne te suffisent pas, dis-le. Tu sais que je suis complaisante. J'ai pas que la cuisse d'hospitalière.

Elle le prit par les épaules. Auguste se fit mou.

— Et d'abord, dégage mon entrée. *Raousse,* comme ils disent.

Auguste se retrouva planté au milieu de la terrasse, la langue lourde, les idées tournoyantes, excitées par la haine et par la rage. Un jet d'eau gazeuse cingla son visage d'une lanière suffocante, armée de petits clous.

La Germaine reposa le siphon sur le comptoir.

— Et voilà, fit Juine aîné.

10

Ils partirent dans cette giclée de citron qu'était le matin frais et acidulé. Il y avait là l'Empereur et le fils Plénard qui prenait le train pour le collège, comme tous les matins, l'Emile et le père Pluret. Ils s'avançaient dans l'air vif ; cela faisait ronfler la poitrine et forçait le pas à s'allonger. Le soleil se dégageait à peine de la fourrure de feuillage noir qui moulait l'épaule de la colline. Le ciel était encore blanc.

Ils marchaient sans rien dire. Le père Pluret réfléchissait, il tenait ferme le bon bout de sa raison et courait après son idée comme on chasse un poulain fou de printemps dans un enclos. Emile sentait déjà son rucksack lui peser sous la nuque. En embrassant sa mère, il avait été frappé par les étoiles mortes qui serraient le coin des paupières, la commissure des lèvres, et par la couleur éteinte du sourire. C'était la première fois qu'il la voyait si vieille et si fragile. L'image de son armoire semée de piqûres de vers aussi rondes et pressées que des chiures de mouches était logée sous sa paupière comme une poussière. Elle s'évanouissait parfois pour laisser la place à une jupe de toile écrue fleurie rouge. Emile avait encore dans les plis des narines l'odeur de l'herbe écrasée ; ses bras s'arrondissaient machinalement autour d'une taille ; sa valise en fibrane bleue, alors, dessinait un rond de valse dans l'air.

— T'aurais dû lui dire de venir, glissa le père Pluret.

— Merci, p'pa, fit Emile.

L'Empereur

Au revoir, le village ; au revoir, la route ; au revoir, la luzernière au père Boudet et les choux de l'instituteur et la Vélize. Au revoir, la Céleste. Elle m'attendra pas longtemps. Je vous dis pas adieu, ni à bientôt, mais à vous revoir tout de suite, foi de l'Empereur.

— Dès que je serai revenu, j'irai voir Juine, que je dis. Et toi ? que je demande à Emile.

Le père Pluret se tait. Il remue sa bouche comme s'il machouillait une chique.

— Il y a maman, dit Emile.

Il parle pas d'Esther.

Le soleil, presque entièrement sorti de la fourrure aux pointes maintenant dorées, couchait sur la gauche des marcheurs des silhouettes maigres et longues de cyprès. Marcel guettait l'apparition d'un bouquet de sureaux, et, dans les sureaux, les tuiles faîtières de la ferme Boudet.

— Voilà l'Elisa, dit l'Empereur. Elle vient pour nous dire au revoir.

Marcel sourit lorsque Elisa jeta sa main en l'air comme un mouchoir.

— C'est gentil, dit le père Pluret.

Emile cherchait des fleurs rouges sur la robe qui s'avançait vers eux.

— Je venais dire au revoir aux garçons, dit Elisa.

— C'est gentil, répéta Pluret.

— Merci, dirent Emile et l'Empereur.

— C'est tout naturel, dit Elisa. Bonjour, Marcel.

Elle lui laissa ses doigts.

Le soleil versait ses rayons à pleins seaux dans la cour Boudet. Sur le macadam, jusqu'au fossé d'en face, l'ombre de la porte cochère grande ouverte allongeait un portique bleu. Dans la cour, Auguste attelait la carriole. La fraîcheur de ce début de jour faisait courir sur la robe du cheval des risées d'étang sous la brise. « Un jeune homme, avec une tête d'oiseau », pensa Marcel, sans doute à cause des cheveux noir brillant ébouriffés.

— C'est Pierre, dit Elisa.

Elle serra les doigts de Marcel. Pierre chargea un faisceau de fourches, frotta ses paumes sur ses cuisses et se dirigea vers la porte cochère. Il flottait dans des bleus de mécano.

— Ton travail, dit Auguste.

Il lâcha la bride du cheval. Pierre, un sourire d'accueil lui retroussant les lèvres, continua d'avancer. Le matin coulait autour de lui, baigné de lumière.

— Ton travail, cria Auguste. Je te paie pas pour rien foutre.

— Bonjour, Auguste, dit le père Pluret.

— Bonjour à tous, lança Auguste.

Il appela Pierre.

— Je te paie pas pour tourner autour des jupes de la fille du patron, dit-il.

Pierre se retourna.

— Est-ce que je vous ai permis de me tutoyer ? demanda-t-il.

Auguste fit quelques pas dans la cour, la bouche en passe-boule, les poings ballants.

Pierre serrait les mains tendues.

Par l'échancrure de la chemise, la chair blanche du jeune homme était molle et blême. Mais les yeux avaient la profondeur vivante et limpide de la Vélize sous le pont de l'Aspirant, là où elle est la plus profonde. Ils allumaient des étincelles vertes, puis bleues, puis vertes

125

encore mais plus claires, et, dans ce pailletis de lumière, la pupille bombait un point noir, une tache de vernis. Pierre battait à peine des paupières, si bien que l'on avait tout le temps de s'enfoncer dans ce regard, dans ce lac, et de voir, sous la surface, les lanières souples des pensées, et les mousses bleues et les flaques du ciel.

— Bonjour, dit Marcel.

Il descendait toujours plus profond dans le regard, jusqu'aux cailloux de mica et jusqu'aux sables.

— Dis-moi Pierre, dit Pierre.

— Je t'avais bien dit, fit Elisa à Marcel.

— La combine à trois, alors, glapit Auguste.

Il avait saisi le cheval au chanfrein. La bête se mit à sauter d'une jambe sur l'autre, en reculant.

— C'est du propre !

Il cingla les naseaux du cheval.

— Carne, tiens-toi tranquille !

— C'est vous qui partez en Allemagne ? demanda Pierre.

— Oui, répondit Emile.

L'Empereur se mit à rire, sans bruit.

— Censément, dit-il.

— Gardez l'espoir, dit Pierre.

— Merci, murmura le père Pluret.

Pierre remarqua les lèvres pâles, l'effondrement des joues et les flammes qui couvaient dans le regard.

— Il fait beau, dit-il. Avec de pareils matins, la guerre ne peut pas durer indéfiniment.

Le cheval s'était calmé. Auguste restait près de la voiture.

— Et votre travail, monsieur l'Etudiant, dit-il.

Il grogna :

— En voilà un à qui ça ferait du bien de foutre le camp en Allemagne. Ça fait les pieds.

— Auguste ! dit Pluret.

— C'est pas pour eux que je dis ça, fit Auguste.

126

— T'as de la chance qu'on ait rendez-vous avec Hitler, dit l'Empereur.

Pierre rentra avec Elisa dans la cour. Il se retourna.

— Au revoir, dit-il. Espoir !

★

Ils s'arrêtèrent à la Croix-Basse. Dans sa cuvette, Jumainville bâillait au soleil montant. On entendait des claquements de volets. Les coqs avaient déjà chanté. Le clocher envoyait sa cloche cogner contre l'horizon. De la Vélize, on ne voyait qu'une couverture de brume qui s'étirait entre les saules comme de la guimauve.

Emile découvrait son village ; le galbe juste-ce-qu'il-faut de la colline du château, le creux de la place du Marché avec ses frisures de tilleuls, l'église à la fois accroupie et sur la pointe des pieds, le Tour de Ville ceinturant le village comme d'une ficelle lâche, et, sur le cahotement des toits, l'emmanchement bizarre des ombres qui se raccourcissaient peu à peu ; on montait doucement une grosse lampe à bout de bras. C'était la première fois qu'il le voyait, ce qui s'appelle voir ; comme pour le visage de sa mère. Et c'était au moment de partir. De l'autre côté de la cuvette, sur la route de Villois, l'école piquait une étoile dans le paysage ; elle s'amusait, par-dessus la mairie, à envoyer, dans les yeux d'Emile, le soleil nouveau.

— Au revoir, disait l'Empereur à Jumainville.

— On va être en retard, garçon, dit le père Pluret.

Les toits soufflaient en l'air de petites fumées transparentes, d'un bleu de fleurette, ce qu'il fallait pour préparer le petit déjeuner sans tuer la fraîcheur des cuisines.

D'un coup d'épaule, Emile remonta le rucksack sur sa nuque.

— Tiens, dit-il. Maman n'a pas encore allumé son feu.

★

Pluret rentra chez lui. La rue Maillet était sens dessus dessous. A la hauteur de la pâtisserie, une voiture noire, une Citroën, attendait, en compagnie de deux bicyclettes. Pluret s'approcha.

« Les bécanes des flics, songea-t-il. Encore un drame chez Lécheur. »

Il cligna des paupières, commença un sourire blanc.

Lécheur était sur le pas de la porte. Le drame n'était pas chez lui, mais chez son voisin, chez Peigne. Pluret ravala son sourire et pressa le pas. A l'autre bout de la rue, accourait la Germaine, en défaisant son tablier.

— Ils ont de l'essence, ceux-là, dit-elle en passant le long de la Citroën. Pour emmerder le pauvre monde, oui.

Il y a les deux gendarmes qui bouchent la porte. Je dis bonjour. Bourdaine touche son képi. L'échoppe de Peigne est tout de suite à main gauche, avant la cuisine. Jusque sur le trottoir de la rue, l'odeur de poix, de cuir frais et de ficelle, vient tirer le nez des gens.

— Ben quoi, brigadier, dit la Germaine, on ne peut pas rentrer ? J'ai une paire de chaussures à aller chercher. Je peux pas aller pieds nus.

— Défendu, répond Bourdaine.

Il fixe les joints d'herbe entre les pavés du trottoir.

— Vous pourrez toujours courir pour le pernod, dit la Germaine.

— Service commandé ; faut comprendre, murmure le cogne.

— Par qui ? que je demande.

Entre les gendarmes, on voit des tas de chaussures qui s'écroulent sur le ciment de la cour. Il y a des cartons écrasés qui s'empilent du côté des plates-bandes.

Je dis :

— Ils déménagent tout.

Bourdaine remonte son ceinturon.

— Il y a des inspecteurs, qu'il dit. Perquisition.

— Mince, dit la Germaine. Qu'est-ce qu'on lui veut, à Peigne ? Il n'y a pas plus brave homme.

— C'est pas l'avis de tout le monde, murmure le brigadier.

D'une mouvement de képi, il désigne l'intérieur de la cour. Il ajoute, comme qui dirait une confidence.

— Marché noir.

La Germaine saute.

— Marché noir ? Ce que faisait Peigne ? Si on l'avait pas eu, on crevait de faim, oui, avec leurs tickets. Il n'a jamais fait payer trop cher. Non. Il y en avait pour tout le monde, et lui, au moins, il servait les Français. C'est pas comme d'autres qui réservent toutes leurs chatteries pour les gueules de qui je pense.

Lécheur, à côté, affiche un sourire lointain, la vache. Il s'appuie à sa vitrine. Il garde ses yeux immobiles comme s'il examinait le numéro de la Citroën. La Germaine lance de son côté :

— Peigne n'était pas comme certains. C'était pas lui qui pâtissait à la farine blanche et au sucre glacé pour les boyaux de qui vous savez. Ceux qui trafiquent avec eux, pas de danger qu'on y touche. Par camions, ça circule la bidoche. Mais là, on dit rien. C'est comme pour les gros et les boîtes de nuit. Il y en a, là, du bifteck sans ticket.

Elle est montée. Je lui pose la main sur le coude.

— C'est pas la peine de vous faire coffrer, que je dis.

Deux hommes en chapeau mou sortent de l'échoppe. Peigne les suit. Il a un sourire bref vers les cognes, la Germaine et moi.

— Faut espérer qu'ils l'auront pas, souffle Bourdaine.

— Il est malin, que je fais comme ça.

Peigne est mon voisin. C'est un bon voisin et c'est un brave homme, la Germaine a raison. La langue sur les lèvres, elle colle son regard sur les deux inspecteurs. Du pied, ils poussent les boîtes à chaussures. Dans la chute, elles font éclater leurs ficelles, elles bavent sur le ciment des sandales et des brodequins. Ils entrent dans la cuisine. Peigne les suit toujours, les épaules roulantes avec sa démarche qui rappelle qu'il a fait son service dans la marine. Ses poings gonflent les poches de son tablier de cuir ; ça fait comme deux tas de noix, un dans chaque poche. La mère Peigne, à petits pas pressés, sort de la cuisine.

— Heulà moi, soupire-t-elle.

Elle est étourdie ; elle reste là, parmi les godasses écroulées. Elle répète :

— Heulà moi.

La Germaine appelle :

— Madame Peigne !

— Défendu, dit Bourdaine.

— M'en fous, dit la Germaine. Vous me l'enverrez votre inspecteur ; on sera deux. Eh bien ! quoi ? demande-t-elle à la mère Peigne.

La mère Peigne gémit :

— Ils fouillent tout, démolissent tout, regardez-moi ça.

Elle tend ses dix doigts écarquillés vers l'effondrement de godasses.

Je suce mes lèvres. Je grogne :

— Ces vaches-là.

Emile doit être arrivé à Fignes. Il attend le train de Paris. Marcel lui a dit au revoir ; il n'est plus qu'avec l'Empereur.

— Ils ne trouveront rien, dit Mmè Peigne. Comme la dernière fois.

— Votre cachette est bonne ? demande Bourdaine.

— Pour qui sait pas, c'est impossible à dénicher. Heureusement. Pensez, il venait de recevoir le ravitaillement pour la semaine prochaine.

— Pas de chance, dit le brigadier.

Je regarde du côté de Lécheur. Il n'a pas bougé. Un inspecteur, dans le fond de la cour, hausse son visage jusqu'au losange qui est découpé dans la porte des cabinets. La Germaine se claque les cuisses.

— Ça aussi, c'est rationné ? dit-elle. Ils nous en font pourtant bouffer.

Les deux gendarmes gloussent. Je ris aussi. Elle va se faire engueuler. Voilà celui du fond qui pivote. Sa voix glace le rire des cognes.

— Faites circuler, qu'il commande.

— On en a assez vu, dit la Germaine. Ça me coupe l'appétit.

— Les vaches ! que je murmure.

Bourdaine dit :

— Circulez !

— C'est bon, c'est bon, grogne Germaine, caressez l'encolure.

Les deux hommes au chapeau mou marchent vers les grosses poutres couvertes de lierre, au pied du mur, dans le fond de la cour.

Peigne retire les mains de ses poches. Il se frotte les sourcils. Il y en a un qui tire sur le lierre. Peigne balance les bras d'un balancement régulier.

— Il va me donner le mal de mer, dit la Germaine.

L'inspecteur hargneux se baisse tout à coup. Les joues de la mère Peigne tournent au gris. Peigne arrête le balancement de ses bras. L'inspecteur caresse là où la scie a lissé une tranche ferme et blanche. La tranche bascule. Le tronc est creux.

— Ils le savaient, qu'elle murmure, la pauvre mère Peigne.

Elle fond.

131

— Bon Dieu ! a fait le brigadier.

Les deux inspecteurs l'appellent de l'index auprès des troncs-garde-manger.

Lécheur a disparu.

★

Le vent s'était levé. Tout le jour, il avait bousculé, là-haut, sur le drap bleu, de gros édredons au ventre couleur de souris grise. Vers le soir, les édredons s'étaient crevés et les plumes avaient volé dans toute la largeur du ciel.

— Regarde les petites dunes d'eau que soulève le souffle du ciel sur la Vélize, dit Pierre.

— Je vois, dit Marcel.

— Où ? demanda Elisa.

— C'est fini, dit Marcel.

— Tiens, ça recommence du côté des fleurs de glais, dit Pierre.

Il tira à lui une branche de saule, tout en restant assis, les pieds trempant dans la rivière. Il tortilla le rameau, puis le déchira.

— Regardez-le danser, prévint-il.

La branche sautait sur place, le vent enroulait les feuilles d'étain verdi.

— Comme Chateaubriand.

— Tu es calé, murmura Marcel.

Pierre fit jouer ses pieds dans l'eau. A côté des jambes bronzées de Marcel et d'Elisa, ils étaient d'un blanc d'os. Pâlis encore par les reflets de la rivière, ils semblaient des pieds de cadavre, presque verts. Pierre les releva, dans un cortège de bulles glauques qui jaillirent en gouttelettes lorsque les pieds se détendirent dans l'air.

— Calé ? Ça dépend pour quoi, dit-il. Demande à Auguste.

132

Elisa remua les épaules.

— C'est une brute, dit-elle.

— Ce qui m'étonne... commença Pierre.

Il s'arrêta, regarda Elisa. Elle rougit.

— Ce n'est pas mon frère, murmura-t-elle.

— Il t'embête ? demanda Marcel.

— Pas trop, fit Pierre. Je fais ce qu'il me dit de faire, mais je ne le fais pas toujours très bien. Les ampoules sont gênantes.

Il écarta les doigts, trempa dans l'eau ses mains molles comme des linges, et les essuya sur l'herbe.

— Ça vaut la peine, dit-il.

Il désigna les champs, la colline du parc moutonnant entre les saules, la luzernière en pente, la prairie gonflée comme une fesse, moelleuse à l'œil de tout le moelleux de sa sève.

— Tout ça m'était inconnu. De la littérature, des prétextes à dissertation. Maintenant, je vis tout ça.

Il soupira.

— Tu sais, dit-il, les livres. La prison des livres. Chaque année, un programme à voir. Et puis un jour d'examen, quand tu écris ta date de naissance en haut de ta copie, tu t'aperçois que tu as vingt ans. Et tu n'as jamais mâché une feuille de saule, tu ne t'es jamais couché dans l'herbe, près d'une rivière. Tu penses encore à Chateaubriand quand tu jettes une branche dans l'eau. Tu comprends ?

Elisa se mit à rire. Elle prit la tête auréolée de Marcel entre ses bras et frotta doucement son menton contre les boucles lumineuses.

— Il devrait savoir, fit-elle. Mais les livres et Marcel...

De dessous le bras d'Elisa, Marcel demanda :

— Tu ne t'es jamais fait recaler ?

— Non, répondit Pierre.

— Ça fait la cinquième fois que je me présente à ma première partie du bac, tu vois. Elle, elle a son brevet ;

133

elle parle anglais presque couramment. C'était une bonne élève.

— Qu'est-ce qui t'intéresse ? fit Pierre.

— La mécanique.

— C'est beau aussi, dit Pierre. La vie des métaux, les leviers, les engrenages...

Il dessinait dans l'air des figures avec ses doigts.

— Tu as raison, Marcel, dit-il. Cela aussi vaut la peine.

Il se coucha à la renverse. Par l'ouverture de son col, il montra sa peau blême.

— Cette chair d'endives, murmura-t-il. Voilà les livres.

Elisa se dressa dans la lumière déclinante et, les bras relevés en forme d'anses, elle rajusta sa couronne de nattes. Ses pieds polis par la rivière faisaient juter les tiges grasses.

Marcel murmura :

— Pierre, si jamais Gus t'embête, je suis là.

Pierre

Je tends le cou par-dessus la haie de l'école. Un fauteuil d'osier jaune et rouge est accoté au tronc du marronnier central devant le préau. Ce marronnier doit servir de piquet aux récréations et de poteau de torture lorsque les garçons jouent aux Indiens sioux.

L'instituteur se penche par la fenêtre de la classe. La lumière du soir ponce son crâne ; ses moustaches sont faites de petites brindilles d'or gris.

— Par ici, dit-il.

Il me montre la porte vitrée. Par cette porte, on entre tout de suite dans la classe.

J'aime les chiens. Pas les chats.

— Bonjour, toutou, dis-je.

— Ici, Comme-vous, dit M. Tattignies. J'ai bientôt fini ; une seconde.

Pourquoi l'appeler Comme-vous ? Pour le plaisir de répondre à qui demande son nom : « Comme-vous. » Comme moi ? Comment, comme moi ? Untel ? Non, Comme-vous, etc. Des découpures de papier dessinent des coqs, des poussins, des papillons, des épis de blé sur les vitres inférieures de toutes les hautes fenêtres. Près du bureau, un rideau orange et crème gonfle à chaque

135

coup de vent un ballonnement de jupe ; il s'arrondit, ondule, s'arrondit encore, il moule le souffle élastique et rebondi comme une croupe ; puis il s'aplatit sur le cadre de la fenêtre, comme sur de vieilles jambes osseuses. Des rangées de tables vernies par le soleil couchant monte une odeur de miel tiède.

— J'ai fini mes cahiers, dit M. Tattignies. On va pouvoir descendre.

Il se lève, devant le trou d'ombre du tableau noir.

— Alors ? me demande-t-il.

Je réponds :

— Ça va. Je m'habitue bien.

J'étends les mains, paumes en l'air.

— Chaque racine de doigt porte son ampoule, comme un tubercule, dis-je. Demain, cela ne se sentira plus. La peau va durcir.

Il se met à rire, puis lisse sa moustache d'or gris entre le pouce et l'index de la main gauche. Il dit :

— Ça vous change.

— Heureusement. Ça fait du bien.

— J'ai mon jardin, dit-il. A l'autre bout du village, derrière chez vous.

— Je sais, dis-je. Je passe par là tous les soirs pour aller à la Vélize.

— Là, j'ai ma dose de nature, de travail des champs. L'odeur du chou et de la motte écrasée chasse celle de l'encre et de la craie. Eh oui ! il faut ça.

— Surtout maintenant, dis-je.

— Surtout maintenant, répondit-il en écho. Si l'on avait pas... (Il hésite, tire sa moustache...) tout le reste, on ne se consolerait pas des gens.

Comme vous s'élance, d'un bond. Nous traversons la route.

— Passons par la Grand-Rue, dit M. Tattignies.

L'école se cache dans le creux du tournant, lorsque la route se fond en deux membres, écarte les jambes et qu'une jambe descend vers le fond du Jumainville : c'est la Grand-Rue. L'autre s'en va sur le plateau pour se perdre dans les blés et le ciel.

Il montre Jumainville tassé dans la cuvette.

— Oui, tout ça, dit-il. Tout ça. Les choux, les mottes de terre, l'horizon, le ciel, mes gamins. Et encore mes gamins tant qu'ils n'ont pas pris de mauvaises habitudes. Et ça va vite, en ce moment. Ça morve encore et ça discute déjà le prix des haricots. Ils jouent, dans la cour, à la guerre civile. Je préférerais les voir jouer aux sauvages. On appelle ça une drôle d'époque. Je me rappelle une expression de la radio anglaise : « Néron en gabardine. »

Il rit, s'arrête et me regarde en clignant de l'œil.

— Elle est bonne, hein ? Néron en gabardine. Eh bien ! parce qu'un Néron en gabardine se moque du ciel, des choux, des horizons et des gamins, notre époque s'appelle une drôle d'époque. Voilà. En gros, c'est ça.

— Oui, dis-je.

Je suis obligé de me cacher pour éviter d'être déporté par les hommes du Néron en gabardine. Comme un malfaiteur. Obligé de truquer. Heureusement, il y a tout ça, comme il dit. Il y a le reste.

Il reprend :

— L'époque...

Il marche, la tête baissée. Il soupire.

— Le lieutenant d'ici pose son fessier sur les fables de La Fontaine. C'est un symbole. Bachmann, encore, n'est pas un militaire. C'est un artiste, un musicien. La musique est leur seule excuse. C'est leur alibi. Seulement, s'ils croient que Schubert et Beethoven excusent le Néron et les danses de bottes sur les orteils, erreur.

Il s'arrête. Il me prend par le coude. Dans le verre transparent de ses yeux, de minces filets multicolores s'enroulent, comme dans les billes d'agate.

— Saisissez-vous, Le Meur ? me demande-t-il. Bachmann, le derrière sur La Fontaine, le derrière sur nos Aubusson. Et quel derrière !

Je fais oui de la tête.

— Il y a des nuits où je n'en dors pas, dit-il. Et je vous le répète : Bachmann n'est pas un militaire prussien.

Il me demande, après un temps.

— Vous savez ce que c'est, un militaire prussien ?

Je dis :

— Dans les livres, oui.

— Dans les livres ! Je les ai vus à Metz, moi, en 1903. Avec leurs coudes en ailerons, leur corset, leur cravache, ils représentaient bien deux mètres d'encombrement.

« Celui d'avant Bachmann, dit-il, voilà le militaire prussien. Comme dit la Germaine, un beau fumier. Un fumier nuisible qui, loin d'engraisser, pourrit la terre et les racines.

Nous descendons la Grand-Rue. Pourrit la terre et les racines. Pourrit la terre et les racines.

— On n'a jamais tant parlé de morale, dit-il ; elle n'a jamais été aussi bafouée. On ne croit qu'à la force de l'argent ou des mitrailleuses. Voilà. Le temps des bêtes ; le temps de la griffe.

— Les bêtes sont saines, dis-je.

— Pas les bêtes humaines, fait-il. Elles se croient des hommes, parce qu'elles usent du langage articulé. Mais elles n'ont ni raison bien sonnante dans le crâne ni le côté de la poitrine lesté d'un cœur. Elles ne sont pas des bêtes non plus. Elles dégradent les deux. Des bêtes qui parlent.

Il penche la tête. La mairie est tout de suite à droite. *Bürgermeisteramt,* sur la porte, en capitales gothiques.

Comme-Vous

Je dresse les oreilles. Je bondis. Mes jarrets me lancent en avant. Elle a tendu du blanc sur les buissons. Je bondis, le nez contre le pavé. Ça sent la pierre chaude ; un peu la même odeur que le lièvre des collines. J'en ai couru un jusqu'à la forêt. Mais il a sifflé.

En ce moment, il parle ; et l'autre lui répond. Il a une odeur amie. Ce soir, en plus, il sentait les champs, un peu comme la perdrix. Je crie : la perdrix, la perdrix, la perdrix ! Je file en avant ; ce poteau me tire par la truffe. Je renifle. Chien Trouche est passé là. Je lève la patte. L'idéal, ça serait d'arroser tous les poteaux autant que celui-là.

Il s'arrête. Il prend l'autre par le coude. Ils parlent. Je pousse du nez dans ce tas noir. C'est d'un homme ; ça, d'un chien. Je grogne.

— Comme-vous, crie-t-il.

Je bondis ; je jappe :

— Voilà ; me voilà.

Le jeune balance le bras. Je le regarde du coin de l'œil. Il a ramassé un caillou. Attention. Il crachote dessus.

— Comme-vous !

— Oui, oui, oui. J'arrive, je veux bien jouer !

Brave garçon. Ma gorge s'étrangle. Je t'aime. Il lance. Je détale.

— Oui, oui, oui !

★

Ils trouvèrent Morize dans la salle des mariages, effondré sur le tapis vert de la table ; il paraissait ruisseler sur le drap de billard. Au-dessus de sa tête, le buste de la République drapait ses épaules frileuses dans une écharpe de poussière. M. Tattignies s'était toujours opposé à ce qu'on l'enlevât.

— Etat français, qu'est-ce que ça veut dire ? avait-il protesté. Royaume, République, Empire, d'accord. On sait où on va. Mais « Etat » ?

— D'abord, avait déclaré la Germaine, un Etat, ça n'a pas de poitrine.

— Vous voilà ! soupira Morize. C'est la catastrophe !

— Encore une, fit Tattignies.

Il posa son panama sur le bout de la table.

De ses ongles coupés très court et carré, comme des ongles de pied, Morize pianotait sur le tapis vert.

— Le curé attaque...

— Qu'a-t-il déniché ? questionna Tattignies.

— Le bal, répondit Morize.

— Fallait s'y attendre.

— Je vous l'avais bien dit, gémit M. le maire.

Pierre restait debout, à côté de la table. L'instituteur prit une chaise et demanda d'où venait la réprimande.

— De l'évêché, par la préfecture, répondit Morize. Par la bande, quoi. On se fait sonner. Lisez vous-même.

Il fouilla ses poches, en tira un papier plié en quatre.

— Voilà, le facteur me l'a apportée tout à l'heure. Varèmes m'a demandé tout miel si je n'avais rien reçu de la préfecture. Il m'a demandé ça au concert du château. Je n'aime déjà pas aller au château ni écouter la musique. Ça m'a achevé. Je me suis bien douté qu'il nous avait réservé un chien de sa chienne...

M. Tattignies lisait en tapant du menton dans son col. Morize continua, en s'adressant à Pierre :

— Je n'ai compris que tout à l'heure ce qu'il avait voulu dire, au château, avec sa lettre de la préfecture.

— Si Bachmann ne se moquait pas éperdument de ce qui n'est pas clé de *sol,* farine blanche ou jupon, vous auriez déjà été appelé au château, conclut l'instituteur.

— Catastrophe, gémit Morize. Le préfet demande qu'on s'arrange avec « les autorités ecclésiastiques ».

— Canossa... fit Tattignies. Je ne peux pas aller les trouver, les autorités ecclésiastiques. Elles me flanqueraient à la porte. Et ce n'est pas votre place.

Morize respira :

— Bien sûr, approuva-t-il. Ce n'est pas ma place. Mais alors ?

— Pourquoi pas Le Meur ? proposa l'instituteur.

Il sourit avec malice. Morize examinait Pierre du haut en bas, comme pour juger s'il était apte à cette ambassade. Tattignies saisit son chapeau et se mit à caresser la paille au grain soyeux de chair jeune.

— Bah ! murmura-t-il, laissez donc dormir tout cela. Si Varèmes n'est pas content, il écrira à son évêque.

La statuette de l'archange Gabriel

Pulvis es et in pulverem reverteris. Tu l'as déclaré, Seigneur. Tu as dit à l'homme : tu es poussière. Je suis poussière, Seigneur, comme la dernière des dernières de tes créatures. J'ai connu l'adoration, les fleurs, les coups de plumeau pleins d'amour. Et maintenant, les araignées tissent leur toile entre les pointes de mes ailes de neige ; ma robe azurée est grise, mes cheveux blonds sont gris, mon auréole, mes rayons, mes joues roses, mes lis sont gris. Gris de poussière. Je retourne à la poussière, Seigneur. J'étouffe sous une bure de poussière, Seigneur ! Que votre volonté soit faite.

Jeanne m'a supplanté. Et c'est fort bien ainsi ; mais que fais-je dans ce coin de sacristie ? Il me heurte du bout de sa semelle. Il le fait exprès. Je boirai le calice jusqu'à la lie. Je ne veux pas que mon cœur connaisse la jalousie ni la rancœur. Mais pourquoi m'avoir fait

141

quitter la vitrine de la place Saint-Sulpice pour moisir dans cette encoignure ? Mon plâtre se laisse gagner par l'humidité, ma peinture va s'écailler. Je retourne à la poussière.

Je suis ton archange, Seigneur. Je suis l'annonciateur. Quelle nouvelle et à qui l'annoncerai-je ?

Et in pulverem revertar.

C'était le ronron d'un gros matou lové dans le bleu-vert du ciel.

— Les Américains ! dit Pluret.

Il laissa la planche qu'il caressait de la paume et sortit sur le trottoir. Le ronron emplissait le matin, venait de partout, glissait, monotone, obstiné, dans toutes les maisons.

— Les Américains ! répéta Pluret.

Il se tourna vers la fenêtre de la cuisine, près de la porte de la menuiserie. Dans le reflet de la vitre, il pouvait voir la mère Pluret passer son poêle au noir.

— Viens voir, dit-il.

— Où ? demanda la femme.

Elle tirait le cou, le menton pointé en l'air. On se noyait les yeux dans le bleu, on perdait pied dans toute cette lessive fraîche de l'air où le soleil montait lentement.

Le ronron s'affirmait ; il allait tirer les bustes hors des fenêtres, dévisser les cous, renverser les têtes. Au milieu de son trottoir, Lécheur suçait, le nez levé, des mouillettes qu'il trempait dans son café au lait. La mère Crémant s'arrêta au milieu de la rue, les paniers sur les hanches ; elle remarqua que le pain de Lécheur était blanc. « Naturellement », se dit-elle. La fenêtre des Peigne resta fermée. Les trois petits Bavousse et les deux petits Merle furent subitement pondus dans la rue du Maillet.

Roger Bavousse leva un index en l'air, du côté de l'église.

— Mince, dit-il. Regardez, les voilà.

— Oui, firent les autres, on les voit drôlement bien.

Toute la rue aiguisa son regard et le dirigea sur le pan de ciel au-dessus du clocher.

— Il n'y a rien, dit Pluret. Ils se foutent de nous, les galopins.

Le ronron se fit insistant, mais demeura perdu tout là-haut. Le gros matou invisible étendit une patte ; il griffa le tendre ciel, et, du côté de Villois, des cicatrices blanches se formèrent tout de suite. Elles s'allongeaient parallèles ; le chat, laissant traîner sa patte griffue, s'avança d'un bout de l'horizon vers l'autre.

Roger prit l'initiative des manifestations. Il sauta en battant des mains :

— Les Américains, les Américains, les Américains ! chantonna-t-il.

Le reste de la bande répéta :

— Les Américains, les Américains ! en sautant et en battant des mains.

Lécheur avala sa mouillette ; il agrippa par le bras le premier gosse à sa portée : le deuxième Bavousse. Sans renverser son café au lait, il le secoua :

— Vous allez vous taire, petites teignes ! Les Américains, des gangsters ! Tous des nègres.

— Saloperie ! grogna Pluret. Rentre dans ta cagna, ou je t'y boule.

Au milieu de la place du Marché, la Germaine comptait les avions à haute voix. On l'entendait d'ici.

— C'est par où, qu'ils vont ? demanda la mère Pluret. Emile était dans quel train, à cette heure ? songea-t-elle.

144

— Vers le nord, dit Pluret, le nez en l'air. Tout ce que je peux dire.

Il ajouta :

— C'est ça tu vois, les forteresses volantes.

— Ah ! fit la mère Pluret.

Elle se pencha un peu plus. La mère Crémant, les prunelles divergentes, les mains sur le ventre, regardait de côté, à la façon des poules, les griffures blanches. Tout à coup, elle serra ses paniers contre ses cuisses et trotta vers la ruelle en bredouillant.

— Ils passent juste au-dessus de nous !

— Ils passent au-dessus de nous, dit Mlle Vrin.

Elle se rapprocha de l'abbé Varèmes. Le curé, harcelé par le ronron, avait expédié la messe basse. Il s'était posté devant la petite porte latérale qui se creusait dans l'encoignure du presbytère, à côté d'une affiche de cinéma ; le coude à hauteur de la vedette à dentition de cheval, il fixait les rayures du ciel, à l'abri de sa main. Sa pomme d'Adam saillait, pareille à un étrier d'échasse.

— Juste au-dessus, murmura Mlle Vrin.

Le curé haussa les épaules, fronça le nez.

— Ne peut être que la Luftwaffe, dit-il, ils sont trop.

Au-dessus de la ferme, sembla-t-il à Elisa, une autre escadrille croisa la route de la première, en biais. Cela fit d'abord un jeu de jonchets en os ; puis tout se brouilla. Il resta une boule cotonneuse qui disparut sur place.

— Les Américains ! dit Elisa.

Elle sentit sur sa nuque les larges prunelles calmes de la Boiteuse se poser à plat, comme des mains.

« Elle ne prend plus la radio, songea Berthe ; pourquoi ? »

— Les Américains, répéta Elisa plus fort.

Elle sourit en se tournant de profil vers la porte de la cuisine, pour qu'on la vît sourire.

Pierre et Auguste binaient le carré de betteraves entre la haie de sureaux et la luzernière. Le père Boudet

145

arrachait les plantes en trop. Le ronron disparaissait de la même façon qu'il était venu : dans tout le ciel à la fois. Pierre se releva. Il frotta ses mains contre sa cotte de mécanicien. Ses ampoules lui faisaient mal.

— Vous les avez assez vus, vos mignons, grommela Auguste. Au boulot, maintenant.

Les escadrilles s'étaient enfoncées dans le pan de matin qui surplombait Fignes. On ne voyait même plus les égratignures blanches.

« Parce que la vermine est chez nous, des innocents doivent périr », se dit Pierre.

Il soupira.

— C'est les betteraves qui vous chagrinent ? demanda Auguste.

— Fous-lui la paix, dit le père Boudet. Il fait son travail. Fais le tien.

— Ça va, murmura Auguste.

Ils se repenchèrent sur les taupinières empanachées de feuilles.

— Ça se couvre, dit le père Boudet.

Il se redressa et posa les mains sur ses reins.

— Des nuages entre Villois et Fignes. Plein ouest. La pluie pour bientôt, dit-il.

La Germaine

La pluie qui piétine la poussière de la place. De la pluie de novembre. J'ai les poils des jambes au garde-à-vous. Il y en aurait pour longtemps que ça ne m'étonnerait pas. C'est quand la lune ? S'il pleut, j'irai pas au rendez-vous. Ou bien alors, en cas d'éclaircie, je pousserai jusqu'aux sureaux pour voir, juste pour dire, quoi. Si la pluie recommence, alors, je m'abriterai dans la grange à paille. Il saura bien. C'est convenu : il viendra me retrouver.

La nuit tombait plus vite que les autres soirs : la cloche de brume sale et pleurarde étouffait le reste du jour.

Mlle Vrin s'était installée tout de suite après le dîner — après avoir mangé trois fois rien : une purée à l'eau, un peu de salade cuite qui restait de midi, et les toutes premières fraises.

Mlle Vrin

Les pavés accrochent sur leurs joues des reflets de crépuscule. Le long du trottoir en face, se trémousse un filet d'eau aussi gros qu'un ruban. Exactement comme des joues, les pavés. Les siennes étaient à la fois roses, blondes et brunes. Fermes et tièdes. Mon Dieu, ne pas penser à cela ! Je ne peux pas retourner à Fignes. Je fixe la pluie. Sur l'écran sombre des volets de Lécheur, je vois les gouttes tomber en hachures. La maison de Lécheur est collée à celle de Peigne ; celle de Peigne se serre contre celle de Pluret. Pâtissier, cordonnier, menuisier. Tout ça s'enfonce dans le gris. Comme le navire s'était éloigné dans le nuage, au Havre. C'était en quelle année ? Ne pas penser à cela non plus, c'est mort. L'humidité, le glouglou de l'eau sur la vitre de l'œil-de-bœuf, les derniers reflets blancs sur la chaussée, c'est tout à fait ça : le navire qui s'écarte. C'est fini, mort et enterré.

La fenêtre de la cuisine Pluret s'allume brusquement. Six carrés de pavés d'un jaune mouillé. La nuit, on voit des choses qu'on ne penserait pas à voir pendant le jour. Je suis sûre que le pavé frissonne. C'est peut-être parce que je n'ai pas très chaud sur mon perchoir. La fenêtre s'ouvre, le bras de la mère Pluret sort, puis rentre. Elle

rabat les volets. La maison des Peigne reste immobile.
Elle ne vit plus, depuis hier. Mme Peigne s'est réfugiée
dans sa cuisine, comme s'il faisait froid dehors. Elle a
rentré à coups de balai les boîtes de chaussures. Les
inspecteurs avaient été prévenus. Elle attend son mari.
Elle attend. Moi, je n'attends plus. Qu'est-ce que je fais
alors sur mon perchoir ?

Tous les volets de la pâtisserie sont fermés, de la
boutique au grenier. Pourtant elle vit. Le silence le plus
complet. Lécheur ne sort même plus sur le trottoir pour
surveiller les abords, mais je sens, derrière les volets,
circuler une lumière. La maison est animée d'une vie
étrange. Lazare, réveille-toi ! Je vois une raie jaune
jointoyer les panneaux de bois de la fenêtre de gauche.
Puis la fenêtre de droite. Il a traversé son premier étage
de gauche à droite, vers la maison Peigne. Là, c'est net.
Ça ne l'est pas toujours autant. Je ne peux pas toujours
affirmer que je vois de la lumière et cependant je suis
sûre, absolument sûre, à en donner ma tête à couper,
qu'il est derrière les volets de la chambre du milieu ou
derrière la porte du grenier, sous le toit. Je le sens,
comme on sent le regard de quelqu'un vous peser entre
les épaules. On ne le voit pas et pourtant on le sent.
C'est pareil.

La fenêtre de la cuisine Pluret s'éteint. La maison tout
entière rentre dans l'ombre, d'un seul coup. Il fait
sombre. La pluie brouille le paysage ; ça n'arrange pas
les choses. La vitre paraît fondre ; on voit à peine la
pâtisserie, derrière. Je pousse doucement la petite fenêtre. Il fait brusquement frais, comme si on vous enveloppait le visage dans une serviette humide, et les épaules.
J'entends un pas. Un flic flac spongieux de semelles qui
marchent. Quelqu'un vient. L'homme qui peint. Je
cligne des yeux pour me forcer à voir. Une silhouette
gluante de nuit ; la pluie accroche des reflets ; elle se
glisse le long de la maison Pluret. Elle vient. Elle

148

s'arrête. Je ne respire plus. Je plonge. Je suis sous l'eau ; mes tempes bourdonnent ; mon cœur galope avec de grosses pattes maladroites qui s'emmêlent. C'est le gribouilleur au goudron ? La silhouette gratte à la porte de chez Pluret. On lui ouvre. Je souffle. La cuisine se rallume.

La silhouette avait une petite valise.

Je reprends ma respiration. Je regarde la maison Lécheur. Il est à la fenêtre de gauche, derrière son volet. Son volet est décollé du mur. Je sens qu'il a vu.

La poche de pluie s'appuyait sur la vallée de la Vélize ; c'était une outre de peau grise dont les longs poils liquides traînaient jusqu'au sol. Elle se tassait dans la cuvette de Jumainville ; elle remontait vers les bords des plateaux, pesante et fondante ; traînait son ventre sur les champs. La nuit et l'eau glissante avalaient la barre noire que la forêt des Champs-Hauts avançait derrière la ferme des Juine. On butait contre le tronc d'un arbre que l'on se croyait encore des blés de chaque côté du pas. Si, on pouvait se rendre compte de l'approche des bois : à l'odeur de feuilles fraîches, de sève ragaillardie par l'eau, de creux de branches moussus, humides et doux comme des aisselles ; et au bruit. La pluie tambourinait sur toute la peau des feuilles ; cela faisait un ronflement régulier de bête paisible.

— Bon Dieu ! fit l'homme.

Il tendit le bras au hasard, dans la poix. Il sentit sous ses doigts la joue lissée de larmes d'un bouleau.

— J'ai failli tout renverser, dit-il.

Il parlait presque à haute voix. Il fouilla dans la poche de son pantalon, tira une boîte d'allumettes. Les deux allumettes ne partirent pas.

— Bon Dieu ! grogna-t-il.

149

Il frotta la boîte contre sa cuisse. La troisième allumette craqua. Dans le cocon de lumière soufrée que
tissa l'allumette, un visage apparut, mangé par la visière
tombante d'une casquette ; une épaule, une chemise à
fleurettes en bouquets. L'homme baissa la flamme. Des
choses, peut-être des clous, brillèrent à sa ceinture
comme des écailles.

— Bon, je suis toujours dans le chemin, dit-il. Chiennerie.

L'allumette rougeoya, se tordit, tomba.

Une autre fleur jaune reprit la danse presque aussitôt.
L'homme l'approcha de son visage : une bouche ramas-
sée comme un poing autour de la cigarette qu'elle tétait,
des narines qui se gonflaient, à chaque prise d'air, des
paupières clignées sous une visière molle en drap rayé.
La fleur, à chaque tétée, sautait dans le coquillage rose
des deux mains. Le point rouge de l'allumette zigzagua
avant de mourir, l'homme secoua la main. Puis il ne
resta plus de lumière dans toute cette corne de forêt que
l'étoile de braise portée par l'homme en avant de ses
lèvres. Lorsque l'homme tétait sa cigarette, l'étoile blon-
dissait et lançait une ou deux pointes aiguës, comme
font les étoiles véritables.

L'Homme

Je le porte avec précaution. J'ai failli le renverser tout
à l'heure, lorsque j'ai mis le pied dans l'ornière. Le bout
de bois est planté dans le seau. Il faut faire attention.
C'est du goudron. Si je renverse, c'est plus la peine.
Attention, j'écarquille les yeux ; on y voit pas plus que
dans le trou de balle d'un nègre.

— Chiennerie, que je gueule.

Du goudron pour ce salaud-là. La carne, la carne, la

150

carne. Je peux crier, il y a personne et il pleut. Il m'a
attendu, la dernière fois, avec son bâton. C'est bien de
ses coups. Sournois et faux comme un cent de planches
pourries. Heureusement que je suis vif. J'ai le bras plus
rapide qu'une lanière ; je l'ai cinglé avec mon poing. Les
deux yeux, je lui ai poché les deux pour l'empêcher de
me reconnaître. Et puis le museau. Je l'ai échappé belle ;
c'était de l'épine. Un vrai gourdin, une matraque. Il
paiera ça, avec le reste, le jour venu. En attendant, je le
cuisine à petit feu. Je le tiens au bain-marie. Comme
une crème. On marche mal ; la terre glisse. Faut pas que
je renverse mon goudron. Je tends la main. Un arbre.
Voilà le chemin.

Ça fait des jours que je suis venu. Je vais recommencer la série, malgré les autres. Ça les regarde pas. C'est
une affaire entre moi et la carne.

Entre nous deux seuls. Comme lorsque je l'ai tenu
dans le hangar à bois. Ce jour-là, bon Dieu ! Il en était
vert, les yeux ronds et blancs, les genoux mous. Il y avait
plus de bouche ; avalée, comme un râtelier. Il a reculé,
reculé, reculé, sans rien dire. Ça lui avait coupé le sifflet
de me voir empoigner la cognée. Je lui ai dit : « Fous-moi
le camp, carne, ou je te fends comme une bûche. »
J'avais fendu la bûche d'un seul coup, han ! C'est là qu'il
a commencé à trembler et à verdir. Il était venu pour
m'emmerder, comme d'habitude. J'avais besoin de lui
casser son bois pour croûter, moi, et pour aller avec les
autres chez la Germaine... La carne. J'avais pas l'habitude de le tutoyer, non plus. Ça l'a estomaqué. « Fous-
moi le camp », que je lui ai dit. J'étais timide. Je lui
disais : « Monsieur » et je lui tirais ma casquette. J'étais
jeune, bon Dieu. Il en a profité, la carne. Ce qu'il a pu
m'en faire baver. Le bois qu'il me donnait à couper, des
ronces, des souches. C'était jamais ça. Fallait en faire
des bûchettes. Fallait les débiter gros comme des allumettes, pour le four. C'était jamais assez fin. J'étais un

151

feignant, une andouille, une crapule, un braconnier. Oui, un braconnier, qu'il répétait tout le temps.

— J'ai la preuve, qu'il me disait. Je peux te faire coffrer le temps de dire ouf. La ramène pas, surtout ! Sinon, ouste ! en taule.

Et ses seaux d'eau. Et le four. Ce que j'étais gourde...

La bouche plissée comme un derrière ; je le revois encore. Il reculait, il reculait. Et puis pan ! C'était pas ma faute. Je le regrette bien. J'aurais tant de plaisir à lui casser la gueule. Mais j'ai pas eu le temps de cogner.

Tout le tas de bûches qui lui est dégringolé dessus, en cascade, en éboulis. Tout sur le râble. Des bûches mahousses et dures, de celles qu'il me choisissait pour que je m'esquinte à les fendre, il y en avait qui sautaient pour lui retomber en piqué sur la tronche. Du martelage. Toute une forêt qui lui dansait sur le bide.

J'aurais pas mieux fait. Total : six mois. Et j'étais resté, comme une couenne, à regarder les bûches faire le boulot. Je ne les ai même pas aidées. On m'a pas cru quand j'ai dit que j'y étais pour rien.

— Des fois, que m'a dit Bourdaine. Des fois que ça serait pas les tilleuls de la place du Marché ?

Il a été raconter aux gendarmes que je l'avais attaqué. Comme un sauvage. Avec la cognée. La carne. Il le paiera, tout ça, les mois de taule, les tas de bois, les seaux d'eau, le four, et le coup de gourdin que j'ai failli paumer. Il le paiera, bon Dieu. C'est pas les autres qui me retiendront. Le chef ! D'abord, il y a pas de chef. Je loupe pas l'occase. J'ai trop attendu. Demain, on sait jamais. Je peux me faire chiper par les Friquets. Alors, rran ; à découper suivant le pointillé. Les ordres, la discipline, je les ai quelque part. Je fais mon boulot. Ça les regarde pas.

— Bon Dieu ! que je crie.

Je trébuche. Je lance mon bras devant moi. Je tire sur ma cigarette pour voir clair : elle est morte. Devant, c'est pas un arbre. Ça porte une espèce de peau poilue, chaude, mouillée.

— C'est toi ? demanda la nuit. Laisse mon chandail. C'est moi, Juine aîné.

— Tu m'as fait peur, dit l'homme. Je marchais en songeant à des choses.

— Où vas-tu ?

— Je prends le frais. Ça sent le renfermé, au camp.

— Pas le moment de faire le zigoto.

— La ferme.

— Je dis ça, c'est pour toi, fit Juine. Le jour où tu te feras taper sur les doigts, et pas par les Fritz encore...

— Ça me regarde, coupa l'homme.

— T'as pas encore compris que tu étais dans une armée.

— Les militaires, je les enchose, tu comprends ? Et je suis poli.

— S'agit pas d'enchoser les militaires. Quand il y a des ordres, il y a des ordres. Faut obéir. On ne joue pas à la résistance parce qu'il y a une tête dans le patelin qui vous revient pas et qu'on veut l'enchoser, comme tu dis. On t'a défendu de retourner à Jumainville. Ça peut te coûter cher. Et je te répète : pas à cause des Fritz.

— Tu me cours ; je fais ce qui me plaît.

— Tu te trompes. Il ne s'agit pas de vengeances personnelles, de petites histoires à toi, mais de flanquer le Boche dehors. T'as pas compris ? S'il était gaulliste, tu te serais foutu de la milice, alors, c'est ça ? Méfie-toi, je te dis, tu n'es pas là pour faire ta mauvaise tête, mais pour continuer la guerre.

— Merci. Tu repasseras pour la théorie. Mes petites histoires à moi, ça m'intéresse ; je vous demande pas d'y fourrer votre nez. Je commence par celui-là. Après, y en aura d'autres. Au suivant de ces messieurs ! Prenez vos

153

bibi, prenez vos billets. Vous pressez pas, y en aura pour tout le monde !

— Gueule pas comme ça.

— Il y a personne et il pleut. Le prochain, je vois déjà qui c'est, tien. Je foutrai le feu à sa ferme.

Il farfouilla dans le noir, puis se mit à jurer tout à coup.

— Mon goudron, salopiaud, tu m'as renversé mon goudron. L'enfant de pute !

Il craqua une allumette. La fleur jaune fit luire une plaque cirée noire qui coulait doucement dans l'ornière en couchant les herbes. L'homme agrippa le chandail humide devant lui et fit danser au bout de son bras le petit seau où le goudron n'avait laissé qu'une doublure moirée et des bavures. Le bâton était tombé sur le chemin.

— Qu'est-ce que tu veux que j'aille foutre à Jumain-ville, à présent ? C'est plus la peine. La carne, il m'échappe encore. Pour un bédouin qui fait pas atten-tion où il met les pieds.

— Calme-toi, vieux, fit Juine. T'en as pas sur ton pantalon, c'est le principal. T'allais faire l'andouille. Tu te serais fait repérer et nous tous avec. Surtout que toi, on te connaît. On ne t'a pas oublié. Il y a du pet, je te dis. Les inspecteurs de Fignes sont venus hier et ils ont poissé Peigne.

— Ça fait rien, j'aurais bien voulu, murmura l'homme.

— Oui, ils l'ont embarqué. Le fils Pluret et le garçon boucher ont dû boucler leurs valises pour Berlin. Ça me pend peut-être au nez, je n'en sais rien. Les cognes me préviendront. Jusqu'ici Bourdaine n'a rien vu venir. A cause de tes couillonnades, il y a des patrouilles plus qu'avant. Tu vois. On a l'œil sur Jumainville, en haut lieu. Surtout maintenant ; on va être un de plus.

— De Jumainville ? demanda l'homme.

154

Il ramassa son bâton, le frotta dans l'herbe, puis il l'essuya avec des feuilles, qu'il arracha au hasard, dans la nuit humide.

— Oui! répondit Juine. Il fait un détour. Il vient par le chemin sud. C'est l'Empereur, le garçon boucher.

Il avait plu toute la nuit et tout le jour. Le ciel était descendu jusqu'à toucher le sol. Accoudé aux tilleuls de la place, il s'était accroupi pour se laisser aller.

La Germaine

J'irai pas non plus ce soir. Tant pis pour l'amoureux. Je profite du mauvais temps pour ranger mes armoires. La plus grande se carre dans le coin gauche de la chambre du devant, à côté de la fenêtre. Elle est haute et profonde, avec des reflets doux.

Les panneaux grincent. Tout de suite une odeur de lavande. La voilà qui volette dans la chambre. Je sors les piles de linge. Il m'a laissé tout ça. Mme Blanchon, j'aurais pu être. Le blanc d'abord : les draps aux tranches glacées, les chemises, les serviettes. Puis le linge de couleur ; les chemises quadrillées rouge et bleu qu'il mettait en semaine. La pratique l'appelait le coveboi.

Le voilà, Théo. Sous les chemises, il y a sa photo : il est nu. On voit que jusqu'à la ceinture. Les bras croisés, il fait saillir ses biceps. On dirait des boules de fer. La poitrine est lisse, bombée, elle brille. On dirait un garrot de métal, avec, à peine, au milieu une petite buée de poils. Je place les colonnes de linge sur l'édredon rouge. Je m'assois sur le lit. Tout s'écroule. Le sommier craque. C'est la chambre que je réserve pour les voyageurs de passage. On sait jamais. Un beau morceau d'homme, qui me demanderait une chambre. Au-dessus du lit, le mur est gris crasse. Plénard n'est pas un mauvais bougre, non. Au contraire. Mais il est gourde. Il ne sait pas se débrouiller. Il ne veut pas, par principe. Je lui ai demandé, combien de fois ! de refaire cette chambre. Si j'ai pas demandé dix fois, j'ai pas demandé une. Il n'a pas de matériaux, pas de peinture, pas de bon papier, pas de bonne colle, pas de ripolin. J'aime bien le père Plénard, mais je finirai par demander à Fignes. Tant pis.

Un petit cri bref. Crac, le sommier craque. C'est le même bruit que lorsque je m'allongeais avec les petits Autrichiens pour les dégrouiller. Des Autrichiens, pas des Fritz. Je tiens à la différence. Des Fritz auraient toujours pu essayer. Je les aurais drôlement remisés, oui. Proprement remis à leur place. Ça n'aurait pas fait un pli... Toutes ces chairs blondes, brunes, jeunes, tendres, tièdes, caressées, caressantes. « Matame Chermaine. Merte Hitler. Merte Hitler. » Ils savaient pas. Ça changeait d'avec Théo et d'avec le père Boudet. Eux, ils sont forts. Les petits, ils étaient tendres. Le sommier craquait, comme maintenant. « Matame Chermaine. » On voyait plus les roses vineuses, la crasse. Plus besoin de Plénard.

J'accroche une chemise, sur l'édredon rouge. Une chemise d'homme. D'homme. L'odeur d'homme est morte. Elle sent la lavande.

Je respire en fermant les yeux. Plaisir d'amour, comme dit la chanson, ne dure qu'un moment. Il n'y a qu'à multiplier les moments. Quand un homme me regarde et qu'il insiste, je me sens les jambes comme du saindoux. Plaisir d'amour... Je déplie la chemise et la laisse flotter à bout de bras. Théo ! Pendant plus de quinze ans, Théo dans cette chemise de coveboi ; sa chair, son sang, sa chaleur, sa sueur, ses muscles qui savaient me serrer, son odeur. A présent, un Théo de souvenir, de photographie, de parfum de lavande. Savoir si les chemises iraient au père Boudet. Elles ne seraient pas vides. Il est un peu moins grand que Théo ; et moins large. Presque aussi fort. Il est aussi chaud, aussi vigoureux, aussi lourd quand il faut. Et des mains puissantes, de vraies tenailles ; deux pelotes de muscles, de nerfs, d'os. Lorsqu'elles s'épanouissent, elles me couvrent la moitié du dos. « Madame Boudet. Madame Chermaine. » Des mains qui me serrent.

J'irai ce soir dans la haie de sureaux. Même s'il pleut toujours.

Lorsque le soir arriva, des gouttes séparées volaient seulement dans l'air, comme des balles de blé. Le ciel, au bout des toits, poussait la nuit en avant à coups de nuages dans le dos, pareils à de gros poings emmaillotés.

La Germaine noua son foulard violet autour de sa tête. Elle prit aussi un imperméable : l'imperméable de Théo ; elle avait retroussé les manches et relevé les pans avec des épingles à nourrice. Il irait au père Boudet. Elle marchait vite. L'odeur des sureaux, énervée par la pluie, vint au-devant d'elle. Derrière, elle devinait la cour, bourrée d'odeurs de ferme.

Elle pénétra dans la luzerne. L'imperméable de Théo couchait les foins, avec un bruit de filet traîné sur du sable mouillé. Elle alla jusqu'au bout de la haie, là où coupait le chemin des bords de la Vélize. Le ciel descendait encore avec la nuit ; il s'affaissait sur les roseaux et sur les saules à la façon d'une chiffe sale, d'une serpillière gorgée d'eau. La grange à paille de l'autre côté de la ferme, le long du chemin de terre, posait sa boîte noire sur la prairie.

La pluie se remit à tomber. Quelqu'un tordait la serpillière. Germaine porta la main à son foulard, le rajusta, serra l'imperméable, et se renfonça dans la haie de sureaux. L'eau fouettait l'odeur écœurante, écrasait le parfum des luzernes, des jardins de Tattignies et de Pluret, de la terre. La femme, nichée dans la haie de feuilles clapotantes, les mains entre les cuisses, sentait des mains de fer chaud s'épanouir sur son dos.

L'averse insista, précipita sa danse ; la haie ronfla de tout son feuillage trépidant. Deux ficelles glacées coulèrent dans le cou de la Germaine et vinrent écarter les deux mains tièdes et puissantes.

— Je pisse ma mare, comme un pépin, se dit la Germaine.

Plus étroitement encore, elle se roula dans l'imperméable. Les épaules rondes, les semelles claquant l'herbe, elle courut jusqu'à la grange.

« C'est convenu », songea-t-elle.

Des ballots de paille comprimée s'étageaient sur la gauche en entrant. A côté et dans tout le fond de la grange, de la paille en vrac, en javelles écroulées, glissait avec des écoulements mous et blonds de colline bien mûre. Le sol était sec ; toute cette paille était sèche. Le toit sonnait sous le piétinement du ciel.

La Germaine se décolla de l'imperméable qui la drapait aussi étroitement qu'une serviette mouillée. Elle retira ses semelles de bois et dénoua son foulard. Elle frissonna.

« Si je pique un rhume, se dit-elle, il n'a pas fini d'en entendre. Il va falloir qu'il me réchauffe, et bien ! »

Elle frissonna encore, mais elle n'avait plus froid. Sous ses pieds nus, la paille crépita. Elle avança jusqu'à mi-cuisse dans la colline sèche et craquante. Elle étendit son imperméable, son foulard et se coucha dans la paille, les bras en croix. Le père Boudet irait à la haie de sureaux, puis viendrait à la grange. Il se douterait

160

qu'elle était là, à l'attendre. Il n'aurait qu'à se coucher à côté d'elle.

« C'est déjà lui », songea-t-elle.

Elle entendit un bruit de flaque dans le chemin de terre. Elle s'étira, ronronna, mâchouilla un brin de paille.

C'était une voiture ; une automobile.

La Germaine distingua le froissement soyeux des pneus dans la boue. L'auto descendait le chemin de terre sans moteur ; la pente était assez forte. La Germaine resta allongée, les jambes et les bras morts, jetés au hasard sur le gerbier. Les portes claquèrent. Des ferrailles entrechoquées résonnèrent, avec, en plus, des sons ronds comme d'un tambour plein d'eau.

— Fais gaffe, nom de Dieu !

C'était Auguste. Il n'était pas seul. La Germaine avala son souffle et souhaita s'enfoncer dans la paille. Que la paille se fasse sable mouvant, l'engloutisse, écarquillée comme elle était, les membres rompus. Elle pensa soudain à son imperméable étalé, à son foulard. La paille craquait au moindre petit filet de respiration qu'elle risquait entre ses lèvres. Elle ferma les yeux, pour se cacher, sans souffle sur la paille qui crépitait comme du sel.

La Germaine

— Ça commence à faire, dit Auguste.

— Ça fait jamais que le dixième, dit l'autre.

— Oui, mais à cinquante litres chaque, calcule, dit Auguste.

Ils s'avancent en peinant ; je les entends souffler et pousser des « han ». Ils vont me voir, voir l'imperméable étendu. J'ouvre les yeux. Il pleut ferme. J'avais oublié.

161

Le bruit de la pluie sur les ardoises me frappe comme s'il commençait seulement à pleuvoir.

— Attends.

— Aide-moi. Pousse.

— Là.

— C'est pas que c'est lourd. C'est mal commode.

— C'est lourd aussi.

Ils avancent. Ils viennent. Ils vont me voir, c'est sûr. A chaque avalée d'air, la paille craque comme en plein feu. L'imperméable couvre toute la meule. Et mes pieds nus qui doivent éclairer toute la grange; c'est deux vraies lampes. Qu'est-ce que je vais dire? Que vont-ils croire? Après tout, je m'en fous. Je voudrais bien savoir ce qu'ils font. Amusant de connaître un secret d'Auguste, et utile aussi. C'est la guerre, a-t-il dit. Entendu, j'espionne. Faudrait que je me relève. Sur le coude seulement. Mais cette paille pète; je suis couchée dans de la poudre de chasse.

Ils continuent à souffler, à ahaner. Ils s'enfoncent dans la nuit de la grange. Ils m'ont passée. Ils se dirigent vers les piles de bottes carrées.

— Là, là, tout doux.

— J'ai les mains sciées. Attends, fais rouler.

— On y est.

— Han!

— Là, pose.

Ils poussent un soupir. Mon souffle ronfle. La pluie sur les ardoises. Le père Boudet va se douter que je suis là. Il va venir.

— On y voit, ça fait peur.

— C'est là, je touche les bottes, dit Auguste.

— T'as tout mis là?

— Oui, en dessous. Avec ces bottes-là, c'est pratique. Ça fait comme de grosses pierres carrées. J'ai construit comme un garage, derrière.

— Ton père?

— Pas de danger.

— Cinq cents litres alors.

— Oui.

— Merde.

— Oui, fait Auguste. Ça commence. Tiens, aide-moi. Prends ce ballot de paille. Attention au fil de fer, ça coupe. Tu vois ?

— Nib de nib. T'as pas une camoufle ?

— Gaffe au feu. Pas d'allumettes. Tu nous vois avec notre garage ? Tu parles d'une flambée.

— Un peu mieux qu'une allumette de la régie. J'ai une lampe-tempête au bout de la main.

— Va l'allumer dehors, devant la porte.

Je referme les yeux. Il vient. Je suis prise. Une boule de salive veut passer. J'avale, je pense à un cachet. Je rouvre les yeux.

— Un étron de chien dans une lanterne, dit-il, on y verrait plus clair.

— Pose-la, dit Auguste. Prends ce coin-là. Pousse. Un, deux, trois. Han !

Je me dresse sur le coude, d'un seul élan. La paille gémit à peine. Je vois deux silhouettes soulever des ballots de paille. Les gestes dansent jusque dans le haut de la grange.

— Faudrait pas que le lieutenant s'aperçoive.

Ils rient.

— Ça ferait du vilain, dit Auguste.

— Comment veux-tu ? Je lui dirai qu'il est allé plus souvent à l'Aéro-Club. Il en demandera aux aviateurs, tiens.

— Ça fait rien. Cinq cents litres.

— Il y verra que du feu.

— Touche du bois, farceur ! Tu vas nous porter la poisse. Du feu, t'es pas fou ; ça ferait pas nos affaires.

Ils ont déplacé plusieurs bottes. Ils les ont reconstruites en rempart entre moi et eux. Je me recouche,

163

doucement. Crac, crac, tout doux. Le sommier. L'amoureux ne va plus tarder. Ils se frottent les mains, tapent
leur veston, leur pantalon. Je vois la lumière qui se
rapproche sur les murs, sur la paille. Elle se rapproche
de ma meule écroulée. Que je m'enfonce !

— Tu parles de paille, dit-il.

Qu'elle m'avale !

— Oui, que dit Auguste.

— Y a de quoi faire.

— Oui, dit Auguste.

Il ajoute :

— Qu'est-ce que t'as à rigoler ?

— Je pense à la Véchard. C'est là qu'elle vient avec
son interprète, se faire des agaceries. Viens voir. Il y a
encore du linge, là devant toi. La serviette-éponge, je
parie.

— On n'a pas le temps. Faut pousser jusqu'à l'Aéro.
Combien pour Kopf ?

— Cinq.

Les portes de la voiture claquent. Enfin. Le moteur
ronfle ; les roues mâchent la boue avec un bruit de
bouillie. La paille craque. Je desserre les poings. Elle
m'avale, maintenant que c'est fini.

La Germaine attendit un moment. L'auto reculait
dans le chemin de terre, elle patinait. Au son du moteur,
Germaine comprit que la voiture prenait son élan sur la
route goudronnée. Elle jaillit dans la paille, la piétinant
à plaisir et riant de son grand rire de jument. Pieds nus,
dans le noir, elle courut vers les ballots de paille
comprimée. Ils s'étageaient, hauts et lourds, « comme de
grosses pierres » avait dit Auguste. Le garage de l'Auguste, son secret, était derrière ce mur de paille pressée.

Elle se cassa un ongle, jura, poussa de toute la

164

force de ses reins. Le ballot glissa, releva une corne et se coucha, rempli de mauvaise volonté, sur le flanc.

Un autre rang de bottes doublait ce premier mur. La Germaine enfonça son bras dans un interstice. Encore un, derrière. Elle n'avait qu'à attendre le père Boudet. Elle enfila ses semelles de bois et se posa sur le seuil de la grange. Derrière le rideau de grosse pluie qui tombait de la gouttière et creusait une ligne de trous dans le sol juste à l'aplomb, elle remarqua une fente qui bavait de la lumière : une fenêtre mal camouflée de la ferme. Quelqu'un clapotait dans la prairie.

Elle appela :

— Boudet !

— C'est toi ? demanda le clapotis.

Le père Boudet fut tout de suite dans le chemin de terre. La pluie lui voûtait les épaules.

— Je me doutais bien que tu serais là, dit-il.

— C'était convenu, fit la Germaine. Regarde.

— Où ?

— Là, dans l'ornière.

— Des pneus, murmura le père Boudet.

Il tira sur sa moustache, se tourna vers la Germaine pour l'interroger. Elle le prit par le poignet.

— Viens voir, dit-elle.

Elle l'entraîna vers le mur de bottes pressées.

— Tu as des allumettes ?

— Attention, souffla le père Boudet.

— Oui, le feu, dit la Germaine. Je sais.

Elle alluma la lampe-tempête, posa la boule de lumière rouge par terre.

— Derrière le mur de gerbes, il y a le garage, dit-elle.

Le père Boudet laissait aller ses bras, désarticulés ; ses mains, le long de ses cuisses, jouaient à vide. Il regardait la Germaine. La lampe reflétait dans ses prunelles deux boulettes rousses.

— Derrière ce mur de paille.

A coups d'épaules, ils ébranlèrent les bottes et les posèrent autour d'eux, au hasard, comme des blocs dans une carrière.

La Germaine enfonça le bras entre deux bottes.

— Ecoute, dit-elle.

Etouffé, un coup retentit, vibrant, liquide, profond, comme frappé sur un lac couvert de tôle et de brouillard.

Ils enlevèrent le dernier rempart de paille écrasée en poudingue. La Germaine leva la lampe. Sa mèche de flamme sautait devant sa figure. Des côtes de métal étincelèrent ; les bidons luisaient.

— Alors ? demanda la Germaine.

— Crénon ! bafouilla le père Boudet.

Il souleva son chapeau, se gratta le crâne à pleine main, remit son chapeau.

— Ça fait beaucoup, dit-il.

— Cinq cents ! Bon Dieu !

La Germaine sourit. Elle brandisssit la lampe ; elle s'amusait à faire danser les frissons roussâtres sur le garage d'essence.

Le père Boudet se gratta le crâne.

— Ça représente du pognon, murmura-t-il.

— Et du risque, dit la Germaine.

Elle se mit à rire.

— C'est de l'essence boche.

— Nom de Dieu ! souffla le père Boudet.

— Qu'est-ce que tu croyais ? fit la Germaine. Et c'est Auguste qui l'a volée. Avec le grand Gaston. Ils la transportaient dans la voiture du lieutenant.

— Nom de Dieu de nom de Dieu !

Il grogna, les épaules affaissées. La Germaine posa la lampe.

— Ça pouvait être une autre que moi qui surprenait le petit trafic. Ç'aurait pu être tout aussi bien la petite Véchard. Avec l'interprète des Chleuhs, encore.

Le père Boudet tourna vers elle un regard vide.

— Tu ne savais pas que la bonniche des Allemands transformait ta paille en bobinard ? C'est là, dans la paille en vrac, qu'elle fait ses galipettes avec toute la garnison vert-de-gris de Jumainville. Par ordre alphabétique. Et quand elle arrive au Z, elle recommence au A. Viens toucher, la paille est chaude. Elle finira pas foutre le feu, à se frotter comme ça, dans ton gerbier.

Elle prit la main tiède et puissante, à la paume dure, où les muscles dormaient allongés côte à côte.

— Viens toucher, murmura-t-elle.

Elle caressait la main, cette large main d'homme fort. Elle prenait les doigts les uns après les autres et les massait doucement, comme avec de l'huile. Mains larges, feuilles de marronniers étalées au midi, soleils de ces mains chaudes et rayonnantes, sources de chaleur et de frissons glacés, chantonnait son désir, mains d'homme.

— Mon homme ! murmura-t-elle.

Après un instant, elle lui demanda :

— Qu'est-ce que tu vas faire ?

— Je ne sais pas, répondit le père Boudet.

Il se laissait mener vers la pente de la paille.

— Attends pour voir, dit la Germaine. Tu as une arme. Si Auguste nous embête, tu auras de quoi le moucher. Tu lui feras peur. Et il nous laissera tranquilles, mon homme, compris ?

— Oui, dit le père Boudet.

— Tu devrais faire attention à la Défensive, dit la Germaine. Regarde là-bas.

— Oui, fit le père Boudet. M'en fous. C'est la chambre d'Elisa. Ça me regarde pas, les affaires d'Elisa. C'est elle qui paiera l'amende.

Sous la caresse, la main s'animait ; les muscles s'étiraient, jouaient les uns sur les autres, se ramassaient en boule. Les doigts se refermèrent sur les mains de la Germaine.

Elle s'agenouilla dans le brasillement de la colline pâle et glissante.

— Viens, dit-elle.

— Je songe à tout cet argent, tout de même. Pour nous deux.

— Auguste ne t'en parlait pas, hein ? Pas de danger. Laisse donc. Tu le tiens maintenant. Viens. Elle est chaude, elle est sèche. Enlève ton chapeau.

Elle s'allongea les bras en croix, comme tout à l'heure. La pluie ronflait toujours sur les ardoises.

— Donne-moi tes mains, murmura la Germaine.

Il tomba à genoux à son tour. La paille craquait. Le même craquement doux, les mêmes soupirs craquants que le sommier. Des craquements de croûte de pain chaud.

— Tiens, fit-elle à voix basse. Tu l'essaieras. Pour voir.

Du pouce, elle désigna l'imperméable étendu à plat sur le gerbier, comme une peau vide.

— Ça alors, c'est de la crème de teignes.

— Ils les choisissent exprès, les plus vaches.

— Les plus sales gueules.

— Ils doivent en avoir à revendre, chez eux.

— Ça fourmille en Bochie, partout. Dans les murs, dans les parquets. Comme les cloportes, comme les punaises.

— De la vermine.

— Des doryphores, on dit bien.

— Faudrait trouver un truc du genre Fly-Tox.

— Ils rentrent chez Pluret.

— Mon Dieu !

— Ils ont tous des serviettes, et des chouettes.

— Pardi ! pour ce que ç'a dû leur coûter.

— Regardez, ils sortent.

— Non, ils rentrent.

— Du flic greffé sur du Boche, vous vous rendez compte.

— Ça connaît ni père ni mère.

— Pensez, je vous dis qu'ils les fabriquent exprès.

— Mon Dieu, mon Dieu !

— De l'essence de fumier, oui.

Jumainville

A 8 heures du matin, quatre voitures françaises m'ont pénétré. Elles sont noires. Depuis 8 heures, elles circulent dans mes rues. Mairie, école, château, mairie, Plénard, Pluret, école. En ce moment, il y en a trois d'arrêtées. Elles sont le long des trottoirs. Ce ne sont pas des voitures quelconques. Elles sont noires. C'est la Gestapo. Il y en a une devant la boutique de M. Plénard, une autre dans la cour de l'école, sous le marronnier ; la troisième est dans la rue du Maillet, devant chez le père Pluret. La quatrième circule. Je la sens qui me barbouille comme une colique.

Elles ont commencé par rouler jusqu'à la mairie. Elles ont sorti mon maire de ses chaussons.

— Gestapo ! ont dit les voitures.

Mon maire a verdi. « Je vais trinquer, a-t-il immédiatement songé. Ils vont me fusiller. » Ils l'ont porté au château, et ils l'ont laissé dans le hall. Il y est encore.

Mes Jumainvillois ont aperçu par leurs fenêtres les voitures vernies de pluie. Ils les ont vues passer rapides dans les rues. On a perdu l'habitude des voitures. Mon médecin fait toutes ses visites à bicyclette. Aussi, ça m'a fait drôle, des pneus sur mes pavés. Quand mes habitants ont vu filer à hauteur de leurs vitres ces dos de scarabée, ils se sont précipités aux fenêtres. Toutes ces voitures ! Avec des civils. Des numéros français. On a fait taire les gosses à coups de gifles. Ça ne les regardait pas, ce n'était pas de leur âge, Dieu merci, et s'ils voulaient faire fusiller leurs parents, ils n'avaient qu'à répéter le quart de la moitié des bêtises qu'ils venaient de sortir, et ça ne ferait pas long feu : ils étaient orphelins. On avait vu fusiller des parents pour moins que ça.

Le père est parti à son travail en roulant les épaules, le front creusé de rides. « Des emmerdements, pour changer », songeait-il. Les mères sont restées dans le coin de la vitre, à essuyer les bols sans les regarder, le visage tourné vers la rue lavée de pluie.

C'est naturellement mon Roger Bavousse qui a apporté la nouvelle qu'il s'agissait là d'une descente de la Gestapo.

— Il a le diable au corps, dit sa mère. Il n'aurait pas craint d'aller tirer la moustache d'Hitler, à Berlin même, en pleine rue. Il avait été tourniquer du côté de Pluret ; il avait lancé des coquilles de noix dans le ruisseau jusque sous les roues de la voiture et il avait vu Mme Pluret par la fenêtre de sa cuisine.

— Le tout, sous le nez des Chleuhs, raconte la mère. Il a le diable au corps, je vous dis, moi.

Mme Bavousse, puis Mme Crémant, puis Mme Merle sont venues s'abattre dans la salle de mon Café de la Paix, comme des corneilles chassées par un coup de fusil. Elles se tassent les unes contre les autres, les plumes ébouriffées, dans le coin de la fenêtre-étalage. Entre les bouteilles en carton et les paquets de tabac-décor, elles surveillent la porte de chez Pluret. Sauf une, les voitures noires sont immbobiles. Celle qui roule se promène dans mes tripes en ronflant, comme un borborygme.

— Ils sortent.

— Oui, venez voir.

— Un, deux, trois.

— Ils étaient bien trois.

— Quatre avec le chauffeur.

— Et le père Pluret, maintenant, mon Dieu ! murmura Mme Merle.

— Germaine, Germaine, venez vite.

La Germaine arriva en trottant, les mains à son chignon. Elle venait de la cuisine, où l'on entendait bouillir quelque chose.

171

Sur le trottoir, Mme Pluret était plantée, la nuque fléchie sous la pluie, les mains flottantes de chaque côté du tablier. Elle paraissait minuscule, ratatinée comme une pomme d'hiver et fondante sous l'eau du ciel, comme un petit pain de sel gris. Elle restait à l'arrière du groupe d'hommes. Un Allemand se posta derrière elle.

— Une autre voiture, souffla la mère Crémant. Et je vois pas double.

Elle se mettait bien de profil pour mieux voir.

— Il y en a combien ? demanda Mme Merle.

— Quatre, répondit Mme Bavousse. Roger en a compté quatre.

Sur la pointe des pieds, la Germaine, appuyée sur les trois dos devant elle, soufflait dans les cheveux de la mère Crémant.

— Poussez-vous, dit-elle.

Le père Pluret se tourna vers la mère Pluret ; elle entra, suivie de l'Allemand, puis ressortit presque tout de suite avec son chapeau de soie noire sur la tête. Elle avait gardé son tablier. Pluret le lui fit sans doute remarquer, car elle eut un geste des bras pour s'excuser, et, la nuque toujours ployée, elle porta son tablier à l'intérieur de la maison. L'Allemand la suivit et ressortit sur ses pas. On les fit monter dans la deuxième voiture.

La Germaine avala sa salive.

— Nom d'un sapeur, on les arrête ! fit-elle.

Les trois civils à serviette en cuir fauve se réinstallèrent dans la première auto.

— Les voilà, ils viennent ici !

— Mon Dieu !

— Ils viennent !

— Mon Dieu, mon Dieu !...

— Nom de Dieu !

Les trois femmes faisaient claquer leurs jupes autour

172

d'elles. Elles pépiaient, bruissaient dans une panique de volière attaquée.

— Passez par-derrière, fit la Germaine.

Elle leur montra sa cuisine.

La voiture prenait le tournant, stoppait devant la terrasse.

La Germaine

Je ferme la porte de la cuisine au moment qu'ils entrent. De l'essence de fumier. Du superpolicier superboche. Ils entrent à la queue leu leu, la serviette en cuir jaune à la main gauche, le chapeau pincé entre le pouce et l'index de la main droite. Ils sont encore polis. Ils sont toujours polis. Ils écrasent les orteils en s'excusant. Mais ils appuient. Je réponds par un signe de tête. C'est ça, la Gestapo.

— Matame Chermaine, tu Kafé te la Paix, que fait le premier.

Il pose son chapeau sur une table.

— *Ia,* que je réponds.

Matame Chermaine, matame Chermaine. Les chairs blondes et roses ; les lèvres maladroites, les yeux clairs, les yeux bruns, les yeux doux, les yeux de gosse.

Ça, c'est de la Gestapo, de l'essence de fumier.

— Barlez vranzais. Nous le barlons, dit-il.

Je t'embouse, mon mignon.

Il me demande :

— Née à Chumainville ?

Je dis :

— Oui.

En moi-même : « Oui, mon salaud ; à Jumainville, France. Et si tu cours aussi vite qu'elle t'embouse, la Germaine, t'es champion de course à pied, mon choli. »

— Fous êtes propriétaire, ici ?

Ça le regarde ?

— Oui, que je fais.

Oui, mon salaud. Fumier de nazi, fumier. Merte Hitler, merte Hitler.

Il tire des papiers de sa serviette. Il les étale sur le comptoir. Les deux autres Fridolins se sont tout de suite précipités sur le poste de T.S.F. Ils l'ont branché, sans toucher un seul bouton. Ils écoutent, à présent. Ils regardent la longueur d'onde. C'est Radio-Toulouse, eh ! miteux. Pauvres miteux ! C'est l'enfance de l'art. Ils arrêtent le poste. Je suis les consignes de la radio anglaise, moi.

— Perquisition, dit le plus maigre.

Il a un crâne long et jaune qui est pareil à une moitié de coing. Qu'il perquisitionne, l'imbécile. Il porte, sur un nez transparent, des lunettes sans bordure avec des branches métaliques.

Je quitte mon comptoir, je dénoue mon tablier. S'ils touchent à mon pernod, je les tue.

— Qu'est-ce qu'on me veut, d'abord ? que je dis.

Je ne suis pas très aimable.

Aucun des trois ne me répond. Ils plongent tous du nez dans leur serviette. J'ouvre la porte de la cuisine. Elles ont eu tout le temps de mettre les voiles. Mon feu s'est éteint — les fumiers.

Je dis :

— Cuisine, fourneau, table, chaise.

— Taisez-vous, nous savons.

C'est l'homme à la moitié de coing : Cul-de-Coing. Cul-de-Coing s'installe dans ma cuisine.

— Après ? me demande le plus grand des trois.

Il a mené tout l'interrogatoire. Ça doit être le patron. La crème des crèmes, quoi. Il porte des lunettes, lui aussi ; mais la monture est d'écaille. Il a un drôle de regard. Des yeux qui ont la couleur, le grain dur et serré comme des petits cailloux. Je l'appelle Pierre-à-Briquet.

— Après ? qu'il m'a dit.

Je m'engage dans l'escalier. J'ouvre à la fois les portes des deux chambres de devant. A chaque fois que j'ouvre, je pense à Plénard. Il y avait une voiture devant chez lui. Pierre-à-Briquet entre dans ma chambre. Il ferme la porte. Non, mais des fois. C'est pas des manières. Je suis le troisième dans la chambre du devant. Cul-de-Coing est resté en bas.

L'Allemand pose les mains sur la serrure. Il secoue la porte.

— Clef, dit-il.

Sur la cheminée, je soulève le prix de tir de Théo.

— Merci, dit-il avec un sourire.

Il a une figure gentille et pas de lunettes. Il est blond comme les deux autres, mais d'un blond de miche croustillante. Lorsqu'il remercie, il y a quelque chose qui frise dans ses prunelles bleu sombre. Sa bouche a le dessin d'une bouche de fille, elle fait une moue fraîche comme qui dirait taillée dans une chair de fruit. Il contemple les piles de linge. Il faufile la main sous les draps.

Il a de jolies mains, aussi jolies que celles de l'ordonnance de von Scheer. Mais Ernst était autrichien.

Il s'est accroupi sur le parquet. Il examine le bas de l'armoire ; il a le front chiffonné au-dessus des sourcils. Il devrait pas. Il va se creuser des rides. Il se lève soudain. Il court à la porte, appelle. Eh bien ! quoi, qu'est-ce qu'il a dégoté ! L'escalier grince et craque. Les deux autres sont là, presque en même temps. Ils s'accroupissent tous les trois au pied de la fenêtre. Leurs yeux ne bougent plus. Ils prennent des précautions. Ils amènent par les oreilles un sac en grosse toile. Marrant. Qu'est-ce qu'ils croient ?

Il est bosselé comme un sac de patates. Ils le posent sur le parquet. Ça tinte légèrement. Je m'amuse. Pauvres miteux. Pierre-à-Briquet palpe du bout des doigts ;

on croirait qu'il joue du piano. Ils discutent en allemand. *Ia, Ia.* Ils mâchent de la paille et se curent la
gorge, hardi! petit. Ils délient la ficelle, lentement. Ils
prennent leurs précautions. Ils se méfient. Marrant,
marrant. Ils se redressent. Qu'est-ce qu'ils croyaient?
C'est des saucissons de pièces de cinq sous.

Je peux plus. J'éclate. Quelles bobines! J'éclate de
rire, à larges claquées de cuisse. Le blondinet risque
quelques pouffées derrière ses jolies menottes. Il se suce
l'intérieur des joues. Les deux paires de lunettes dou-
chent leur collègue. Ils me regardent. Pas l'air commode.
Ils sont glacials. Ils baragouinent deux ou trois mots.
C'est sec, ça sent la poudre, le caillou, la pierre à
briquet, quoi. Le blondinet rougit jusqu'aux yeux, le
chérubin; il bredouille; il rejette le sac brutalement dans
le bas de l'armoire.

On est seuls. Seuls tous les deux. Je m'assois doucement, au bord de l'édredon. Le sommier a à peine poussé
un petit cri de souris. La miche blonde porte un costume
vert; il est étriqué; ça lui moule les muscles. Quand il se
baisse devant l'armoire, le slip dessine sur ses fesses un
triangle bombé. Ah! matame Chermaine... C'est pas
possible. C'est un prusco, et un policier. De l'essence de
fumier. Les mains blanches sur les étagères, fraîches et
tièdes, craquantes et moelleuses: des pains au lait. Il est
peut-être de l'Allemagne du Sud...

Je fais craquer le sommier. Un autre petit cri de
souris. Je sens que je suis rouge. J'ai chaud. Il me
regarde, dans la glace. Dans le coin des yeux, il rit. Ça
frétille, ironique et cinglant et vif. Se paie ma fiole.

Je rougis. Les roses tourbillonnent. Le plancher de la
chambre se relève comme un couvercle de bahut, jusqu'à me toucher le front. C'est le vertige. Je vais foncer
sur lui, le griffer, lui mordre la nuque, les joues... Je vais
griffer ses yeux aigus, écraser cette framboise de bouche, je vais marteler la figure, comme de la viande de

boucherie, à coups de poing rapides. Je vais le piétiner comme une grappe, le ventre, les cuisses, le slip. Et puis je jetterai les restes par la fenêtre, dans les tilleuls !...

Je souffle. Je vois mieux. Je dégage mes ongles du matelas. Je mâche deux ou trois fois à vide.

Il est debout, immobile. Le fumier moqueur. Il est revenu devant l'armoire. Je me penche. Je tends le cou. Il reste la bouche entrouverte. On dirait que son regard s'est envolé. Je me lève à demi. Je vois. Sa main flotte ; il caresse la poitrine de Théo, sur la photo.

Roger Bavousse

« Vivent les vacances, à bas la rentrée ! Le maître est à vendre, la boutique à louer ! » Je chante faux mais je chante fort. « Vivent les vacances, à bas la rentrée ! » Je cours en chantant. Je vais prévenir les Merle. « Vivent les vacances ! »

Je lui crie :

— L'école est bouclée.

Il le sait. Sa mère lui a déjà dit. Il saute à cloche-pied, comme les quilles à la marelle.

— On sait pas jusqu'à quand, que je crie. C'est bath. C'est le début des grandes vacances !

Je cours chez Boisselut. Je passerai chez Daviot et Rousselan.

Je chante : « Vivent les vacances, à bas la rentrée ! »

— Tu la sais toute ? que crie maman.

Elle a pas l'air contente.

De Jumainville, la route de Villois lançait une branche caillouteuse à travers les blés. Au bout de la branche, comme un bouquet de feuilles et de fruits, la ferme

Trouche groupait ses toits. L'abattage clandestin s'effectuait dans la resserre à outils, au fond de la deuxième cour. Les gens passaient par la cuisine, souhaitaient le bonsoir à Mme Trouche, caressaient le petit Jules qui allait sur ses quatre ans. « Qu'il est mignon, il grandit, la bonne graine, le portrait de son papa ! » Un remugle de carne et de sang rassis prenait par la main à la sortie de la cuisine et conduisait jusqu'à un apprentis drapé de toile à sac. La cour était sombre à cause de trois grands marronniers aussi feuillus qu'un bois complet. Lorsqu'on avait trébuché dans le noir, Mme Trouche de sa voix calme, lente, ruminante, prévenait : « Attention, il y a deux marches. » Des roues couchées et des poutres tendaient des pièges dans la nuit. Accrochée à la maîtresse poutre du toit, une vache pendait, ouverte comme un livre, et Trouche, rouge jusqu'à la moustache, coupait de larges tranches lissées qui faisaient sonner la table sous leurs coups de massue. Esther, entortillée dans un tablier de jardin en grosse toile bleue, servait.

— Et avec ça, madame, comme elle avait vu faire chez les commerçants de la Grand-Rue.

Lorsque Trouche hachait les os, la lampe à pétrole tremblait sur la chaise et communiquait aux ombres d'étranges saccades. Les deux cuisses de la vache s'enfonçaient dans le creux du toit, pareilles aux deux cornes d'un croissant.

— Un kilo dans le filet, ma fille. C'est pour cinq.

— C'est le garde champêtre qui m'a prévenu que l'abattage clandestin, c'était Trouche.

— Trop gourmande, madame Daviot. Et les autres ?

Les autres attendaient leur tour, allongés sur une file qui se tortillait avec des allures d'intestin grêle. Du côté des roues couchées sur le sol, on entendait des jurons : les gens se prenaient les chevilles dans les rayons.

— Merde ! ou Mon Dieu ! si c'était une femme.

On se passait les nouvelles d'un pli de l'intestin à

l'autre. Les sujets habituels étaient bien touchés. « Si les Alliés débarqueraient, je vous dis que non, je vous parie que si ; qu'on finirait par démolir le portrait de la Véchard, qu'on finirait par la raser, cette fille qui s'en allait avec les Chleuhs dans tous les gerbiers, dans toutes les granges, cuisses ouvertes, comme la vache morte ; qu'on restait sans nouvelles de Peigne et que Mme Peigne ne sortait plus de sa cuisine à se ronger les sangs. » Mais on les effleurait seulement, pour mémoire. Tout le monde parlait des quatre voitures noires et des trois policiers à serviettes de cuir jaune.

— Mon Roger les a vus. Il a été le premier à voir que c'était de la Gestapo.

Les quatre voitures étaient parties vers midi en emmenant la pluie. Jumainville avait poussé un soupir. Les enfants avaient été lâchés dans les rues, comme d'habitude ; on avait rouvert les fenêtres sur le village détendu. On avait fait le compte : les deux Pluret — le mari et la femme, — le père Plénard, M. Tattignies et la Germaine étaient arrêtés. Le *Café de la Paix* était fermé. Sur la place de la Mairie, à l'heure de l'apéritif, les hommes avaient tourné comme des mouches, sans savoir où s'abattre.

— Maintenant que le maître d'école est arrêté, soupira la mère Bavousse, j'ai pas fini. Je vais avoir les gosses toute la sainte journée. Les autres, ça va, mais c'est l'aîné.

— Pourquoi ils les ont arrêtés ?

— Tous les cinq ?

— La radio anglaise.

— S'ils arrêtaient tous ceux qui l'écoutent, tout le pays serait en prison.

— Il paraît qu'ils n'ont rien trouvé.

— Si, chez M. Tattignies. Des tracts américains, des armes et des messages chiffrés, de ceux qu'on entend à la radio.

— C'est pas vrai. Je fais tous les jours son ménage et j'ai jamais rien vu et je regarde partout.

— Vous fâchez pas, madame Rousselan. C'était caché dans le globe terrestre.

— A la Germaine, ils ont demandé si elle avait des tracts. Elle leur y a répondu : « Oui, au fond du couloir à gauche, en papier de soie. »

— N'empêche qu'elle crânait pas.

— Qui ? La Germaine ? Elle les enchose.

— N'empêche.

— C'est votre tour, madame Bourdaine.

— Il vous reste de l'entrecôte ? Le brigadier aime ça.

— Bien grillée, avec des oignons nouveaux.

— Bonsoir, la Traquette.

— Bonsoir.

— Il y a pas assez de viande à la ferme, que tu viens nous voler notre bidoche ?

— On mange gros là-bas. On a des ouvriers, des bûcherons. On est près de douze à table.

— Tu sais les nouvelles, Juine ?

— J'apprends. Comment ils ont su les noms ?

— Qui ?

— Les Boches — Juine compta sur ses doigts — Pluret, Tattignies, Pleinard, Germaine. Et Peigne, qu'il faut pas oublier. En trois jours. C'est pas ordinaire. On les a prévenus, c'est sûr. Et c'est la même personne qui a fait le coup.

Le père Trouche s'arrêta de tailler ses carrés de chair saignante. Il regarda Juine aîné, qu'un peu de lumière allumait au front.

— C'est vrai, ça, dit-il.

— La brebis galeuse, murmura Juine.

— Je sais pour les Pluret, fit une voix qui venait du bout noir de l'intestin grêle.

— Quoi ? Qui est-ce ? Qu'est-ce qu'il dit ?

— C'est Roger. Il a le diable au corps. Viens ici.

— Laissez passer, il vient pas pour acheter.

— Il sait, pour les Pluret.

— Alors ?

— Eh bien ! voilà. Tu me donneras pas une gifle, m'man ? J'étais à jouer du côté du château.

— Je t'ai défendu...

— Laissez-le, madame Bavousse. Vous le giflerez après.

— Quand j'ai rencontré l'Emile.

— Emile Pluret ? Il est là ?

C'était la petite voix soupirante d'Esther. Elle parut se casser tout d'un coup et n'être plus soutenue que par le tablier raide qui la prenait sous les épaules. L'Emile était là, rentré de Paris le lendemain même de son départ. Personne ne l'avait vu revenir. Et, le surlendemain, on était venu à la maison ; son père l'avait camouflé dans la niche à chien. A midi, il était sorti : il n'avait vu ni son père ni sa mère. Ce soir, non plus.

— Est-ce que tu sais quelque chose sur mes parents ? avait demandé l'Emile.

Il était comme fou. Roger avait raconté ce qu'il avait vu le matin : les voitures, le départ des deux vieux, les serviettes jaunes, la Gestapo.

Emile avait pleuré à gros sanglots. Il allait se rendre.

— Dénoncé, grogna Juine. Comme les autres, allez. Ils l'ont eu par les parents.

Il écarta les gens presque brutalement, pour s'en aller.

— Juine, et ta viande ? lança le père Trouche dans la nuit.

Esther pliait le papier journal autour des paquets de vache morte avec des gestes désarticulés.

— Au revoir, madame Bavousse, madame Crémant, madame Rousselan, murmura-t-elle, comme absente. Et avec ça, madame Merle ?

— Une livre pour Mme Plénard, dit Mme Merle. Je

fais ses commissions, elle est quasiment dans les décors, comme Mme Peigne.

— Mme Plénard au marché noir ! On aura tout vu.

— Oui, dit Mme Merle. C'est son mari qui lui a dit, avant de partir.

Esther Trouche

Il est là. Ça m'a fait comme un coup de pied dans le ventre. Il est rentré de Paris. Je vais le voir. Il parle. Qu'est-ce qu'il dit ? Emile est comme fou, il pleure. Les voitures étaient noires, je les ai vues, Emile est là, à Jumainville. Et non là-bas. Ça, l'Empereur l'avait dit : on n'est pas encore arrivé. Qu'est-ce qu'il raconte ? Qu'est-ce qu'il raconte ? Jésus, Marie ! Je ne comprends pas. J'ai peur de comprendre. Je vais comprendre. Il a attendu le soir, dans la niche à chien. Sa mère est en prison. Il est allé se rendre. Aux serviettes jaunes.

J'ai compris. Emile n'est plus là. Je l'ai perdu sans le revoir. Sur les bords de la Vélize, je m'avance en me faisant lourde sur le bras qui me ceinture. Je me vois. Je l'entends. Qu'est-ce qu'il me murmurait ? Sous le tablier, j'ai encore ma robe écrue à coquelicots.

— Au revoir, madame Bavousse, madame Crémant, madame Rousselan. Et avec ça, madame Merle ?

Les fleurs sont écarquillées. Ce sont des fleurs de sang.

Mlle Vrin

Il caresse ses volets ce matin. Cette fois-ci, ils sont intacts. Et pourtant il est venu cette nuit. J'ai vu sa belle carrure nette sur le fond noir, aussi clairement que je vois Lécheur en ce moment caresser ses panneaux de bois.

— Beau soleil ! dit-il.

Hum ! le ciel a encore du travail devant lui pour avaler tous ces nuages gris. Il se retourne vers sa boutique. Voilà la mère Crémant ; elle apparaît au bout de la rue, l'œil latéral, les paniers aux hanches.

Il enlève ses volets.

— Ah ! souffle-t-il comme ça. Il est vert ; puis blanc malsain.

A même les vitres, en monumentales lettres vertes, GRAINE DE MORT coule jusqu'au trottoir. Il n'a rien vu. Ce n'est pas faute d'avoir surveillé. Jusqu'à ce que le sommeil l'entortille dans sa couverture de flou, il a sauté d'une fenêtre à l'autre, du rez-de-chaussée au grenier, comme un écureuil. Je l'ai bien senti. La tête tirée de biais, à la manière des poules, la mère Crémant regarde. Elle épelle par syllabes : GRAI-NE-DE-MORT, GRAINE DE MORT.

GRAINE DE MORT, comme hier.

Il se répète. C'était donc ça, ce qu'il écrivait cette nuit, l'homme au petit seau. Je ne voyais que les belles épaules.

Lécheur lava sa boutique à grande eau ; le dedans, le dehors, les glaces et les étagères de verre aussi bien que les vitres barbouillées. Il rinça les grands bocaux de porcelaine où il mettait ses bonbons, dans le temps, avant la guerre. Il frotta le carrelage du couloir et du magasin, et le passa à la cire rouge.

Le bruit avait tourbillonné dans tout Jumainville, avec la rapidité d'une graine poussée par le vent. On se passait de bouche à oreille que les inscriptions avaient reparu sur la pâtisserie, le lendemain des visites de la Gestapo. On trouvait ça bizarre.

Lécheur resta toute la journée debout, au milieu de sa boutique étincelante. Il frottait, examinait les étagères par leur tranche glauque, remarquait un grain de poussière, refrottait. Il marchait dans le magasin avec des chaussons de feutre ; de temps en temps, il soufflait le chaud de sa bouche sur les glaces en vis-à-vis, puis astiquait avec sa manche pour effacer une chiure de mouche. Ensuite, il se grattait les sourcils à grands craquements d'ongle.

Il ne pensa pas à manger. Il restait là, tournant dans sa cage de verre, de glace, de bocaux brillants et de carreaux rouges. Lorsqu'il était en plein milieu de sa boutique, les deux glaces creusaient dans les murs un tunnel de verre, à l'infini, où l'on voyait toute une pile de pâtissiers blêmes, la face meurtrie, qui se donnaient des coups de poing et des coups d'ongle au-dessus des yeux.

Le soir arriva. Dans sa boutique de verre, Lécheur flottait, pareil à un gros poisson des profondeurs, mou, sans écailles, avec de gros yeux mauves qu'on s'attendait à voir devenir phosphorescents. Le crépuscule enflammait dans le coin des glaces, sur la tranche des étagères, de minuscules feux de Bengale.

Lorsque les feux s'éteignirent, Lécheur traîna une chaise sur le trottoir et s'installa pour la nuit, avec son bâton d'épine. Il laissa tout ouvert, la boutique, le couloir, les fenêtres. Il tournait la tête par saccades, comme les coqs, et scrutait tantôt la place du Marché, tantôt le bout de la rue du Maillet qui s'enfonçait entre les maisons vers la route de Fignes.

— Holà !

Il serra son bâton d'épine.

— Holà !

La silhouette des tilleuls n'était pas normale. Le tronc, à côté du *Café de la Paix,* gonflait un dos cornu, des bras, une tête.

— Holà !

Il sauta sur ses pieds : il avait fait la troisième sommation.

— Je vous ai vu, cria-t-il.

Le tronc avait ravalé les bras, la tête, le dos, les cornes. Les feuilles gémirent doucement. Lécheur se rassit, le bâton entre les jambes. De sa boutique grande ouverte, sortait une odeur de cire et de bouchons de papier journal trempé dans l'eau.

Le bout de la rue du Maillet ondula, puis se dressa en tête de serpent ; il se balança à droite, à gauche, à droite, à gauche, à droite, à gauche, plus vite, plus vite. C'était la maison de Pluret qui jouait de la flûte, et la courette de Mlle Vrin gloussait des rires de petite folle. Les tilleuls de la place du Marché tournaient en montant et en descendant comme des chevaux de bois, de plus en plus vite, eux aussi. Tapatap, tapatap, tapatap faisait le rat sous le front de Lécheur, il cavalcadait, s'arrêtait dans le creux du nez pour se lisser les moustaches, reprenait son trottinement têtu.

La rue du Maillet vibrait maintenant ; c'était une lame

de ressort et les tilleuls valsaient si vite que leurs troncs s'allongeaient horizontaux à la façon des manèges de tape-culs. Lécheur ferma les yeux. Il rêva qu'il était plongé dans la Vélize, et qu'il grelottait. Cela le réveilla. Il grelottait effectivement. La rosée de l'aube l'enveloppait d'une résille de gouttelettes glacées et ankylosait ses membres. Du côté du clocher palpitait une vague lueur semblable à un reflet d'ailes. Il serra son bâton d'épine, releva la tête. Il sauta brusquement lorsqu'il vit sa boutique ouverte à la nuit, les glaces et les verreries dormant d'un sommeil de trésor au fond d'une eau grise. Il se souvint que c'était lui qui l'avait laissée ainsi.

Le jour se levait. Derrière le clocher d'encre, l'aile du ciel blanchissait ; les vitres prenaient des transparences de source. Lécheur entra, fit « oh ! » et tomba raide sur le carreau rouge, les poings au front. Dans le tunnel de glace GRAINE DE MORT se répercutait à la façon d'un écho ; sur le carrelage, un crâne était peint en vert, avec des orbites immenses, creuses, vivantes, et une mâchoire qui riait de tous ses os nus. Lécheur tomba en travers de la tête de mort. Il fut secoué d'un frisson qui le tortilla tout entier. Il ouvrit les yeux : l'aube bavait une langue de lumière glaireuse, pareille à du blanc d'œuf. Il se leva, les genoux craquants, la tête ballante. Des volets giflèrent les murs. Il se précipita sur la porte de son magasin, la poussa avec violence. Avec un bond de chèvre, une vitre éclata sur le carrelage. Sans respirer, il courut plaquer les volets extérieurs, prépara une cuvette pleine d'eau, une pile de journaux ; chauds de rage, les yeux perdus dans une brouillard roussâtre, des pâtissiers en file astiquèrent le tunnel de glace.

Il dressa un plan d'attaque. Il mettrait des pièges dans son magasin, demanderait au leutnant Bachmann de miner la rue du Maillet. Il aurait le dessus, dût-il faire envoyer tout Jumainville en prison. Et, si cela ne suffisait pas, si les crânes s'obstinaient à le poursuivre et à

ricaner, eh bien ! oui, il aurait recours à des saint-honoré farcis de dynamite ; la torche au poing, il parcourrait
Jumainville. Graine de mort, tous les Jumainvillois, tous,
tous, sauf lui ; tous les crânes ricanant en pyramide,
comme des fromages de Hollande, sur la place du
Marché ; celui de la Germaine avec ses torsades de
cheveux rouges, et ceux de Pluret père et fils, ceux de
Plénard, de Peigne, de Mme Crémant, de Bavousse, de
Mlle Vrin avec ses nattes lovées et son ironie piquée au
coin des maxillaires par des punaises...

Le soir, il ouvrit sa T.S.F. en grand ; il reprenait
l'offensive. Toutes fenêtres ouvertes, il administra à la
rue du Maillet la traduction d'un discours du docteur
Gœbbels et l'éditorial de Radio-Paris. La rue vomit.
Devant la pâtisserie, se groupèrent tout de suite une
dizaine de personnes gesticulantes.

— Fermez ça ! Ta gueule ! A Charenton ! Achevez-le !

On cogna du poing sur la porte et sur les volets de la
vitrine. Au premier étage, Lécheur dansait la danse du
ventre autour de son poste, avec un large rire silencieux.

Le charivari dura jusqu'à onze heures du soir. A la
nuit, les gens, lassés, rentrèrent chez eux et chacun
ferma ses fenêtres. Saoul de fatigue, de rage et de bruit,
Lécheur s'endormit comme une masse sur son poste de
radio, qui brûla jusqu'à l'aube.

Au matin, le poste braillait une chanson ; le premier
geste de Lécheur fut de se pencher au-dessus du trottoir.
Il vit, en plan, un groupe de gens agglomérés devant la
pâtisserie.

— Rien que des têtes de mort, dit Mme Bavousse.

— Il y en a jusque sur la porte et sur les murs, fit
Mme Merle.

— J'en compte juste soixante-dix, dit Roger
Bavousse.

— Oui, soixante-dix, opinèrent les deux autres
Bavousse et les deux petits Merle.

La radio vociférait l'heure : « Au quatrième top, il sera exactement... » Les « top » brassaient l'air aussi profondément que le bourdon du clocher.

— C'est de la peinture allemande, de leur peinture verte, remarqua le garde champêtre à haute voix.

Il grattait de l'ongle.

— Je la reconnais. J'ai peint des pancartes pour eux, avec ça. C'est de la cochonnerie.

Un silence brusque tira les mentons en l'air, comme un hameçon.

— Vingt-deux !

Tous sautèrent en arrière. Quelque chose ronfla, puis éclata sur le pavé, comme une calebasse.

C'était le poste de radio.

Mme Peigne

J'attends. Je vis au ralenti, pour durer. C'est comme ça depuis que mon mari a suivi les deux inspecteurs. L'aujourd'hui, c'est un pain sans sel sur ma langue. Je ne pense qu'à demain. Demain verra bien, un jour, le retour de Peigne et de Jean.

C'est bien vrai, je me reconnais plus. Moi qui étais si active. J'ai les mains floches ; des mains d'aveugle ; des mains de beurre. Je passe toute la matinée à errer dans la maison sous couleur de faire le ménage ; ça me casse les membres ; faut que je m'assoie. Je me laisse tomber au milieu des godasses à la dérive.

C'est pas difficile, je fais sauter mes aiguilles jusqu'au soir. Je tricote un chandail pour Jean. Il fait froid à Basdorf. Je monte ce chandail pour l'hiver à venir ; je fais comme s'il ne devait pas rentrer. Comme ça, je mets la chance de mon côté. Tant que je ne suis pas arrivée aux diminutions, je n'ai pas besoin de faire attention ; je peux penser à une foule de choses.

Je pense à Jean. Je dis à haute voix :

— Pauvre petit, si jeune !

Je soupire, et puis :

— Pauvre Peigne !

Je ne peux pas penser à l'un sans penser à l'autre.

C'est l'heure du train. J'attends ; une marmotte qui attend le printemps, c'est pareil. C'est l'heure des lettres, l'heure des retours. Demain, demain. Je pense à demain.

— Les voilà !

Je sens un déclic dans ma poitrine, puis dans mes genoux. On a crié : « Les voilà ! » Le cri a sauté par-dessus la porte. « Les voilà ! » Qui ? Quoi ? Je me dresse.

— Nous voilà, pas dommage !

C'est la voix de la Germaine. Je reconnais son rire. C'est eux.

— Pas trop tôt, ça nous a suffi, dit le père Pluret.

C'est le père Pluret. Ils rentrent tous. Les voix claquent au-dessus de la cour. Je laisse glisser mon chandail. Je retape mon chignon à petits coups ; je trotte vers la porte de la rue ; je mets mes lunettes. Sur le trottoir, la Germaine discute avec Mme Bavousse et Mme Merle. Pluret est à côté d'elle, et plus loin Mme Pluret arrive à petits pas ; elle est cassée, une vieille poupée. Mlle Vrin est à sa fenêtre. Voilà Pluret qui vient vers moi.

— On ne l'a pas vu, dit-il. Ni là-bas ni ici.

Je fais merci de la tête. Je rentre. Demain. Le chandail de Jean, par terre. Demain, demain, demain. Je me baisse.

Je murmure :

— Que la terre est basse !

Pluret alla au-devant de sa femme, qui faisait le petit chemin de fer sur le trottoir, la tête penchée sous le chapeau de soie noire.

— Tu vois, nous y sommes, nous, dit-il.

Il la prit par l'épaule. Elle toussota.

— Et l'Emile ? demanda-t-elle.

Elle balançait la tête comme pour dire non, plusieurs fois.

— Qu'est-ce qu'ils vont en faire ?

— Rentre, dit le père Pluret.

Il la poussa par les épaules. Elle enleva son chapeau de soie, tapa sa jupe. Elle jeta sur son mari un regard d'oiseau apeuré.

— La clé, demanda-t-elle.

Elle la prit des mains de Pluret ; frottant des semelles sur le pavé, elle entra, le dos rond, la tête refusant toujours — non, non, non — avec les oscillations d'une branche dans un courant de vent.

Pluret avait des lèvres en pétale de narcisse et des reflets de soie grise sous les paupières. Il pointa son ventre vers la pâtisserie. Elle était fermée. Les volets avaient été débarrassés de leurs dessins, mais le crépi du mur avait bu la peinture verte ; les têtes de mort au-dessus de la porte et de chaque côté de la vitrine n'avaient pas été grattées. Pluret sourit. Du poing, il cogna les panneaux de bois.

— Lécheur ! Lécheur ! appela-t-il.

Mlle Vrin se pencha sur la rue, le buste mou écrasé sur l'appui de la fenêtre, l'œil attentif.

— Lécheur ! fit Pluret. J'ai une commission pour vous.

La pâtisserie semblait morte.

— De la part de la Kommandatur de Fignes. Très urgent, Lécheur !

Pluret tambourinait des deux poings sur les volets. Un pas furtif glissa sur le carrelage du couloir ; la porte à côté de Pluret s'entrouvrit. Pluret coinça son pied dans l'entre-bâil.

— C'est moi, dit-il.

Il distinguait dans l'ombre une masse blême toute en yeux, qui se pressait sur la porte avec des élans gélatineux.

— Si tu fais un geste, dit Pluret, tu entends ? Si tu dis un mot qui ne me plaise pas, tu entends Lécheur ? je t'écrase comme une merde.

Il laissa la porte se refermer ; elle claqua comme une mâchoire sur du vide.

Marcel

Quand il m'a aperçu à la porte de la prison, il m'a demandé :

— Comment as-tu su qu'on nous relâchait aujourd'hui ?

Je lui ai répondu que je venais là tous les soirs depuis leur arrestation et que je serais venu jusqu'à ce qu'on les remette en liberté.

— Tu n'aurais pas dû, a-t-il murmuré.

Il n'a plus desserré les dents jusqu'à Jumainville.

Nous sommes tous rentrés par le même train. Tous, sauf Peigne. Nous voilà arrivés devant la boutique. Peinture et vitrerie. Papa tient le coude de M. Tattignies...

— Entrez, dit-il. Entrez donc. Je ne serai pas seul.

— Et moi, je voudrais bien l'être, fait M. Tattignies. Je vous remercie. J'ai hâte de me retrouver dans ma classe et mon jardin ; il faut que j'aille m'occuper de mes choux ; chercher aussi Comme-vous chez Mme Bousselan. J'ai besoin de me désintoxiquer.

Il fait le geste de respirer en décrivant un cercle avec ses coudes.

Il ajoute :

— Oublier ce fumier.

191

Il respire encore, comme à la gymnastique.

— La nature, dit-il.

— Au revoir, monsieur Tattignies.

Maman pousse un petit cri, elle joint les mains quand nous rentrons dans la cuisine. C'est comme pour le soir des sardines de Claudot ; elle se met à pleurnicher sans bouger de sa place, sur une chaise, à côté de la fenêtre. Il n'y a plus de bûchettes. Pierre est debout près d'Elisa.

Papa dit :

— Le retour du prisonnier. Tout le monde est là ? Et la fanfare ?

Il se force au rire. Il ricane. Ses petits yeux sont éteints. Je me sens la gorge amère. Il jette son chapeau sur la table ; il se laisse tomber sur la chaise.

— Qu'est-ce qu'on t'a fait ? murmura maman.

Sans relever la tête, il répond :

— La prison.

Puis il répète :

— La prison, ça ne te suffit pas ?

— Il y a de la prison méritoire, intervient Pierre.

— La prison, c'est la prison, dit-il. La prison méritoire est aussi sale, aussi froide et aussi humide que celle qui n'est pas méritoire. Des blagues. J'ai été en prison, voilà tout ce que je vois. En prison, oui. Là où on met les gens dangereux, les malhonnêtes.

— Papa...

— On m'a interrogé. On m'a traîné à coups de coude et à coups de bottes. Moi.

Il a un petit rire sec :

— Il paraît que j'étais accusé d'écouter la radio anglaise. Je n'ai pas de poste. Ce que je leur ai dit. Alors, ils ont essayé de me convaincre de marché noir.

Il relève le menton, il secoue ses mains tombantes, elles sont fanées.

— J'ai juré sur mon honneur, j'ai engagé ma foi d'honnête homme. Vous entendez, d'honnête homme ;

l'honnêteté, tout ce que ça veut dire, vous comprenez ?...
Tout ça.

Il écarte les bras, dans le geste d'embrasser un tronc énorme.

— Ils ont ri.

Je ne bouge pas. Pierre et Elisa non plus. Pierre dresse son profil d'oiseau inquiet dans le coin de la cuisine. Il regarde papa avec une telle intensité que l'iris de ses yeux a foncé et durci. « Ils ont ri », pense-t-il. Papa se lève. Il avait dit « Les vaches ! » ; ça faisait drôle dans sa bouche.

— Tu as été chez Trouche ? demande-t-il à maman.

— Oui, répond-elle.

— Bon, fait-il.

— Le soir même.

Elle se mouche.

— Bon, dit-il encore une fois.

Il a abandonné. Le courant le noie, l'entraîne. Il se tourne vers moi. Il ricane.

— Marcel, me dit-il, peux-tu avoir encore de tes sardines à l'huile ?

La Germaine

J'ai tout de suite rouvert le *Café de la Paix*. En un quart d'heure, la salle s'est remplie. Tout le monde vient aux nouvelles.

— Eh bien ! la Germaine, dit-on, comment cela s'est-il passé ?

— Très bien, très bien, que je réponds comme ça, encore mieux que vous pensez.

Je cligne de l'œil et je me gifle les cuisses.

— On les a eus, que j'ajoute.

— Qu'est-ce qu'ils vous ont fait ? que me demande Sacré gourmand.

193

— A moi, rien, pas de danger.

L'autre pousse un soupir, derrière le comptoir. Il avait peur. De quoi ? Que la future Mme Boudet ait fait des bêtises avec la Gestapo ? Je le regarde. Il transforme son soupir en bâillement avec tirage de moustache. « A tout à l'heure, dans les sureaux », que me racontent ses yeux vairons. Oui, mon Boudet.

16

Le matin commençait à peine à s'installer au-dessus des girouettes du château que Pluret, en manches de chemise, les pieds dans des savates, était déjà planté dans le milieu de la rue. Il enfonça ses poings dans ses poches de pantalon et cria, à deux ou trois reprises :

— Lécheur, tu as vu ?

A chaque cri, la languette de sa chemise tressautait sur la pointe de son ventre, au-dessus de la ceinture. L'éruption de crânes verts et rigolards avait affecté de nouveau les murs, les volets, la vitrine de la pâtisserie. On en trouvait même jusqu'au premier étage. Mlle Vrin sortit sur le pas de sa porte. Les têtes de mort composaient un mouchetis de grosses taches disposées en un quinconce irrégulier. « C'est assez joli », songea Mlle Vrin.

— Lécheur, tu as vu ? Lécheur, bon Dieu !

Pluret s'impatientait. Il se baissa en soufflant, puis lança, en balançant le bras de bas en haut comme les femmes, un caillou dans les persiennes du pâtissier. « Il est à la fenêtre à côté, pensa Mlle Vrin. Je le sens qui nous regarde. » Avec un bruit de troupeau affolé, les trois jeunes Bavousse et les deux petits Merle dévalèrent la ruelle et s'éparpillèrent dans la rue du Maillet.

— Un, deux, trois, quatre, firent-ils tous les cinq à la fois, en pointant chaque crâne avec l'index.

— Plein de têtes de mort, Lécheur, cria Pluret. Des têtes de mort, des têtes de mort !

Il reprit son souffle puis lança «tête de mort» de toutes ses forces.

— Mince, dit Roger Bavousse. Quatre-vingt-dix-huit. Encore plus que la dernière fois.

— Pour sûr, approuvèrent les quatre enfants, en battant des mains et en sautillant. Encore bien plus.

— C'est marrant, déclara Roger.

— Ça oui, approuvèrent les gosses.

«Ça oui», se dit Mlle Vrin. C'était amusant : Lécheur surveillait son trottoir en ce moment ; son regard coulait par les fentes des persiennes ; et la nuit, lorsqu'il aurait été urgent de faire le guet, il courait d'une pièce à l'autre, sans arrêt, une lampe électrique au poing, ou bien s'affalait sur une chaise et dormait. Cela valait mieux d'ailleurs. Mlle Vrin avait toujours peur qu'on vînt déranger l'homme au petit pot.

— Père Pluret !

La voix venait du *Café de la Paix*. La Germaine était sur sa terrasse ; elle multipliait les invites du bras.

— Venez voir, cria-t-elle.

Le père Pluret jeta un dernier coup d'œil sur la pâtisserie, puis, les mains dans les poches, il roula vers la place du Marché. La rue du Maillet se glissa sur ses pas : Mlle Vrin, trottinante, la jupe et la poitrine balancées, les cinq gosses caracolant et piaffant comme des cabris.

La Germaine riait d'un rire large qui lui mouillait les yeux. La mère Crémant, flanquée de ses deux paniers et un sourire caché dans le coin de son œil biais, répétait : «Heulà, mon Dieu, c'est-y Dieu possible !» ; elle s'efforçait de communiquer au ton de sa voix l'indignation et le reproche.

— Ce qu'est vexant c'est que c'est moins bien que pour Lécheur, dit la Germaine.

Ses volets étaient couverts d'inscriptions à la craie, dont les plus anodines étaient : putain, peau, pourriture et fosse à mâles.

— A la craie, ça fait purée. Et ça manque d'imagination. J'aurais mieux fait.

— Tout de même, glissa la mère Crémant.

— Allez-vous-en, les gosses ! dit le père Pluret en claquant dans ses mains. C'est pas pour vous.

Mlle Vrin restait interdite, les yeux ronds, les mains dans le rang, les bajoues indécises.

— C'est drôle, murmura-t-elle comme pour elle-même. Je me rappelle bien « Graine de mort ». C'est pas du tout la même écriture.

Jumainville

Toutes mes maisons l'apprirent en même temps, car toutes mes maisons ou presque, écoutent la radio anglaise, toutes celles qui ont la radio, du moins, à part Lécheur et le curé, sans doute. Le lieutenant Bachmann écoute Londres, mais il suit, lui, les émissions en langue allemande. C'était hier soir, à l'émission de 9 heures et quart, dans le programme « les Français parlent aux Français ». Après un commentaire sur la campagne d'Italie, la voix lointaine a fait une pause, puis annonça : « Nouvelles de France » et presque aussitôt :

— Vous, monsieur Lécheur, dit le Bien-Nommé, pâtissier à Jumainville, nous disons, Lécheur, pâtissier à Jumainville, vous serez pendu ; votre fiche est constituée à Londres ; vos victimes seront vengées.

J'ai hoqueté de surprise. Dans presque toutes mes cuisines, on a fait : Hein ! oh ! ah ! non ? On a regardé le poste avec un effroi incrédule ; brusquement, il prenait une réalité menaçante parce qu'il parlait pour la première fois de quelque chose que l'on connaissait bien.

Tant que cette boîte nommait Stalingrad, Tunis ou Cassino, la T.S.F. n'était qu'une belle invention, et le village était loin de la guerre, et Londres était à plusieurs centaines de kilomètres. Mais voilà qu'à Londres on parlait de Jumainville ! de moi ; à Londres qui compte près de cinq à six millions d'habitants, alors que moi, avec ou sans banlieue, mon Dieu ! j'en compte 1 054. On aurait voulu faire répéter le speaker : « Vous avez bien dit Jumainville ? Il n'y a pas deux Jumainville ? » Non, il n'y en a pas deux, il n'y en a qu'un Jumainville en France. Les hommes titillaient les boutons comme pour revenir en arrière sur l'émission.

Lécheur à Jumainville. Mon pâtissier ! Chacune de mes maisons, surexcitée, me chauffait la peau ; c'était autant de démangeaisons.

— Mince alors ! éclata la Germaine. Ça se corse.

Les voix de l'au-delà ont condamné mon pâtissier. Quelqu'un de chez moi correspond avec Londres. Je suis en liaison avec la capitale de l'empire britannique. Villois n'existe plus. Fignes est enfoncé. Est-ce qu'on parle de Fignes à Londres ? Est-ce que le nom de Fignes est véhiculé par air aux quatre coins du globe ?

— Nom d'un sapeur ! reprit la Germaine.

Pluret sauta dans la rue. Il bondit jusqu'à la pâtisserie ; toute la journée, elle était restée close. L'échec du matin ne l'avait pas rebuté. Il cogna à la porte ; lorsqu'il sentit Lécheur collé silencieusement au panneau, dans son couloir d'ombre, il se baissa et, les mains aux cuisses, clama par le trou de la serrure :

— La radio anglaise a dit que tu seras pendu. Pendu, tu entends, Lécheur ? Tu étais en tête de liste. Tête de mort ! Tête de mort !

Il s'arrêta, prêta l'oreille. Il perçut le souffle rapide du

198

pâtissier qui faisait un bruit de pneu qu'on gonfle avec une pompe qui fuit.

L'avertissement fut répété à l'émission suivante. Lorsque la nuit a noyé mes toits, mes paysans étaient pétris d'un saint respect pour Janvier (c'est mon électricien), et pour Branly, qu'ils ignorent. En s'endormant, mes Jumainvillois avaient conscience d'une présence indéfinissable dans leur chambre à coucher ; les maris se montrèrent pleins de prévenance pour leurs épouses ; ils se sentaient épiés. L'œil cathodique des appareils de radio paraissait doué de cette puissance métaphysique que l'abbé Varèmes réserve, comme un monopole exclusif, à l'œil rayonnant coincé dans un triangle qui est peint au-dessus du maître-autel.

Pour la première fois depuis bien longtemps, mes habitants procédèrent à leur examen de conscience. Il est vrai qu'il se passe des choses troublantes. Qui a écrit sur les volets de la Germaine ? Toute la nuit, cette question m'a tenu éveillé.

Mais, ce matin, je suis chatouillé par un vrai soleil de dimanche. Un bleu léger de robe de jeune fille et transparent coule jusque sur mes toits, comme dans une image d'Epinal. Les arbres jouent avec leurs feuilles à pigeon-vole. Comment nourrir des idées inquiètes par un temps pareil ? Le vrai temps pour un dimanche de la fin mai.

Roger Bavousse

Quand les avions sont passés, il a giflé mon frère. Maman dit que c'est un brigand et un collaborateur, qu'il sera pendu après la guerre ; c'est vrai ça, puisque c'était écrit sur sa boutique.

Chaque fois que je cours, il y a mes chaussettes qui

tombent. Et quand elles sont tombées, maman veut que je les remonte. C'est pas la peine, puisqu'elles retombent tout de suite.

— On ne court pas le dimanche, que me dit maman. T'as toute la semaine pour ça.

Le dimanche, c'est le jour où on peut rien faire. Faut pas courir, faut pas jouer, faut pas se salir. J'aime bien mon costume marin, mais avec, je peux plus rien faire ; faudrait rester les bras croisés. Maman habille la sœur. J'ai dit que j'allais faire pipi dans la cour. Tout est fermé chez le Bien-Nommé. Il y a un caillou rond dans le ruisseau. Je le prends ; je danse la danse de guerre. On saute sur les deux pieds, puis à cloche-pied.

— Pâtissier, tu seras pendu ! On les aura, les Boches !

Il y a mes chaussettes qui sont en accordéon sur mes chaussures.

— Pâtissier, tu seras pendu ! On les aura, les Boches.

Bring ! Clac ! les volets sur le mur. Il sort comme un diable. Il crie. Il m'appelle voyou, fusillé.

— Pan ! Pan ! qu'il fait, et il rigole.

Qu'est-ce qui le fait rire ? Je ne bouge plus.

— Tes parents aussi à la Gestapo !

Il rigole encore un coup. Si papa sait ça, je vais recevoir une fessée. Il m'appelle encore fusillé et il gueule :

— Graine de mort ! Tête de mort, tête de mort !

Ce n'est pas moi tête de mort ; c'est lui. C'était écrit sur sa boutique. J'ose plus bouger.

Ça y est. J'ai reçu la gifle. Je l'aurais parié.

— Le second coup de la messe a sonné, qu'elle me dit. Qu'est-ce que tu vas traîner dans les ruisseaux, avec ton costume des dimanches, au lieu de te préparer comme ton frère et ta sœur ? Regarde tes chaussettes. Relève-les en vitesse.

Je les tire. Je pense que, demain, il va falloir retourner à l'école puisque le maître d'école, il est rentré de prison.

200

J'ai pas de chance. Si je crie comme ça, c'est pour ne pas recevoir une autre beigne.

Elle grogne :

— Tu as le diable au corps !

Qu'est-ce qu'on sent, quand on a le diable au corps ? Des cornes qui percent le front, des pieds de bouc ? Faudra que je demande au catéchisme. C'est Lécheur qui est le diable.

Sur le parvis de l'église, c'était une véritable fête du soleil. Dès qu'ils mettaient pied sur la dernière marche de l'impasse du Sud, la lumière blonde et mousseuse comme de la bière prenait les gens sous les aisselles, pour un tour de valse, et les emmenait en dansant jusque sous le grand portail. Le soleil léchait les vieilles pierres à grands coups de langue dorée, et les vieilles pierres, émues, bavaient des lézards. Les Jumainvillois hésitaient à plonger dans l'ombre verte qui clapotait, silencieuse, autour des piliers ; ils restaient dehors, debout le long des murs, les yeux clignés, la bouche molle, la pensée dénouée comme un lacet, à se dire bonjour d'un groupe à l'autre et à répéter : « Quel beau temps — un temps de saison — ce qu'il fallait après ces pluies et ce vilain froid ! » On regrettait les herbes folles et les fleurs sauvages que le curé — d'avant la guerre — entretenait sur la placette et sur les murailles de l'église et du presbytère. Le premier soin de l'abbé Varèmes avait été de tout faucher, de tout brûler et de semer du mâchefer, ainsi qu'on semait du sel, dans le temps, sur les ruines des villes ennemies.

Ce matin de dimanche de mai, on aurait pourtant aimé écraser des herbes juteuses et mâchouiller des tiges de fleurs avant d'entrer à l'église, et savoir que, tout à l'heure, à la sortie de la messe, attendrait, dansant dans le vent et les éclaboussures de soleil, tout un petit jardin plein de couleurs et d'odeurs qui rendrait Dieu présent.

Des halètements grinçants, qui prétendaient à l'harmonie, soufflèrent soudain leur asthme derrière les murs. Mlle Vrin forçait l'harmonium aux soupirs et aux déchirantes inspirations. C'était l'heure. On se précipita au milieu des gémissements de porte, des trempettes à tâtons de bout de doigt dans le bénitier et de cahots mous d'êtres aveugles qui s'arrêtaient sur le seuil de la nef, les bras tendus, pour palper l'ombre.

Les sièges déplacés criaient, puis s'apaisaient par une série de petits bruits de clapet pareils à des baisers de carpe.

Au fond de paquets d'eau glauque où les bottes de rayons qui s'appuyaient sur les hautes vitres semblaient immergées comme des étais moussus, s'entassait le Tout-Jumainville croyant, chaud ou tiède : presque toutes les femmes et beaucoup d'hommes. Tous les hommes que les épouses réussissaient à entraîner habituellement, plus tous ceux que les voix venues de l'autre côté de la Manche avaient troublés comme un avertissement émanant de l'au-delà. Sans très bien savoir pourquoi ni contre quoi, on était venu à l'église ce matin, par précaution. Tous les gros fermiers étaient présents, les fesses épatées sur la paille des chaises. A côté de la massive silhouette du père Boudet, les épaules rondes et la chevelure en tapis-brosse d'Auguste se découpaient à contre-jour sur le maître-autel.

L'harmonium accentua ses agonies de cornemuse. L'abbé Varèmes entra.

Il entrait, le mollet tendu sous la soutane, le nez flaireur. Il s'agenouillait devant le maître-autel, qu'il savait déjà qui n'assistait pas à l'office.

Quatre enfants de chœur, aussi maladroits qu'une portée de chiots, s'affolaient autour de lui, dans la crainte des bourrades et des pinçons.

Introit. Kyrie, eleison. Gloria in excelsis Deo!

L'assistance, brassée à coups de claquoir qui sonnaient comme des gifles, houlait régulièrement. L'abbé Varèmes ouvrait, fermait son livre, s'agenouillait, se relevait comme à l'exercice, bousculait ses enfants de chœur comme des jeunes bleus et gueulait ses *Dominus vobiscum* comme des garde-à-vous. L'office s'écoulait normalement.

Mlle Vrin laissa retomber ses mains sur ses genoux ; le dernier râle de l'harmonium s'éteignit doucement ; on entendit des grincements, des soupirs : l'assistance se préparait au prêche en se carrant bien au fond des chaises, les pieds sur le prie-Dieu. Quelqu'un se moucha, dans un remous de lumière trouble du côté du confessionnal. Quelqu'un d'autre toussa. Avec décision, le talon sonore, l'abbé Varèmes se vissa dans l'escalier en colimaçon qui le hissa jusqu'à la chaire. Comme tous les dimanches, après la lecture de l'Evangile, il entreprit l'examen détaillé des différentes quêtes et conclut par un appel à la charité, dont l'esprit, sinon la lettre, rappelait aux hommes mûrs de Jumainville le « J'vous foutrai d'dans » de leur ancien adjudant. Puis, les deux poings posés à bout de bras sur le rebord de velours rouge, la tête poussant jusqu'au bout de la nef, derrière les piliers, les deux pointes du regard, il commença :

— Mes frères.

Il s'arrêta. Quelque chose avait craqué dans les rangs des enfants du catéchisme. Le curé se tourna du côté du bruit.

— J'attends, fit-il.

Les mères se haussèrent du col, le feu aux joues. Roger Bavousse ramassa son livre de messe, et profita de l'occasion pour pincer le mollet de la dernière des filles Rousselan, puis tout rentra dans le silence.

— Mes frères, vous connaissez mes habitudes : je serai bref. Je pouvais espérer que, sous ma direction, la paroisse de Jumainville deviendrait une paroisse modèle,

203

une paroisse qui ne donnât aucun sujet d'inquiétude aux défenseurs de l'ordre, une paroisse toute serrée derrière son curé et soucieuse de la discipline. Il n'en est rien. Jumainville reste souillée d'éléments pourris sur lesquels je suis prêt à porter, avec l'aide de mes supérieurs et de nos protecteurs, le fer ardent, le tison purificateur. Je ne reviendrai pas sur cette pénible histoire de bal clandestin. J'en ai parlé dimanche dernier et j'ai développé suffisamment ce que vous deviez penser d'une municipalité corrompue et factieuse.

Il s'arrêta, promena son regard avec lenteur ; les gens sentaient peser ces deux petites boules de plomb. Tattignies ne venait jamais à la messe ; Morize n'y venait plus depuis un ou deux mois. Le curé se lécha les lèvres.

— Corrompue et factieuse, dis-je, à laquelle les autorités devraient retirer tout pouvoir, comme on retire leurs griffes aux bêtes malfaisantes.

Les saintes femmes se poussèrent du coude. Les gros fermiers ouvraient et refermaient leurs cuisses pour se forcer à la réflexion. Mme Plénard avait posé la main sur le coude de son mari ; Elisa, à côté d'elle, avait passé son bras sous celui de Marcel.

Mlle Vrin pianota sur ses genoux.

— Il vient de se passer un incident déplorable. Les mêmes éléments pourris attaquent un honnête citoyen de Jumainville ! un bon chrétien, et déférent envers nos hôtes.

Les deux boules de plomb balayèrent de nouveau tout l'espace compris entre le bénitier et l'harmonium. Le curé frappa du poing : la chaire résonna, et le son rond et puissant se gonfla jusqu'à emplir l'église.

— Je ne veux pas de ça, cria-t-il. Bien plus, la voix de Satan a condamné ce citoyen exemplaire. Honte ! Infamie ! Des Jumainvillois ont signé un pacte avec les puissances démoniaques ! Des traîtres ! Et qui sont-ils, ces assassins ? Les âmes saines n'hésitent pas à les dénoncer aux maîtres que le ciel nous a donnés pour notre pénitence.

— Je t'en prie, murmura Mme Plénard.

De toutes ses forces, elle appuyait sa main sur l'avant-bras de M. Plénard.

— Pas de scandale. Laisse ; je t'en prie.

M. Plénard avalait ses joues, puis respirait par petits coups. Sa main se crispait sur son genou.

Marcel regardait son père intensément et Elisa regardait Marcel. A deux rangs derrière eux, Mme Pluret avait sorti son mouchoir : elle sentait des épingles piquer la doublure de ses paupières.

— Par le fer et par le feu, il faut épurer la paroisse ! clama Varèmes.

Le tonnerre reflua jusqu'à hauteur des vitraux. Les hommes s'agitaient ; la toux reprit plus forte, plus nerveuse, du côté du confessionnal ; tout un rang de chaises se moucha ; les mouchoirs jaillissaient comme des étincelles. Les saintes femmes chuchotaient derrière leurs gants ; Mlle Vrin, la tête penchée au-dessus du clavier qui dissimulait son sourire, prenait mentalement des notes.

Le curé s'arrêta, flaira la résistance. Il fronça les sourcils, aiguisa son regard, l'enfonça comme une épée dans les paquets de têtes et d'épaules agglutinées.

— Epurer la paroisse ! reprit-il.

— Entièrement de son avis, siffla M. Plénard.

— Je t'en prie, implora Mme Plénard.

— Heureusement que Pierre n'est pas là, souffla Elisa à Marcel.

Pierre avait refusé de venir à la messe. Il avait déclaré qu'il se sentait plus près de Dieu, si Dieu il y avait, le derrière dans l'herbe à boire le soleil que le derrière sur une chaise à assister aux fantaisies de l'adjudant Varèmes.

La petite Rousselan rendit avec usure le pinçon à

205

Roger Bavousse : une émeute silencieuse gonfla, puis creva sur place, comme une bulle.

— Eh bien ! jeta le curé.

Il cherchait le fil de son sermon.

— Oui, dit-il. Je ne veux pas que soient brimés les meilleurs paroissiens. Il faut donc châtier leurs persécuteurs et les livrer à la justice. Car cette justice est la justice de Dieu, du Dieu des Armées, celui qui a décidé des victoires.

— C'est trop ! éclata M. Plénard.

Il se trouva debout, sans savoir comment, sa femme pendue à son bras. Il la secoua comme un fruit mûr ; elle chuta sur sa chaise, molle et pleurnichante.

— Laisse-moi, dit-il.

Il gagna rapidement l'allée centrale. Mlle Vrin fit pivoter son tabouret de piano ; elle regardait tantôt Plénard, tantôt Varèmes.

Le curé était resté immobile, figé, le doigt tendu vers l'est, la mâchoire tombante. Mme Pluret et Mme Peigne sanglotaient sans faire de bruit. Le moment de silence semblait s'éterniser. M. Plénard arrivait près du bénitier et Marcel s'était levé à son tour, suivi d'Elisa. Auguste se dressa à demi pour aller chercher sa sœur et la forcer à se rasseoir entre son père et lui ; puis il se ravisa. Le bas de l'église fut pris de coliques : des rangées de chaises se tordirent ; les saintes femmes, plus noires encore que des escarbilles et rendues étincelantes par la joie, jouissaient comme des chattes de cette attente délicieusement exaspérante ; les enfants du catéchisme bavaient...

Des gens se levèrent en faisant tomber leur chaise.

— Malheur à celui par qui le scandale arrive ! éclata enfin le curé.

Le tonnerre de la chaire résonna sous ses poings.

— Alors, malheur à vous ! lança M. Plénard, en se retournant sur le seuil de la porte.

Un bloc de soleil, qui avait le solide de la pierre, pénétra, à la façon d'une proue, dans l'ombre glauque.

Par une série d'accords violemment plaqués, Mlle Vrin attaqua le *Credo*.

L'abbé Varèmes avait voulu son sermon incendiaire ; il avait réussi. Jumainville flambait. Les fidèles que l'espèce de *Gott mit uns* extatique avait pondus sur le parvis avant l'*Ite, missa est* avaient distribué la première nouvelle du scandale aux quatre coins d'un pailler. La sortie de la messe fut un vent piqué de flammèches soufflant sur ce début d'incendie.

Sous la conduite de Mlle Vrin, dont le corsage en voile gris contenait avec peine la masse fluente des glandes mammaires, le troupeau noir et serré des saintes femmes s'engagea dans les escaliers de l'impasse du Sud : elles avaient l'allure secrète, menaçante, précautionneuse de personnes qui charrient des caisses emplies d'explosifs, et des sourires à l'inquiétant éclat de mèches allumées.

Mme Pluret et Mme Peigne gémissaient sous le porche, sans se décider à se lancer dans le soleil. Mme Plénard apparut, s'agglomèra timidement à ces dames : elle était restée jusqu'à la fin de l'office. Elle espérait, par son attitude soumise, apaiser ce Dieu des Armées du type Wotan, que l'abbé Varèmes avait suscité contre la radio anglaise.

Auguste sortit dans les derniers. Aveuglé par la lumière, il baissa son chapeau sur son front, examina la place d'un coup d'œil rapide.

— Elle n'est pas là, fit-il.

— A la maison, sans doute, suggéra le père Boudet, le menton dans la poitrine.

— Perd rien pour attendre, grogna Auguste.

Il partit rejoindre Gaston chez Kopf.

Roger Bavousse se mit à glapir ; par acquit de conscience, ce n'était pas que sa mère lui eût fait mal. Elle venait de lui donner la gifle qu'elle lui promettait depuis le début du sermon.

M. Tattignies

Je ne vais jamais à la messe. Pierre non plus. Pierre me regarde, je soupire.

— Encore un saut en arrière, dis-je. Je vous l'ai déjà dit, Le Meur. Par la faute des curés de la trempe de Varèmes, nous allons remonter sur de vieilles balançoires : l'école avec ou sans Dieu, comme on dit les jours avec ou sans alcool ; les croâ-croâ des gosses derrière les soutanes, tout cet attirail grotesque pour bouffeurs de curé. On commençait à être tranquille de ce côté-là. Le curé pétrissait ses âmes, l'instituteur, ses cervelles, et le boulanger, son pain. Et les vaches étaient bien gardées. Varèmes veut s'occuper aussi des cervelles et du pain, des livres de classe et du ravitaillement des familles. Et pas par ambition personnelle, ne croyez point ça. Par zèle, par souci de l'ordre.

Pierre sait à quoi je pense. Je serre mon poing gauche, puis je le lui montre.

— Ça, l'ordre !

Je laisse retomber ma main dénouée.

— Encore une valeur qui dégringole : la charité. Une de plus. J'ai vu la belle bande de brutes que c'étaient : des poings et des bottes. Et c'est ça que Varèmes appelle l'ordre, la discipline. Ridicule, indigne de tout homme véritablement humain. A fortiori d'un prêtre !

— Il n'y a pas que des Varèmes, dit Pierre. J'en suis sûr.

— Je l'espère pour le salut de la religion. Eh oui ! vous me regardez, Le Meur. Je suis instituteur, et après ? Est-ce que cela m'empêche de respecter la religion, la vraie ? La religion de ceux qui se sentent seuls sans elle.

— M. Plénard, dit-il. On comprend qu'il ait besoin de Dieu.

Oui, il a besoin de Dieu et le ministre de Dieu l'a forcé à quitter l'office. Si je ne suis pas seul, c'est parce que j'ai mon école, mon chien, mes livres, mon jardin. Je pousse du pied une patte de lapin ; je la ramasse.

— Pour Comme-vous, dis-je.

Il penche la tête.

— Les hommes, murmure-t-il. J'ai toujours trouvé grotesque cette erreur de vocabulaire qui fait appeler « les hommes » les soldats d'un capitaine. Des hommes ! Et qu'est-ce que c'est que tous les hommes actuels ?

Il me regarde en souriant de côté :

— Des bêtes qui parlent, dit-il. Vous vous rappelez ?

Je serre la patte de poils blancs. Pierre suit son idée :

— On apprendra sans doute que les prêtres ont en majorité mené le bon combat, dit-il.

— Sans doute. Mais il y aura des villages, comme Jumainville, où, par la faute des Varèmes, la valeur spirituelle de la vraie religion sera diminuée ; parce que les Varèmes auront voulu sauter sur l'occasion : le sabre et le goupillon. Le trône et l'autel, même si ce trône est celui du roi de Prusse...

Un paquet de poils, jappant et frétillant, me saute dans la poitrine.

— Bonjour, Comme-vous ; bonjour, mon chien-chien.

Je le prends sous les deux pattes de devant et je le tends à bout de bras, devant moi. Sa langue pend, ses

211

yeux dansent de joie et de soleil ; la truffe en mouvement, il se contente d'agiter faiblement son train arrière.
Je le regarde pendant un moment, puis je le lance
comme un ballon après la patte de lapin.

Et il y a des gens assez bêtes pour dire qu'il ne lui
manque que la parole.

Mlle Vrin

Je suis en avance pour les vêpres. Les gosses aussi :
s'ils se précipitent à l'église, c'est pour en avoir plus tôt
fini. Ce sont ceux qui préparent leur première communion ; aux autres, la messe suffit.

Il piaffe ; il a l'air d'un cheval de bataille qui a senti
l'odeur de la poudre. Il m'attendait dans la sacristie... A
grands coups de talon, il parcourt la pièce. Il calotte et
pousse les enfants de chœur qu'il trouve dans ses
jambes. Il rumine le scandale. Trois *pater* et trois *ave* à
chaque repas pendant neuf jours, je vous les ai promis,
saint vénéré. Le scandale a éclaté. Vous m'aviez exaucée
pour la lettre. Vous m'avez encore exaucée cette fois-ci.
Merci saint vénéré. Toutes ces dames ont entonné mon
Credo. Ça l'a ramené à l'autel ; on l'aurait tiré par la
soutane, ça n'aurait pas mieux réussi. Merci, saint
vénéré. Il s'arrête, les pieds joints. Il fait : « Oh ! » il tend
le doigt. L'ange Gabriel a disparu. Par exemple ! Je
n'avais pas remarqué. Qu'est-il devenu ! Un rond de
carreau propre se découpe ; ça ressemble à un dessous de
bouteille.

Il fixe le tas d'enfants de chœur, il fonce sur eux, la
main levée. Les gosses gémissent :

— C'est pas nous, monsieur le curé.

Je file vers l'harmonium.

Sur le socle de Jeanne d'Arc épousseté, tout neuf,
l'archange Gabriel étincelle dans la lumière verte, sa

robe soulevée par un vent léger. Ses ailes vibrent, ce sont deux écharpes de plumes ; dans le jour des vitraux, ses cheveux sont d'or vert. J'appuie sur le clavier, j'attaque le chant, la tête tournée vers l'ange. Dans les plis, dans les creux de plumes, dans les boucles, entre les doigts de pied et les pétales de lis, plus un grain de poussière. Je l'époussetais tous les matins. Sur le socle, une botte d'iris qui se raidit. Elle est toute fraîche cueillie. C'était Mme Merle qui s'occupait des fleurs.

Le voilà. Il a vu. Il s'arrête subitement. Sur ses talons, les enfants de chœur se télescopent. Je joue avec suavité. Do, mi, do, l'accord, la pédale. L'harmonium roucoule ; je ne quitte pas l'abbé du coin de l'œil ; j'ai toutes les peines du monde à tenir immobiles les coins de ma bouche. Ma poitrine fond de plaisir. Derrière moi, je sens le bataillon de ces dames ; il est solide, un vrai remblai. Elles sont haletantes, toutes en yeux. Les enfants du catéchisme suspendent leur respiration ; on ne les entend plus. On n'entend que l'harmonium.

Il saute sur une chaise. Il fait valser la botte d'iris.

— Mon Dieu ! fait Mme Merle.

— Chut ! murmurent les autres.

Où est sa Jeanne d'Arc ? Il la cherche du regard. L'harmonium souffle. Je m'applique : je suis attentivement le jeu de mes mains, sans respirer. La Jeanne d'Arc est nulle part : enlevée, brûlée comme la vraie peut-être. Il se dirige vers le chœur : son pas sonne. Il s'agenouille. Et se retourne brusquement. Il a entendu le rire. Quelqu'un a replacé la botte d'iris aux pieds de l'archange. Quel dimanche ! Elles chantent comme jamais elles n'ont chanté. Avec feu. Mes doigts courent sur le clavier. Je souris, je me redresse. C'est une victoire. C'est la victoire. Il avait profité de Mers el-Kébir pour organiser une quête et acheter une Jeanne d'Arc argentée et fleurdelisée. De Madagascar, aussi. Un matin, je l'ai trouvée sur le socle de l'archange, installée comme

213

un coucou dans un nid de moineaux. Le plumeau m'en est tombé des mains.

Enfin, notre ange est vainqueur. Il est beau, il éclate, il s'impose à tous.

Varèmes ne se retourne plus que lorsque le rite l'y oblige. Alors, il ferme les yeux ; il ne veut pas voir que les femmes s'appliquent, que les enfants sont sages, que l'archange est éclatant. Il ne veut pas voir l'archange ; c'est mon triomphe.

— On ne peut plus sortir, monsieur le curé, murmura Mlle Vrin.

Elle avait traversé toute l'église, l'office fini, pour venir lui dire ça.

Il haussa les épaules, sortit de la sacristie. Gabriel blessait autant les regards qu'un morceau de miroir frappé du soleil. Près du bénitier, dans l'ombre, le troupeau des fidèles attendait, l'air le plus neutre possible.

— On ne peut plus sortir, m'sieur le curé, dit un grand du catéchisme.

Le curé saisit la lourde poignée, tira, secoua.

— On a essayé, murmura l'aîné des Merle.

Les joues gonflées de rire, il se tourna vers Roger Bavousse appuyé sur le bénitier comme sur la tablette d'une cheminée.

— On se marre, dit-il.

La porte claquait comme une voile, mais ne cédait pas. A chaque « bang », l'église réagissait et le bruit des gifles que le vantail assenait au chambranle roulait jusqu'au socle fleuri de l'archange au sourire impassible. Mlle Vrin commençait, dans sa tête, sa lettre à l'évêque. Depuis le matin, elle accumulait des notes.

— C'est certainement fermé avec des fils de fer, dit-elle. Ça crisse.

214

Le curé serra les poings. La pointe de son nez frémissait. Il conduisit le troupeau jusqu'à la porte latérale, qu'il secoua. Sans résultat.

— Là aussi, murmura-t-on.
— Je me marre, répéta Merle aîné.

Roger Bavousse restait silencieux.

— On ne peut pas sortir, alors ? demanda Mlle Vrin.
— Par le presbytère, siffla Varèmes.

Lorsque la porte du presbytère s'ouvrit, le curé respira : la place était bien propre, bien noire, pareille à un ballast de chemin de fer : les fleurs et les herbes folles de l'abbé Levallois n'avaient pas repoussé.

— Le plus marrant, glissa Bavousse à Merle au sommet de l'impasse du Sud, c'est que sa pucelle de Mers el-Kébir, elle est dans le confessionnal.

Mlle Vrin attendait l'homme au petit pot.
« L'occasion est magnifique », songeait-elle.

A aucun moment, elle ne sentait, derrière les persiennes de Lécheur ou derrière la porte, une présence éveillée. Le pâtissier devait dormir dans sa boutique ; elle le devinait affalé sur sa chaise, abruti de fatigue et de rage.

Elle attendit toute la nuit. L'homme au petit pot ne vint pas. Il avait loupé cette magnifique occasion. Lorsque Mlle Vrin revint, le lundi matin, de la messe basse, la pâtisserie n'avait pas bougé : Lécheur dormait toujours, sans faire le moindre bruit.

— Il se terre, dit Mme Crémant. C'est la radio anglaise qui l'a mouché.

Et elle continua son chemin.

Vers midi, Mlle Vrin s'accroupit dans sa courette pour cueillir des fraises. Lorsqu'elle se releva, elle fut frappée par l'air paisible de la pâtisserie : pas la plus petite activité derrière les panneaux de la boutique ou les persiennes. Elle inspecta la maison, fenêtre après fenêtre : le grenier était vide, le premier étage aussi : Lécheur était en bas, elle en était sûre, derrière les panneaux de bois barbouillés. Il dormait. Mlle Vrin rentra, déjeuna.

« Il rattrape toutes ses nuits blanches, se dit-elle. Je devrais bien en faire autant. »

Elle se réveilla à l'heure du rapport, trotta à l'église, assura à un abbé Varèmes glacial, renfrogné et qui avait redétrôné Gabriel, qu'il n'y avait rien à signaler rue du Maillet.

Lorsqu'elle rentra, elle s'arrêta devant la pâtisserie, colla l'oreille contre les volets, dans le R de GRAINE DE MORT.

Lécheur dormait sans ronfler.

« S'il dort », se dit-elle soudain.

Elle sentit ses genoux lâcher comme des ressorts fatigués et porta la main à sa gorge pour l'aider à avaler. Elle se recula au milieu de la chaussée, scruta la maison. Plus de doute. Elle courut chez Pluret.

— Il y a quelque chose à la pâtisserie, bredouilla-t-elle.

— Un beau salaud, oui, fit Pluret.

Il rabotait une planche épaisse, d'une blancheur de cuisse, et faisait sauter des copeaux frisés comme du poil.

La vieille fille insista :

— Non, dit-elle, venez voir. Il n'y a plus de bruit depuis hier au soir. Ça m'inquiète.

— Pas moi, rétorqua Pluret. S'il pouvait plus jamais y en avoir...

Il laissa sa planche et suivit Mlle Vrin.

— Holà, Lécheur !

Il se tourna vers Mlle Vrin en souriant :

— Pas de danger qu'il me réponde, après le coup de la radio anglaise.

— Monsieur Lécheur! murmura Mlle Vrin. C'est moi, Mlle Vrin, votre voisine.

Elle écouta :

— Ça ne répond pas, fit-elle.

— Il dort.

— Non. Ça n'est pas du sommeil, ça. Il faut rentrer.

— Oui, fit Pluret. Mais si on reçoit un coup de gourdin ? Je le connais, mon Lécheur.

Mlle Vrin désigna la boutique.

— Il est certainement là, assura-t-elle.

— Allons-y, dit Pluret.

Il fit sauter la barre, dégagea le volet de la porte. Fronçant les sourcils, il essaya de distinguer quelque chose à l'intérieur. Des reflets laiteux flottaient dans l'ombre, des éclairs de verrerie.

— On ne voit rien, murmura-t-il. Les volets gênent.

— Il y a le bec-de-cane, indiqua Mlle Vrin.

Ils entrèrent, et Pluret, aussitôt, bondit en arrière, manquant de culbuter Mlle Vrin.

— Nom de Dieu ! cria-t-il.

Au-dessus d'un tabouret renversé, Lécheur, pendu par sa ceinture au crochet de la lampe, les yeux en pendeloque, la langue épaisse et déployée, les poings sanglants : Pluret l'avait heurté dans l'ombre. Sur le comptoir, un écriteau : « Vous ne m'aurez pas. Je pars. GRAINE DE MORT ! »

Dans le tunnel que creusaient les deux glaces en vis-à-vis, s'enfonçait une file de pâtissiers qui tourniquaient lentement, les pieds joints par le bout, en pointe de flèche.

— Le facteur n'est pas encore passé, constata Elisa.

Ils en étaient déjà au dessert. Elisa enlevait les queues de toutes ses fraises, avant de les manger.

Auguste grogna :

— C'est dimanche, fit-il.

Il gobait les fraises d'un seul mouvement de bouche, puis crachait les calices dans son assiette, comme des mégots, avec le même pli dégoûté des lèvres. Il haussa les épaules.

— Il n'y a pas de courrier le dimanche.

— Si, depuis une ou deux semaines. A cause de l'irrégularité des trains. On le distribue quand on peut. Dimanche dernier, il y en avait. N'est-ce pas, Pierre ?

— Oui, dit Pierre. Dimanche dernier, il y avait du courrier.

Il poussait dans le sucre le nez de ses fraises semblables à de petits museaux renifleurs, et posait les petites étoiles sur le bord de son assiette, en cercle. Les yeux de furet d'Auguste clignotèrent. Il passa la main sur son tapis-brosse, cracha une queue de fraise.

— J'en veux d'autres, dit-il.

Berthe posa silencieusement le saladier à côté d'Auguste. Elle se frotta les mains contre son tablier d'écolière. Ses yeux immenses ne regardaient nulle part ; ils ressemblaient, dans la lumière du soir, à des pastilles découpées dans du velours et piquées au-dessous du front par deux épingles à tête noire. Elle boitait autour de la table, sans le moindre bruit ; elle voguait, avec un tangage et un roulis de navire, du buffet à la cuisine, de la cuisine à la table. Chaque fois qu'elle avait posé un plat sur la toile cirée, elle frottait ses mains contre le devant de son tablier noir.

— Le v'là, tenez, fit le père Boudet.

Il releva à peine la tête pour saluer le facteur qui entrait, et dessina, de la main, un vague signe du côté du rebord de son chapeau.

Le facteur s'excusa :

— Je suis en retard, dit-il. Et encore, ce soir, je n'ai pas poussé jusqu'au pont. Je vois bien que je suis en retard : vous avez fini le dessert et d'habitude vous mangez la soupe.

Il farfouilla dans son sac, d'où il tira un petit paquet enveloppé de papier brun.

— Lécheur est mort, annonça-t-il ; et il posa le paquet sur la toile cirée. C'est recommandé.

Le père Boudet avala sa moustache, tourna son regard délavé vers Auguste, puis le ramena vers le facteur.

— Mort ? fit-il.

— Eh bien ! siffla Auguste, pour un coup, c'est un coup. On l'a tué ?

Le facteur parut émerger de son sac noir.

— Non, il s'est pendu, répondit-il.

Il essaya, par une rapide description, de rendre présent le cadavre du pâtissier.

— Il n'est pas beau. Avec des yeux comme des boutons de garde-chasse au bout de dix centimètres de fil et une langue comme qui dirait de l'écume de vinasse.

Le père Boudet retenait sa respiration. Le facteur écrasa le bout de son index sur un carnet posé près du paquet.

220

— C'est recommandé, répéta-t-il. Il faut signer là.

Berthe apporta un encrier et un porte-plume. Elle se recula pour s'appuyer au buffet et laissa glisser ses regards sur la nuque d'Auguste comme une caresse.

— Lécheur, murmura le père Boudet. Eh bien !

— Merde ! commenta Auguste.

Le père Boudet se gratta le crâne sous le chapeau. Il lui semblait que sa cervelle tourbillonnait. Avec ses doigts, il prit le bout de sa moustache et l'enfonça dans sa bouche comme une tétine. Il ne songea même pas à souhaiter le bonsoir au facteur. Il répétait : « Lécheur, eh ben ! » en hochant la tête, ses pupilles cernées d'un anneau délavé qui abêtissait le regard.

La Boiteuse commençait à se fondre dans l'ombre du buffet.

— Vous pouvez desservir, fit Elisa.

Auguste sursauta, fixa Elisa ; il eut un geste de menton vers le creux d'ombre, derrière lui.

— Dessers ! commanda-t-il.

Berthe se lança, cahotante, silencieuse. Pierre plia sa serviette.

— Et alors, dit Auguste à son père qui se tassait sur son siège, tu l'ouvres ce paquet ?

— C'est vrai, tiens, murmura le père Boudet ; j'oubliais.

Avec des « Lécheur, eh ben ! » qui gouttaient sur ses lèvres ainsi que de la salive, il défit les ficelles ; il s'attaquait patiemment à tous les nœuds.

Auguste s'était levé et se tenait debout, les mains enfoncées dans les poches de son pantalon, les épaules rondes. La pointe de ses yeux ne quittait pas les ongles de son père qui s'embarrassaient dans les boucles.

— Donne ça, dit-il.

Il lui prit le paquet des mains ; d'un coup de couteau, il fit sauter la ficelle, qui sonna comme une corde de violon. Auguste resta un instant immobile ; il portait sur

221

ses paumes ouvertes une corolle de papier brun épanouie.

— Qu'est-ce que c'est ? demanda le père Boudet.

Auguste se mit à ricaner ; il poussa le paquet déplié vers son père.

— Zyeute toi-même, dit-il.

— Eh bien ? interrogea le père Boudet.

Il tenait entre ses doigts une boîte oblongue. Cette boîte était peinte en noir, avec, sur la face supérieure, une croix blanche.

— Eh bien ? répéta le père Boudet.

— Un cercueil, jeta Auguste. On te prévient, quoi.

Le père Boudet s'abandonna à une espèce de glissade mentale ; sa pensée reprit son tourbillonnement de feuilles mortes autour de deux phrases qu'il psalmodiait, la nuque molle, la lippe humide, sans en saisir le sens : « Lécheur, eh bien !... Un cercueil ! Lécheur, eh bien !... Un cercueil !... » Elisa et Pierre se rapprochèrent de la boîte que le père Boudet tournait sous toutes ses faces ; à intervalles presque réguliers, reparaissait la croix blanche.

— T'es pas encore mort ! grogna Auguste.

— Il n'y a pas que M. Boudet de visé, commença Pierre.

Du plat de la main il avait lissé le papier d'emballage. Il lut l'adresse avec application.

— Monsieur Boudet, père et fils.

Il tendit le papier à Auguste.

— Ça vous regarde aussi, dit-il.

— Nom de Dieu ! cria Auguste.

Son visage eut brusquement la couleur et les frissons d'un champ d'herbe touché par le vent. Il arracha le papier, saisit le cercueil modèle réduit et le jeta sur la table. La face marquée de la croix sauta ; c'était un couvercle ; un petit bout de ficelle, lové à l'intérieur selon la spirale minutieuse d'un cordage de marine, se déroula sur la toile cirée.

— Une corde, constata Pierre d'une voix neutre.

— Lécheur, eh ben ! bredouilla Boudet.

Sa tête dansait avec les balancements sautillants d'un pompon au bout d'une tresse de laine. D'un pas, Berthe sortit de l'ombre grandissante. Ses bras étaient collés le long de son corps et ses larges prunelles s'attachaient à la nuque d'Auguste.

— Fous-moi le camp, hurla Auguste à Pierre. T'es pas de la maison ! C'est des affaires de famille. Fous le camp ! Au fumier, à l'étable, m'en fous, mais barre.

Ses épaules se gonflaient contre son cou.

— Vous avez raison, dit Pierre, ça ne me regarde pas.

— Moi non plus, souffla Elisa.

— Reste ici, toi, nom de Dieu ! Fous le camp, toi, répéta-t-il à Pierre, avec un dépliement rageur du bras dans la direction de la prairie.

Elisa s'accrocha au regard que lui lança Pierre.

Auguste attendit quelques instants, puis il se rapprocha de sa sœur et lui souffla sous le nez.

— Tu es contente, hein ? Tu as ce que tu voulais ?

Elisa secoua les épaules. La porte de communication entre la salle à manger et la cuisine était ouverte ; elle devinait la silhouette de « Cinq-et-trois-font-huit », nichée dans le noir de la pièce à côté, tendue, les yeux fixes, sans ciller, en train sans doute de lustrer son tablier de ses paumes. Sur le tendre écran de ciel que la fenêtre découpait au-dessus de l'évier, Elisa distingua une fleur que tendait le rosier. Auguste suivit la direction de son regard. Le rosier poussait sereinement sa rose au bout de la tige, que le crépuscule rendait plus fragile encore.

— Tout ce que ta mère a jamais été fichue de faire à la ferme.

Il rit.

— Planter des roses, jouer de la musique et lui faire porter des cornes.

Il désigna de la tête le père Boudet affalé sur sa

223

chaise. Elisa ferma les yeux avec force, puis les rouvrit. Devant elle, de l'autre côté de la table, les petits yeux gris la regardaient méchamment.

— Tu te fatigues inutilement, murmura-t-elle. Je sais ça depuis longtemps. Il n'est pas mon père et tu n'es pas mon frère, Dieu merci !

Les lèvres minces d'Auguste frémirent. Elisa continua, en tenant ses coudes serrés contre sa poitrine :

— Maman, qui me l'a dit. Nous ne sommes pas du même sang.

— Ça alors ! éclata Auguste.

Il se précipita sur son père, le prit par l'épaule, le secoua. Boudet oscillait comme un mannequin en bouts de chiffon.

— C'était vrai, t'as entendu ? C'est pas ta fille, hurla-t-il. C'était vrai ! Bon Dieu !

— Tu ne le savais pas ? demanda Elisa. C'est tout ce que tu voulais me dire ?

— Lécheur pendu, ben alors ! grommela le père Boudet.

Il continuait à se balancer.

Auguste montra le cercueil.

— Tu ferais mieux que ta mère, dit-il. Elle en a eu peut-être envie, mais toi, tu vas jusqu'à la menace.

Elisa chercha la rose sur l'assombrissement du ciel.

— A moins que ce soit l'un de tes deux maquereaux, continua Auguste. Plénard surtout. Le Meur, il se fout pas mal de toi.

Elisa serra un peu plus étroitement ses coudes contre sa poitrine.

— Marcel est au-dessus de ça, dit-elle. S'il avait quelque chose à dire, à toi ou à ton père, il se dérangerait et viendrait le dire en face. Ce qui arrive ce soir, c'est tout simplement de votre faute. Vous n'avez qu'à pas trafiquer honteusement avec les Boches. Les Boches, oui, je dis les Boches, ça te gêne ?

Son regard quitta le visage gris d'Auguste et s'échappa vers la prairie, où Pierre l'attendait avec Marcel.

— Ils sont au-dessus de ça, eux. Ils ne sont pas de ceux qui font de l'argent avec les Boches.

Auguste ouvrit la bouche. Elisa, sans bouger la tête, devina son geste ; elle le devança.

— Je te ferai remarquer que la robe que je porte est une que j'avais avant la guerre.

Elle en avait assez de cette discussion odieuse et inutile, et souhaitait être dehors au bord de l'eau, à bavarder avec Pierre et Marcel, les pieds dans la rivière... Dans le cadre de la fenêtre, la rose bougea.

— En tout cas, murmura-t-elle, nous n'y sommes pour rien, dans cette histoire de cercueil.

— Un cercueil, gémit le père Boudet.

— Voilà ce qui te guette, dit Auguste. La gigue au bout d'une ficelle, comme Lécheur. Les yeux à dix centimètres et la langue comme du mou de veau. Tout ça parce que tu es assez couenne pour aller jaspiner chez une femelle.

Le père Boudet fit un effort pour se sortir du ronron qui chantait, dans sa cervelle.

— Quand on te dit que c'est une femelle, tu réagis. Une traînée, tu entends, qui se fout de toi, croque tes sous et te dénonce aux terroristes. La preuve : le petit cadeau de ce soir. Si t'allais pas tous les soirs lui raconter ce que tu fricotes avec les Fritz, elle ne le saurait pas et le patelin non plus. Seulement voilà, elle te tient par où je pense. A ton âge, mince alors. Et faut que tu la voies, le soir encore, dans les buissons.

— Tu me faisais espionner par la Boiteuse ! La flanquerai à la porte !

— T'avise pas, menaça Auguste. Si elle surveille la bicoque, c'est que je le lui ai dit. Et elle quittera pas d'ici. Tant que j'y serai, nom de Dieu ! Comme, tant que j'y serai, la Germaine flanquera jamais les pieds à la ferme. Ça t'a pas suffi d'être cornard par la première ?

— C'est tout ce que tu me voulais ? demanda Elisa.

— La paix ! répondit Auguste. Attends là.

Il reprit, à l'adresse de son père :

— La Germaine, c'est un vrai bordel à elle toute seule.

Le père Boudet se déplia lentement, comme un mètre de charpentier.

— Fais attention à ce que tu dis et à qui tu le dis, fit-il.

— Je dis comme le curé : que la Gestapo, elle aurait pas dû la lâcher. Qu'il a bien fait, le type qui l'a dénoncée, et que la prochaine fois que je peux la pincer à n'importe quoi, radio, pernod, ou à dégoiser des couenneries, je la moucharde. Et pas au lieutenant, pas si bête ; t'irais le voir. Non. Directo à Fignes, directo à Saint-Cloud... Moi ici, moi vivant, la Germaine ne posera pas les pattes ici, t'entends ? Je peux te le jurer sur ta tête.

— La Germaine viendra ici comme patronne. Et bientôt encore. Je suis le maître.

— Jamais, jamais, cracha Auguste. Moi vivant, jamais ! Je la descendrai plutôt.

Le père Boudet paraissait immense. Il avait oublié le cercueil et le cadavre de Lécheur au bout de sa corde. Il étendit ses poings vers Auguste.

— Gare ! dit-il. Tu as déjà vu que la Germaine était capable de te flanquer une tournée. Gare à ça, maintenant ! Et si ça suffit pas, il y a le manche du fouet. C'est pas tes vingt-trois ans de bouse qui m'empêcheront.

Il pivota sur ses talons, sans hâte.

— Et maintenant, tu peux envoyer ta boiteuse. J'ai un rendez-vous avec la Germaine dans les sureaux. Et tu peux te rappeler. Elle sera la patronne ici, et tu lui obéiras, foi de Boudet. Et bientôt encore.

— Jamais, siffla Auguste.

— On verra, dit le père Boudet.

Il traversa la cuisine sans se retourner.

— Elisa ! appela Auguste.

— Il a raison, dit Elisa. C'est lui le maître. J'aime beaucoup la Germaine, moi.

Elle sentait Berthe, tout près d'elle, dans son dos, noyée dans l'obscurité qui envahissait la cuisine.

— Maintenant, il te faudra deux boiteuses, annonça Elisa. Je vais au bord de l'eau retrouver mes maquereaux.

Auguste s'aperçut alors que la nuit était tombée, ou presque. Il vit, à hauteur de son visage, flotter les calmes yeux de la Boiteuse. Il tendit la main, rencontra le corps mince enveloppé de lustrine. Il serra l'épaule.

— Va me chercher la serpette, murmura-t-il. Et au trot.

La Germaine

Madame Boudet. Ma-da-me Ger-mai-ne Bou-det. Ça sonne. Ça fait grosse fermière. Mais je garderai la *Paix,* en souvenir de Théo.

Je souffle :

— Je suis là.

Je sors des feuilles.

— Bonsoir, mon homme.

Il plaque ses deux puissantes mains tièdes sur mon dos ; il me presse contre lui. Mme Boudet.

— Regarde si la Boiteuse m'a suivi, qu'il murmure.

Je dis :

— Il n'y a rien. Et puis après ? Il sera prévenu, comme ça.

— Je lui ai dit...

— On s'assoit là, que je propose. Regarde nos deux fauteuils. On a marqué notre place.

— Non, dit-il. Marchons plutôt.

Le bosquet descend en biais jusqu'au chemin des bords de l'eau.

— On va rencontrer Elisa et ses deux petits copains.

— M'en fous, qu'il me répond.

Pas catholique. Je pose mes mains sur ses bras.

— Il y a quelque chose qui ne va pas que je fais. Qu'est-ce que c'est ?

Ses yeux se débinent.

— Qu'est-ce que c'est ? Dis-moi.

Je prends mon ton de gendarme. Avec lui, ça me réussit. Théo m'aurait retourné une baffe, cher Théo.

C'est une histoire de cercueil postal. Il est filandreux, mais je comprends.

Il l'a reçu ce soir. Ça l'a abruti.

— Il y avait une cordelette dedans. Une corde de pendu.

— Ça porte bonheur, que je dis.

— Lécheur, eh ben !...

Il se met à répéter : « Lécheur, eh ben !... » presque en bavant. Je le secoue.

— Et alors ? Tu n'es pas le seul. Tous les gros fermiers en ont reçu un. Entre nous, tu l'as pas volé. Je t'ai assez répété sur tous les tons que tu avais tort de faire du commerce avec les Bouffe-saucisses. Ces salauds-là, quand je pense...

Il caressait la poitrine de Théo. Quand je pense. Un Prussien.

Je demande encore :

— Et c'est tout ce qui te frappe ?

Il cherche dans sa mémoire.

— Je me suis pris de bec avec Auguste. Il ne veut pas que tu sois la patronne, et tu le seras, je suis le maître. Il a juré. « Jamais, jamais, qu'il gueulait, moi vivant, jamais. »

— C'est plus grave, que je murmure.

Pour moi, surtout, Mme Boudet deuxième. Il est capable de tout... Mais j'y pense soudain ! Je me mets à sourire, je secoue le vieux, je dis :

— Grande bête ! j'y pensais plus ; on est les plus forts. On le tient, ton pauvre miteux de lardon. Tu vas pouvoir te faire obéir. Et sans bavure, encore. Tu ne te rappelles pas, gros bêta ?

Je glousse, je lui pince la cuisse.

— Eh bien ! et ça ? que je dis. T'as qu'à lui flanquer la trouille.

Du doigt, je montre la grange à paille.

— Tu l'as, demanda Auguste. C'est bon. Donne. N'allume pas surtout. On verra bien assez clair.

Il saisit la serpette et poussa Berthe dans la cour. A côté de la porte de la cuisine, le feuillage du rosier, piqué de fleurs qu'on ne pouvait plus distinguer, dessinait à la poix, sur le mur sombre, un gros serpent qui se tortillait le long de la porte et enroulait ses anneaux autour de la fenêtre de la cuisine.

— On le dégoterait rien qu'à l'odeur, ricana Auguste. Ecarte-toi.

Le bois gémit sous le coup de serpette. La plante grimpa, en se tordant, le long de la porte et s'enroula autour de la fenêtre. A chaque morsure du fer, les roses frissonnaient et les feuilles bruissaient comme en plein vent. Auguste frappait à larges élans du bras. Il était à moitié accroupi et mâchait le tronc à dix centimètres au-dessus du sol, à l'endroit où il semblait un paquet de cordes étirées, avec des nœuds.

L'arbuste ne s'arrêtait plus de trembler.

— Han ! grognait Auguste entre les coups de serpette. La mère, la fille... Han ! Et l'autre. Les femelles. Han ! Des roses...

Il s'arrêta, se redressa, la main sur les reins.

Le parfum restait immobile, présent, avec la force d'une personne debout dans la nuit. Il ouvrait les bras, enveloppait, se pressait contre les poitrines, contre les lèvres, poussait des doigts dans les chevelures, insistant, insensible aux blessures.

Auguste s'accroupit.

— Aide-moi, dit-il à la Boiteuse. Va chercher les grands ciseaux.

La Boiteuse tangua vers la cuisine et ressortit presque aussitôt.

— Han ! fit Auguste.

Le rosier recommença ses tremblements de petit vieux. Sautant d'une patte sur l'autre, ses yeux fixes remplis de sourire, Berthe se mit à cisailler les roses.

Pierre

Je gis sur la prairie, les membres en rayons de roue. Je prête l'oreille aux éclats de voix. A chaque cri d'Auguste, mes mollets sont parcourus d'une légère crampe ; comme si mes jambes n'attendaient pas un ordre de mon cerveau pour fonctionner et me porter au secours d'Elisa.

— Je n'ai pas été longue, murmure-t-elle.

Je m'assois. Elisa me domine de toute sa taille ; tour d'ivoire crénelée d'une natte de cheveux noirs.

— Marcel n'est pas encore là ?

— Non, dis-je ; pas vu.

Nous descendons vers la Vélize.

— Alors ?

— Rien, répond-elle. Une brute. Des brutes.

Elle doit chercher dans l'ombre la chevelure d'or. Il est beau, lui.

— S'il n'est pas là dans cinq minutes, c'est qu'il

viendra par la route, dit-elle. Il aura été mis en retard par quelque chose.

Je suggère :

— Un devoir à faire ? Le bac est proche.

— Hum ! fait-elle.

Elle tourne son sourire vers moi. Il sera collé, peu lui importe. Elle est instruite, pourtant, elle a son brevet. Et qu'importe après tout ? Ils auront un garage, vivront heureux, auront beaucoup d'enfants.

Et moi, avec mes livres, aurai-je vécu ? Je commence seulement. Je montre une bande de rivière, coupée dans le sens de la largeur. Des touffes d'algues affleurent et se couchent à plat sur l'eau. Chevelures noyées. Je demande :

— C'est un ancien gué, ici ?

Elle fit signe que oui.

— Remontons, dit-elle.

J'attendais Elisa, elle attend Marcel. Moi, moi, bachelier, licencié, ai-je vécu ? Est-ce que je vis ? Elle attend Marcel. Dans l'ombre des murs de la ferme, elle pose brusquement sa main sur mon bras.

— Ecoutez !

Elle retient son haleine. J'entends un gémissement de fibres, une plainte de bois meurtri, d'arbre assassiné ; sur ce sanglot végétal, deux autres motifs s'enlacent : un acharnement d'homme qui s'efforce — han ! han ! — et un cliquetis de ciseaux qui dansent.

Elle gémit :

— Mon Dieu ! Maman !...

Elle appelle. Elle me tire par la manche ; nous bondissons dans la cour. Je vois Auguste à croupetons ; il fignole de petits coups de serpe. Il se relève.

— Arrête, crie Elisa. Auguste ! Pierre !

Je saute dans le noir. Elle m'a appelé. Elle s'accroche à la brute, de ses deux bras. Je distingue mal. Mes yeux d'intellectuel fatigués de lire !

— Maman ! pleure-t-elle.

— Tire, Berthe ! Ça vient, hurle-t-il.

Han ! Avec un soupir, le rosier se décolle du mur ; il s'affaisse, il griffe le crépi. Des feuilles et des pétales passent sur mon visage. Aussi sur celui d'Elisa. Le parfum s'élève en un tourbillon violent ; c'est un adieu.

— Attention ! me crie Elisa.

Je sens soudain ma mâchoire chauffer ; une floraison subite de roses pourpres. Mes jambes s'emmêlent. Un obstacle. Je trébuche, je tends les bras. Quelle danse grotesque j'exécute dans la nuit !

Elisa arracha les ciseaux des mains de Berthe et les lança à la volée, derrière elle. La Boiteuse la mordit au poignet, en silence, et, sur ses pantoufles de feutre, fermant à demi les yeux pour se cacher, comme font les chouettes, elle se glissa vers le nœud de corps soufflants que Pierre et Auguste tressaient sur le cadavre du rosier. Les yeux brouillés de larmes, Elisa ne voyait plus rien que des roses mourir et des poings noirs qui s'ouvraient. Elle entendait seulement, sur le craquement des branches, l'haleine pressée de Pierre que meurtrissaient les poings d'Auguste.

— Recule-toi, Elisa !

Une forme bondissante crêtée d'une flamme d'or gris. Le nœud de corps éclate, se dénoue, saute. La Boiteuse s'affale, pareille à un tablier vide, près de la fenêtre de la cuisine. Pierre se relève, les mains aux lèvres, et, sur le sol, Marcel, les coudes pliés, martèle le visage d'Auguste avec ses poings.

« Non plus ange Gabriel, songe Elisa, mais saint Michel-Archange terrassant le dragon ! »

Auguste grogne et se tord et se tourne et joue des pieds comme le poisson sur le sol joue de la queue et fouette la poussière. Marcel, auréolé de blondeur, écrase, et cogne, et cingle, et appuie les os de ses doigts sur le nez qui souffle des bulles avec un bruit de boue battue. Le dragon ne bouge plus ; il pousse des soupirs coupés de oh-oh-oh ! d'enfant geignard. Marcel se redresse. Elisa s'attend à le voir poser un pied étincelant sur la poitrine d'Auguste.

— Et Pierre ? dit-il.

— Ça va, répond Pierre. J'ai des lèvres de négresse à plateaux, c'est tout.

— La leçon n'est pas terminée, dit Marcel.

Il se courba sur Auguste, le ramassa comme un ballot de linge dénoué.

Ils descendirent la prairie, en procession.

— Ça va le réveiller, murmura Marcel. Il n'y a rien de tel pour les ecchymoses.

Pierre se massait la bouche avec son mouchoir. Derrière, Berthe suivait, ses grands yeux immobiles allumés comme des fanaux.

— Ce n'est pas profond, dit Marcel.

Berthe s'arrêta au milieu de la prairie. Marcel balança sa charge, un, deux, trois ; les membres d'Auguste oscillaient mollement.

— Hop !

Une gifle énorme fit sauter la Vélize en gerbes pâles. Presque aussitôt, le buste d'Auguste apparut.

— Ça va mieux ? demanda Marcel ; puis les trois jeunes gens s'enfoncèrent dans les saules.

Auguste, avec un bruit de baleine qui s'échoue, grimpa sur la berge. Ses vêtements flaquaient ; ses chaussures gargouillaient en claquant des bulles comme font les museaux de carpe. Berthe se dressa sur le tapis d'herbe.

— Fous-moi la paix, gronda Auguste. Demain, tu me prépareras mon costume de ville.

Il s'ébroua.

Denise Véchard

Je pose mon balai. La glace me renvoie mon sourire.
Mon regard en coin. «Tu fais ton regard en coin», qu'il
me disait, ç'aguichait les clients.

Je retrousse mes lèvres, je me tire les paupières, je me
remonte les joues à pleines mains. C'est comme ça qu'on
fait à Hollywode. Je l'ai lu sur un *Marie-Claire* d'avant-
guerre. De bas en haut, ça raffermit les joues. Je donne
du flou à ma coiffure ; un petit coup de main flatteur.
Ça me change, d'être blonde et ça plaît à Walter. Pour
l'instant, c'est le principal. On verra à changer la
couleur si les Américains n'aiment pas ce blond-là.
Depuis la mort du patron, j'en suis plus à un change-
ment près. C'est marrant : les souris grises ne sont pas
fardées et les Boches aiment les poules fardées. Walter
veut que je mette du noir aux yeux. Tout le contraire de
Phonse ; il voulait pas que je fasse grue ; ça donnait
mauvais genre à l'établissement. «L'hôtellerie du Château, c'est pas l'Aéro-Club», qu'il me disait comme ça...

Je traverse le hall. Je manque jamais de faire un pied
de nez à Hitler, chaque fois qu'il y a personne, ça doit
faire plaisir au Phonse. Il piquait une crise de folie
furieuse dès qu'on prononçait seulement le nom du
Führer-Chancelier, comme dit Varèmes. En me foutant
de la gueule de Hitler, je me montre fidèle.

Gaston grimpe les marches du perron. Je fronce les sourcils. Il marche en biais comme un crabe. Il se faufile, il fait gaffe. Je me cache derrière le rideau. Il me dépasse, il m'a pas vue. Il remonte vers le fond du hall. Il avance sur la pointe des pieds, son cou tendu vers l'avant.

— Hou ! le vilain curieux !

Je me tiens à quatre pour pas lui crier dans le dos et le faire sauter comme avec un pétard dans les talons. La binette qu'il ferait. Flagrant délit. Toujours sur les orteils, il s'engage dans le couloir. Il va vers le bureau du lieutenant. M'en fous après tout. J'ai un rancard.

Devant la porte du hall, Taille-de-Guêpe remue sur son bidon ses pattes de crapaud. Ça barde. A côté de lui, un grand type carré, le chapeau bas. C'est le père Boudet. Je file par la grille. *Terrain militaire.* Et je prends le chemin de la Vélize.

J'ai un quart d'heure d'avance. J'aurai le temps de préparer la couchette. En somme, c'est un sentimental. Il adore, qu'il me dit, faire l'amour dans le foin. Après, il chantonne *Couchés dans le foin.* Avec son accent de chez lui, c'est rigolo. Avec le « zoleil bour démoin ». Il faut reconnaître que c'est plus pratique qu'au château, là-bas il y a les camarades de Walter à toujours réclamer leur tour. Mais ç'a des désagréments. Il faut passer toute la soirée rien que pour démêler les boucles, enlever les brins de paille dans les cheveux.

Je souris. Je fais sauter ma croix gammée sur ma poitrine. Il m'a promis de rester en France après la guerre. Phonse ne reviendra plus.

Quelle haleine chaude la grange me souffle dans la figure ! Une haleine de four. Le soleil a tapé dur toute la journée. Le gerbier craque doucement dans l'ombre, c'est tiède. Comme si c'était vivant. Je pousse des jambes un bourrelet de paille vers le mur : le traversin. Et là, le creux.

Un bruit de voiture qui se rapproche. Je saute sur le sol. Des voix descendent le chemin de terre. Elles vont vite. Elles viennent. Je me faufile comme une souris derrière les ballots de paille carrés. Je m'assois sur les talons, j'ai les bras autour des genoux.

Denise Véchard

— Tout, je te dis, jusqu'à la quantité : cinq cents litres.

— Nom de Dieu ! fit Auguste.

Il restait planté sur la terre battue, les bras ballants.

— Ça marchait pourtant bien, cette histoire ! murmura-t-il.

Il jeta un coup d'œil sur la muraille de paille comprimée ; il avait, derrière, patiemment amassé une petite fortune.

— On aurait dû la vendre au fur et à mesure, je te l'avais bien dit, commença Gaston.

— On aurait dû, on aurait dû... c'est plus le moment de parler avec des « on aurait dû » ; c'est trop tard.

— Qu'est-ce que tu crois qu'ils vont nous faire ?

Auguste ricana.

— Tu ne devines pas ? Tu manques d'imagination.

Il pivota sur ses talons, en faisant le geste d'épauler un fusil :

— Rrrran, fit-il. Douze balles dans la peau.

— Tu crois ? demanda Gaston.

— Secoue-toi, bon Dieu ; c'est pas le moment de tourner de l'œil comme une gonzesse.

Il s'imagina un instant avec, sur les bras, un Gaston en loque. Il ne savait pas conduire. Il jura.

— Ils vont rappliquer ici en vitesse, dit-il.

— On avait pourtant pris des précautions, pleurnicha Gaston.

— La preuve que non, grogna Auguste. On a été

repéré. Il y a que la Boiteuse qui savait. Mais ça, je suis tranquille... Non : on nous a suivis. Si seulement je savais qui. Parce que c'est pas le père, faut pas croire. C'est pas lui qui a trouvé tout seul. On le lui a dit, c'est tout. Et on lui a dit d'aller nous dénoncer. Il nous aurait plutôt demandé de partager les bénefs.

— Alors, tout cet argent, c'est perdu ?

— On va toujours charger la bagnole, filer à l'Aéro-Club. On vendra à Kopf tout ce qu'on aura pu déménager.

— Il va se méfier ?

— On verra bien. Faut faire vite.

Auguste et Gaston plongèrent dans la nuit.

— N'allume pas, bon Dieu !

— On voit rien.

— Ce que tu tiens comme couche. Je me demande pourquoi t'illumines pas la guimbarde ! On nous verra du château. Si c'est ça que tu cherches !

Les puddings de paille crissèrent les uns sur les autres. Les ongles d'Auguste grincèrent sur le métal des bidons.

— Encore deux, trois ballots, souffla-t-il.

Il devina l'échafaudage des dix bidons dans le garage de paille. Tout cet argent perdu... Il serra les poings. Bon Dieu ! son père paierait. Un jour ou l'autre.

— Dépêchons-nous, dit Gaston.

— Le temps qu'ils s'amènent à pied... ça ira, trois ?

— Quatre. Avec un sur la banquette de derrière.

Les bidons clapotèrent doucement — avec un bruit de mer étale coincée sous des pilotis.

— Et le reste ? Ils vont le trouver.

Auguste se mit à rire.

— Tu vas voir, dit-il.

Je me suis faite toute petite. J'ai reconnu les voix. Mais je cherche pas à bien entendre. J'ai trop peur.

Tout le monde sait que je couche avec l'interprète, dans la paille du père Boudet ; mais ce n'est pas une raison pour me faire pincer en flagrant délit. Je viens de voir quelque chose qu'il fallait pas voir. Ils me pardonneraient pas. Walter a certainement vu la bagnole. Il attendra qu'elle s'en aille.

Je sens ma muraille de paille qui bouge ; on la remue. Je me tasse dans mon coin ; je serre mes genoux contre mon menton. Un ballot de paille qui glisse à côté de moi ! J'aurai drôlement besoin de Walter pour sortir de là. Me voilà prisonnière.

Les voix s'éloignent. Elles emportent quelque chose. Ça fait un bruit de métal qu'on traîne, puis qu'on roule. Qu'est-ce qu'ils déménagent ? Pourvu que ça ne soit pas la paille. Je suis réduite, dans mon coin, à la grosseur d'un tom-pouce. C'est marrant. Walter doit se faire des cheveux.

— Six qu'on laisse.

— Tu vas voir, tu peux t'apprêter à faire vinaigre.

C'est la voix d'Auguste. Ils n'ont pas bientôt fini leur bizeness que je retrouve mon Walter chéri ? Une odeur bizarre... Qu'ils se dépêchent de dégager la piste, je commence à avoir chaud ; un crépitement de paille qu'on piétine ; ça se faufile jusqu'à mon trou. J'ai chaud. La voiture s'en va. Ils ont allumé la lampe. Ils ont laissé la lampe allumée. Défense passive. Quelle clarté.... Ils sont fous. Ah ! je crie : « Walter ! » Je m'arc-boute, je pousse des épaules, des reins, de la tête, de toutes mes forces. Mes ongles dans la paille, sur le fil de fer. Je peux pas, peux pas, j'ai chaud, chaud, la paille rouge ; le soleil saute jusqu'au toit de la grange ! Phonse ! j'arrache ma croix gammée, j'arrache ! Arrête ! Phonse !

Phonse ! Phonse ! Chaud ! éclatant. Baiser rouge ! Ce bras autour de ma poitrine, entre mes jambes ! Phonse ! Ah ! mes cheveux.

Siegfrid Bachmann

Ach ! comme c'est désagréable. Ces Français ne connaissent pas la discipline. Il a pris la voiture sans me demander la permission, sans la demander non plus au sous-officier de garde.

— Sheise, dis-je. Pas de voiture !

Il me montre ses grosses godasses cabossées. Il parle. Pas compris. Il pointe de nouveau son index vers ses chaussures, esquisse la marche sur place, comme pour les chœurs d'opéra : « Marchons ! Marchons ! » J'en pourrais citer dix, des opéras, où le chœur reste immobile, tout en hurlant sa volonté de marcher ou de courir. Des Italiens, surtout. Ces Italiens ! c'est bien d'eux.

— A pied, dit-il.

A pied ? A pied ! Tout ça pour de l'essence. Je hausse les épaules. La voiture n'est pas là. Il n'y a qu'à l'attendre.

— Demain.

Il secoue la tête. Il ne veut pas demain. Il ramène les poings à hauteur de sa poitrine, fait semblant de prendre un départ de course. S'il croit que je vais courir pour cinq cents litres d'essence. En pleine nuit... Ces Français...

— Courir ? nuit, fais-je.

Avec un peu de pratique, j'arriverais à parler comme il faut. Ce n'est pas si difficile que cela, le français. Ce n'est pas une langue scientifique comme la nôtre.

Il gesticule. Il faut tout de même que j'y aille.

— Oui, dis-je.

Il soupire, il est content. Pas moi. Ma tranquillité est morte. Je suis obligé de faire à pied, moi ! un chemin invraisemblable, alors que j'ai une voiture et un chauffeur à ma disposition. Demain, il faudra que j'établisse deux comptes rendus : un pour Hanover, c'est son essence ; un autre pour la Kommandantur de Fignes. On sait quand on commence dans la paperasse militaire, mais jamais quand on finit. Je crois que, sur ce point, toutes les armées du monde se ressemblent.

Que me demandent-ils ? Que je fusille pas son fils ? Que je lui fasse seulement peur ? On verra. Ça m'est égal, après tout, qu'il soit fusillé ou non.

Il est vrai que sa farine blanche et son cochon valent la peine que je fasse une promesse. Fignes décidera.

— Oui, dis-je.

Surtout son cochon. Il est bien plus appréciable que de l'essence pour moteur d'avion.

Ils arrivaient à la hauteur de la luzernière, lorsqu'une fleur de soleil s'épanouit brusquement sur leur gauche. Au ras du sol, d'abord, là-bas, de l'autre côté de la ferme dans la prairie, près de la Vélize ; puis la fleur sauta, poussa de soudains pétales étincelants, bondit en un panache au cœur blanc. Le crépitement arriva tout de suite sur eux.

— Nom de Dieu de nom de Dieu ! souffla le père Boudet.

Il jaillit sur ses mollets comme sur des ressorts, sauta le fossé, et disparut dans la luzernière à grandes enjambées. Bachmann se mit à trotter, disparut dans le fossé, sauta, se reçut sur les genoux, rebondit, se retrouva sur ses pieds, et descendit vers la haie de sureaux en bondissant dans la luzerne comme un ballon en baudruche.

Le gerbier ronflait avec les tressaillements d'un ani-

241

mal agité de cauchemars. Il se léchait à grands coups de langues rouges et jaunes qui sifflaient en sinuant jusqu'au ciel. La nuit se posait sur la grange, pareille à un cul de marmite sur un brasier. Le toit s'ouvrit comme une gousse, il cracha en l'air des graines de feu, balança un instant, se gonfla et s'écrasa sur le gerbier. Une éclatée de jonquilles rugissantes s'écarta en éventail, à la façon d'un bouquet qui se défait.

— Ma grange ! dit le père Boudet.

Dans ses prunelles clouées, le feu allumait une danse trépignante. La haie de sureaux et le mur de la ferme, la bourre des saules le long de la rivière dansaient, rougeoyants, sur le rythme que leur imposait l'incendie.

Pierre toucha le coude du père Boudet.

— Rien à faire ? demanda-t-il.

La lumière fendait son visage par le milieu. La tranche éclairée interrogeait de l'œil le reflet du brasier dans le regard du fermier. Le père Boudet ne répondit pas.

— Ça cuit la peau, dit Elisa.

Elle se rapprocha de Pierre, en se passant la langue sur les lèvres. Il lui semblait que la couleur de ses joues craquelait comme un vernis et s'écaillait. Ses yeux, séchés de leur eau, piquaient.

— Ma grange ! murmurait Boudet.

Il revoyait les murs de brique s'élevant au-dessus de la prairie, peu à peu. Forestier n'avait mis que quinze jours pour la construire. On avait planté une branche de genièvre au sommet du toit de tuiles. A présent, le toit était crevé, à plat sur le sol. Sur ces flammes, se dessinaient encore, en lignes de suie, deux ou trois poutrelles de fer. Encore des frais.

Dans tous les yeux, même dans les deux perles minuscules de l'Allemand, une miniature de panache sang et or se déhanchait sur place. Le lieutenant Bachmann fixa sur le regard du père Boudet ses deux

242

petites gouttes bleues qu'il força un instant à surnager entre ses paupières. Les prunelles du père Boudet se dérobèrent ; elles dérapèrent sur le côté, comme des billes sur un terrain gras ; par un ploiement de la nuque, le vieux interposa le bord de son chapeau entre le regard du lieutenant et le sien. L'Allemand aspira un peu d'air avec un bruit de clapet ; il pointa son index vers le ventre roux du gerbier, plissa sa bouche en arrière-train de gallinacé, s'efforça, avec une contraction réflexe des muscles abdominaux.

— Benzine ? demanda-t-il.

— Reculez-vous tous ! hurla le père Boudet.

La question posée par Taille-de-Guêpe venait de faire surgir en sa mémoire l'image de cylindres de tôle cachés dans un creux de paille. Il fit quelques pas en arrière, les bras en croix.

— Reculez, répéta-t-il.

Pierre, Elisa, le lieutenant Bachmann et le père Pluret, qui venait d'arriver, s'écartèrent de la grange, les yeux allumés fixant toujours, aimantés, le cœur d'or saignant de l'incendie.

On entendit des pas claquer. Des gens du village accouraient. Elisa se tourna du côté de Jumainville. Derrière la haie de sureaux éclairée par des feux de Bengale, les premières maisons de la rue Semeur, au bout de la luzernière, là-bas, semblaient blessées par un soleil couchant.

Le gerbier gronda, puis hoqueta. Le crépitement faiblit, et brusquement, avec l'éclatement d'un coup de poing géant crevant la toile d'un énorme tambour, la flamme se cabra, comme un cheval, les reins souples, fuyants, la crinière noire. Le cheval tordit son encolure en arrière ; sa crinière de suie retomba en boules ventrues qui s'écrasaient les unes sur les autres. Un autre coup de poing sonore, un autre. La carcasse du toit se trémoussa sur le sol.

— Ecartez-vous ! répétait le père Boudet, les bras toujours étendus.

« Tant d'argent en fumée », songeait-il. Où était Auguste ? Parti avec l'auto et le chauffeur. Où ? Se faire pendre ailleurs. Cinq cents litres, sa grange, sa paille... En fumée.

Ils remontaient tous vers la ferme, à reculons, tâtant inconsciemment du talon la pente de la prairie. Elisa léchait ses lèvres. La Boiteuse passa à côté d'elle ; elle courait vers le bas de la prairie. Pierre l'attrapa par un coude, à la volée.

— Où allez-vous ? lui demanda-t-il.

Elle ne répondit pas, baissa la tête et remua les épaules, pour essayer de se dégager.

— Auguste ! souffla-t-elle.

Elle tira sur son coude, retroussa les lèvres, comme pour mordre.

— Il est parti, annonça le père Boudet.

Pierre sentit le bras de la Boiteuse mollir entre ses doigts. Elle releva la tête, regarda les flammes et se mit à frotter ses mains contre son tablier noir.

Le paysage ne vivait plus que fouetté par de brefs éclairs pourpre sombre, couleur de pivoine fanée.

— Ça flambe, dit Pluret.

— Benzine, conclut le lieutenant Bachmann.

Il sifflota mentalement les premières mesures de la chevauchée des Walkyries. Wagnérien, ce spectacle, cavalcades de flammes, tonnerres, écroulements... Il n'avait plus besoin de chercher Auguste, le flagrant délit n'existait plus ; plus besoin de faire ses rapports. Il arrangerait cela sur le papier. Il soupira, soulagé, ferma les yeux.

La voix de Walter Printz le fit tressauter. Les yeux bleus resurgirent comme des yeux d'escargot. Que faisait l'interprète ici ? Il appelait quelqu'un.

— Tenise Féchard ! Tenise Féchard !...

— Ce n'était que la grange, dit Elisa. Tant mieux.
J'ai eu peur.

— La grange à paille ? demanda Marcel.

— Oui, répondit Elisa.

Ils reprirent leur marche le long de la rivière.

— Qu'est-ce que tu as fait, jusqu'à ce soir ? interrogea Pierre.

— J'ai quitté le collège avant midi. J'ai emprunté un
vélo à un camarade qui n'était pas compromis et je me
suis défilé. Le vélo est sous le pont de l'Aspirant. Tu
penseras à aller le prendre. On viendra le rechercher.
C'est Durel, ajouta Marcel à l'adresse d'Elisa.

Elisa remua la tête, dans l'ombre.

— Tu n'as rien pris depuis ce matin ? demanda-t-elle.

— Non, fit Marcel. La police est arrivée avant le
réfectoire.

— Tu aurais dû nous le dire. J'aurais été te chercher
un morceau de pain.

— Je mangerai mieux tout à l'heure.

— Qu'est-ce que tu vas faire ? dit Pierre.

Marcel prit le bras de Pierre.

— Ton avis ? fit-il. Je ne peux pas retourner chez
moi. Tu as vu le fils Pluret, ce que ç'a fait.

— Lécheur est mort, dit Elisa.

— Ce n'est pas prudent tout de même, rétorqua
Pierre. Le premier endroit visité par la police sera la
maison de tes parents. Et ton père a déjà eu affaire à la
Gestapo. Une fois suffit avec ces cocos-là.

— Je vais aller me réfugier chez M. Tattignies. On
n'aura pas l'idée de me chercher là.

— Je l'espère, fit Elisa.

— Et c'est un très chic type, continua Marcel. Je resterai là en attendant.

— En attendant quoi ? interrogea Elisa.

245

— En attendant, répéta Marcel.

— Une occasion, dit Pierre. Ou quelque chose. Comme moi.

Ils marchaient vite sans s'attarder comme les autres soirs, à tirer les branches des saules ou à écarter les roseaux.

— Ton père est prévenu ? fit Pierre.

— Non. Vous êtes les deux premières personnes du pays à être au courant. Je vous ai guettés tout l'après-midi et je n'ai pu vous siffler que tout à l'heure, juste avant l'incendie.

— Il faut le prévenir ? demanda Pierre.

— Lui, oui. Pas maman. Il vaut mieux qu'elle me croie arrêté.

— Tu es cruel, murmura Elisa.

— C'est plus sûr, dit Marcel. Elle m'aime trop, elle accumulerait les gaffes. Elle serait à la fois trop inquiète et trop heureuse. Ça se verrait à n'importe lequel de ses gestes, au moindre de ses regards. Elle ne saurait pas mentir, ni jouer la comédie.

— De son temps, fit Pierre, tout ça n'était pas nécessaire pour vivre.

— La nuit est bien noire, murmura Elisa. C'est une chance.

— Tu as eu de la veine de passer au travers, dit Pierre.

Marcel se mit à rire.

— J'étais aux cabinets en train de fumer. Tu vois que ça sert, d'être mauvais élève. J'ai entendu des coups de sifflet, des bottes, des ordres en allemand et j'ai vu les Boches cerner les grandes classes, avec des types en civil. Ils ont dégoté le siège central des Teutonovores, dans le placard d'escrime. Toutes nos cartes, tous nos tracts, tout quoi, jusqu'à nos listes. Ce pauvre Grangeon !... Quand je les ai vus se diriger vers les salles de gym, j'ai compris. Et ce n'est pas Bertie qui nous a vendus, j'en suis sûr. Il ne se doutait de rien, depuis qu'on avait quitté le dortoir. Il est surtout payé pour surveiller les profs...

Elisa s'arrêta, saisit la main de Marcel. Elle venait de comprendre soudain :

— Mon Dieu ! fit-elle. Heureusement qu'il n'est pas mon frère.

20

Ce soir, Juine aîné est le seul à être monté sur une bicyclette : le petit groupe d'hommes qu'il accompagne marche à grands pas au milieu de la chaussée avec l'allure décidée et organisée d'une délégation. Ils se tiennent tous les coudes et marchent à peu près au pas, sans faire trop de bruit. Ils ont au pied des espadrilles à semelles de paille... Seul, un grand gaillard coiffé d'une casquette molle comme un béret s'amuse à avancer par bonds successifs dans le fossé.

Juine roule lentement. Il donne à peine un coup de pédale de temps à autre pour entretenir une vitesse sensiblement égale à celle de la marche des autres.

Les hommes parlent.

— On ne craint rien par là ? demanda l'un du groupe. Son visage était barré par une moustache.

— Pensez-vous, dit Juine. Rien du tout. A cette heure-ci, tout le monde est au dodo, même les cognes. Et d'abord, ils me connaissent, nous sommes copains. Ils diraient rien, pourvu qu'on ne fasse pas de désordre.

L'homme à la casquette molle se mit à rire. Il sauta sur la route et se rapprocha du groupe. Sa chemise largement échancrée était mouchetée de bouquets de fleurs en quinconce qui évoquaient un papier peint pour chambre de bonne. Son pantalon était serré par une lanière cisaillée dans une cotte de mailles, pensait-on : c'était un ceinturon militaire clouté de pièces de vingt-cinq centimes.

— Du désordre ! dit-il.

Il s'esclaffa.

— Parfaitement, rétorqua l'autre sèchement. Nous n'y allons pas pour ça. Je t'ai prévenu.

L'homme à la casquette continua de rire, enfonça ses mains dans ses poches et retourna au fossé.

— Tu ne peux pas te mettre avec les autres ? demanda la moustache. Tu fais du bruit dans ton fossé.

— Puisqu'il n'y a rien à craindre, qu'a dit Juine.

— Ce n'est tout de même pas une raison pour faire du barouf à plaisir. Viens.

Il revint sur la route, se mit inconsciemment au pas des autres. Juine pédalait doucement, une main sur la cuisse qui montait, puis descendait lentement comme le cheval d'un manège tournant au ralenti. Il sentait avec volupté le mol écrasement du pneu sur le macadam.

— Du désordre ! reprit le garçon à la ceinture d'écailles. J'ai pourtant mes affaires à régler.

L'homme à la moustache stoppa net. Les camarades se cognèrent les uns dans les autres.

— Feu rouge ! réclama une voix.

Juine continua de rouler en zigzaguant sur la route pour les attendre. L'homme à la casquette se laissait secouer par l'autre, les reins mous.

— C'est la dernière observation, gronda la moustache.

Il ajouta qu'à la première incartade il ferait ce que depuis longtemps il avait envie de faire. Il ne précisa pas, mais le gars à la casquette ricana et mit ses mains dans ses poches. Les autres se tenaient immobiles et silencieux sur la route. Juine posa enfin un pied à terre.

— J'ai pourtant bien réglé l'affaire du premier. Au suivant de ces messieurs.

— Tu n'as pas de quoi te vanter.

— J'ai rien fait que descendre de temps en temps au patelin.

— C'est pas à toi de faire la justice. Elle viendra. Si tu nous avais fait repérer, tu serais en ce moment en train de t'expliquer avec ton pâtissier, de l'autre côté de la barrière. Compris ?

Ils se remirent à suivre la route.

Arrivés à la Croix-Basse, ils s'arrêtèrent. La nuit devenait plus claire, à la façon d'un vin qu'on coupe, petit à petit, d'un filet d'eau. « On aurait dû partir plus tôt », songea Juine. Jumainville dormait dans sa cuvette.

Il y a quelque chose de changé, pensa l'homme à la casquette. Le paysage était bien « Jumainville, vue générale prise de la route de Fignes », et ce n'était pas ça non plus. Un détail, sans doute. Le château, le clocher, le village, la Vélize, le pont : pareil. Il se passait ce qui se passe lorsqu'une femme vous regarde en souriant, elle dit : « Regarde-moi bien, chéri. » On l'examine, c'est elle, et elle est différente. On cherche, sans trouver. Et elle vous annonce qu'elle rentre de chez le coiffeur ou qu'elle a modifié son rouge à lèvres.

— Il y a quelque chose de changé, dit-il.

— La grange à paille de Boudet a brûlé, fit Juine. Il y a quatre, cinq jours.

— Voilà, dit la casquette.

— Il paraît qu'il y avait cinq cents litres d'essence dans la paille. Le vieux aura tout fait brûler pour ne pas être chipé.

— Mince ! fit la casquette. Si on avait su.

Juine proposa d'aller reconnaître les lieux : il descendrait la côte à bicyclette, pousserait jusqu'à la ferme. Si tout allait bien, il imiterait le cri de la chouette, comme dans les romans. Quant à eux, ils n'avaient qu'à couper à travers les taillis, il existait un chemin qui piquait de la Croix-Basse sur la Vélize ; ils attendraient le cri de la chouette à quelques centaines de mètres de la ferme.

Juine, heureux de retrouver ses ailes, s'envola dans la descente. Il passa le pont en flèche, freina pour s'arrêter devant la ferme. Le frein couina désagréablement.

— Bon Dieu ! fit Juine.

Il en fut fâché et vexé comme d'une révolte de son organisme même, comme d'un tremblement ou d'un fou rire qu'on ne peut maîtriser. Il camoufla sa bicyclette dans le fossé, au pied du mur de l'étable. La ferme était accroupie dans l'odeur de ses sureaux. La nuit était bien claire, tout de même. Du grand portail — qui s'ouvrit tout seul — Juine pouvait distinguer sur la façade principale une tache pâle qui montait du sol jusqu'au bout de la porte de la cuisine et obliquait pour tourner autour de la fenêtre. Il n'y avait pas de chien. Les deux bonnes couchaient au-dessus de l'étable. Elisa et le jeune étudiant se promenaient ensemble très tard dans la soirée, depuis l'arrestation du fils Plénard. Auguste était parti en voyage, le soir de l'incendie. Il restait le père Boudet. Heureusement. Juine regarda vers les fenêtres dominant l'étable. Tout était calme. Il traversa la cour en droite ligne, ouvrit la porte de la cuisine ; il colla son oreille à la porte qui donnait sur la salle à manger. On remuait, on touchait les meubles. Le père Boudet était là, seul.

Juine sortit dans la cour et imita le cri de la chouette.

La nuit poissait la salle à manger d'encre et de suie. Le père Boudet trébucha sur le paillasson, avança à tâtons, les bouts de doigts frémissant tout à l'avant du corps comme des antennes. « Le buffet », songea-t-il et il posa la main sur le cercueil. Il sursauta comme s'il l'avait posée sur un rond de poêle brûlant.

252

— Bon Dieu! fit-il à voix haute pour se sentir moins seul.

Il s'essuya la main sur sa fesse de pantalon. Lécheur était mort; il était tassé dans une boîte semblable à celle-là en plus grand, grandeur nature. Le père Boudet prit le joujou; il passa son doigt sur les arêtes, de la façon à la fois légère et appuyée dont il éprouvait le fil de sa faux: il suivait le dessin des côtés, du fond, du couvercle. Lécheur s'était pendu; dans la boîte qu'il caressait, le père Boudet savait qu'était lovée une ficelle avec un nœud coulant. Lécheur avait enfilé son cou dans le nœud coulant et avait plongé dans l'ombre. Il était seul, comme Boudet ce soir; il avait été prévenu, comme Boudet; et un soir, il avait obéi à l'ordre mystérieux, venu de quelque part, d'où était venu le cercueil. Le père Boudet porta la main à son col de chemise. Pendu comme Lécheur; des yeux pareils à des boutons de garde-chasse au bout de dix centimètres de fil... Pas beau à voir... Le père Boudet sentit une lanière lui ramper autour du cou. Il cria:

— Marie! Berthe!

Les deux filles ronflaient dans leur chambre. Berthe était inabordable depuis la fuite d'Auguste, elle disparaissait sitôt son service fini, fermée comme un coffrefort. Si le père Boudet ne la flanquait pas tout de suite dehors, c'est qu'elle travaillait dur et qu'Auguste pouvait rentrer sans crier gare, il y avait bien assez de complications comme ça. Quant à Marie, c'était une bûche; un bombardement n'aurait pas troublé son sommeil. Il était bien seul, comme l'autre, dans l'ombre; comme l'autre, avec un cercueil et une corde.

Il sauta sur le bouton électrique. Avec un déclic, la lumière plaqua sur la prairie un immense rectangle d'or. Le père Boudet éteignit aussitôt et resta, la tête sonnée, les doigts collés au commutateur.

— Eh bien! eh bien! dit-il tout haut. J'ai pourtant

253

pas bu. Il n'est que temps que la Germaine emménage.

Il avait jeté le cercueil sur la table. Le jouet, immobile, semblait menaçant. Sous la croix blanche il y avait la ficelle de pendu, semblable à un petit serpent roulé sur lui-même.

Du pied, il poussa une chaise ; pour faire du bruit. Il tapota le poste de radio, traversa deux ou trois fois la pièce, frôlant le cercueil du bout des doigts, exprès. Il s'arrêta, suça sa moustache. Une chouette voleta à travers la cour en hululant. Le père Boudet bouscula encore une chaise. Il lui parut qu'il respirait difficilement ; il fixa le cercueil, s'attendant à le voir croître, à lui voir prendre les dimensions de son propre corps ; il sentit une peur panique se tordre dans son bas-ventre, gonfler, presser sur sa poitrine comme un hoquet.

Il se précipita sur la porte de la cuisine, l'ouvrit.

Trois hommes étaient debout dans le noir. La porte, en s'ouvrant, les éclaira vaguement d'une lumière morte. Le premier d'entre eux, celui dont le poing serrait un revolver, portait une moustache.

— Monsieur Boudet, sans doute, dit-il. Bonsoir.

Le père Boudet appuya sa carcasse vidée le long du mur. Il respirait presque, maintenant qu'il ne luttait plus avec des fantômes. L'homme à la moustache le poussa vers une chaise ; il commanda à l'un de ses compagnons d'aller fermer les volets, puis alluma. Le père Boudet était écroulé, la face invisible sous le chapeau.

L'homme à la moustache eut un rire sec, lorsqu'il remarqua sur la table le cercueil joujou.

— Vous l'avez reçu, fit-il, puis il posa la main sur l'épaule du fermier.

— Nous serons brefs, dit-il. Les plaisanteries les meilleures sont les plus courtes.

Le père Boudet faisait du marché noir avec les Boches. Tout récemment, il avait livré au lieutenant

Siegfried Bachmann pour près de cinquante mille francs de farine blanche, de haricots, de viande de porc. Etait-ce exact ?

Le père Boudet se laissait entraîner par l'obsession de sa mort : on venait le pendre, la Germaine l'avait prévenu que son trafic finirait mal. Et, ce soir, son trafic allait mal finir ; c'était ce soir. Il s'imagina accroché à la grosse poutre de la salle à manger, les yeux et la langue comme avait dit le facteur. Il songea au chagrin de la Germaine et soupira.

Qu'est-ce qui était exact ? Il leva ses prunelles troubles vers l'homme à la moustache.

— Quoi ? demanda-t-il.

— Vos cinquante mille balles de marché noir avec les Teutons.

A côté de l'homme à la moustache, s'amena un grand type aux épaules en portemanteau ; sa poitrine tendait une chemise fleurie ; il avait enveloppé le bas de sa figure dans un mouchoir et baissé sur ses yeux la visière d'une casquette avachie.

— Qu'est-ce que tu viens foutre ? dit l'homme à la moustache.

— Je viens voir s'il a pas changé, ricana l'autre.

Il tourna sur ses talons, inspecta la pièce. Il sifflotait.

— Va où je t'ai dit, commanda la moustache.

— Il peut pas me reconnaître, commença l'autre en se courbant vers la serrure du buffet.

— Suffit. File.

La casquette grogna et sortit en traînant les pieds. Sa ceinture de pantalon était cloutée de pièces de monnaie. Le père Boudet sentit un nom lui chatouiller le bout de la langue. La voix résonnait, familière à ses oreilles ; quelque chose remuait dans sa mémoire, s'efforçait, voulait sortir. Mais sa pensée se dérobait. Lécheur, qu'elle trouvait sans cesse sur son chemin, lui bouchait toutes les perspectives.

Etait-ce exact, le marché de cinquante mille francs ?

— Oui, répondit le père Boudet.

— Où est cet argent ? demanda la moustache.

— Ici, murmura le fermier.

— Où ?

Le père Boudet se leva, il se dirigea vers le buffet. Derrière une pile d'assiettes à filets d'or, il prit un coffret en métal martelé et fouilla dans ses poches.

— Voilà la clé, dit-il.

Plus de cent billets de mille francs étaient entortillés dans des élastiques.

— Nous ne sommes sûrs que de cinquante mille, dit la moustache.

Il compta cinquante coupures, renferma le reste dans le coffret ; il craqua une allumette.

— Voyez, annonça-t-il.

Les billets se trémoussèrent dans la flamme. « Encore ça qui brûle ! » songea le père Boudet. L'homme à la moustache ouvrit les doigts. La poignée de flammes tomba sur le parquet et de petits points rouges se mirent à ronger des bouts vivants de papier noir.

— Attention à la prochaine fois ! dit l'homme.

Il désigna la boîte vernie, sur la table, et sortit en éteignant l'électricité.

★

La moustache donna l'ordre à la casquette de passer au premier rang et l'on partit. A l'entrée du village, le groupe obliqua vers le Tour de Ville. Pour monter le raidillon, Juine, qui servait de guide, se dressa sur ses pédales. Il prit quelques dizaines de mètres d'avance, histoire d'aller reconnaître le terrain. Le curé ne dormait point ; une lueur jaune teignait le bas des fenêtres élevées et l'on entendait, avec un peu d'attention, un bruissement de voix pareil au ressac d'une mer lointaine.

Juine fit signe au groupe d'être prudent. Le mâchefer répandu par l'abbé Varèmes sur l'emplacement des herbes folles de l'abbé Levallois craquait sous les semelles avec un bruit de papier chiffonné.

— Sur la porte de l'église ou sur celle du presbytère ? demanda quelqu'un.

— Du presbytère, répondit le chef. Ce n'est pas à la religion que nous en voulons, c'est à l'homme.

— On pourrait attendre qu'elle sorte, la personne avec laquelle il discute, souffla Juine.

Les pneus de la bicyclette faisaient crépiter les cendres du sol. Juine, toujours à cheval, s'appuya de la main sur le mur du presbytère. L'homme à la moustache approuva ; il reconnut que c'était en effet plus prudent. Le curé, en ouvrant la porte, pourrait tout découvrir.

— Qu'il le découvre maintenant ou demain matin, grogna la casquette.

— S'il le découvre maintenant, il saura que nous sommes venus avant onze heures du soir. Il n'en faut pas tant, parfois, pour se faire pincer. Il faut mettre tous les atouts de notre côté.

L'homme à la casquette grommela qu'il s'en battait l'œil et que cette histoire ne l'intéressait pas : le curé n'était pas sur sa liste noire.

Les hommes plongèrent dans le trou d'ombre que creusait le portail dans la façade de l'église. Au bout de quelques instants, la porte du presbytère bruita. Le curé dit :

— Au revoir, mademoiselle.

— Bonne nuit, monsieur le curé.

Un pas pressé craqua sur le mâchefer. Mlle Vrin tourna devant le porche et distingua dans l'ombre les brefs éclairs d'une ceinture d'écaille. Elle s'arrêta, poussa un petit « oh ! » étranglé et involontaire.

— Vingt-deux !

— Repérés, grondèrent des voix.

Juine toucha le coude de l'homme à la moustache.

— Je m'éclipse, murmura-t-il, elle me connaît.

La vieille fille fut immédiatement entourée.

— Voulez-vous vous tenir tranquille ?

— Oui, indiqua Mlle Vrin, de la tête.

— C'est fait ? Sur la porte ? demanda l'homme à la moustache.

— Oui.

— Qu'est-ce qu'on fait de celle-là ?

L'homme à la moustache décida qu'on l'emmènerait pour cette nuit.

Mlle Vrin

L'homme au pot ! sa ceinture d'écailles ! Ma respiration glisse dans le fond de mes bottines. Lui !

Une main d'homme se plaque sur ma bouche. Je n'ai même pas pensé à crier. L'homme au pot s'approche de moi. Sa ceinture a des reflets métalliques. Il rampait sur la façade... Son poing presse un mouchoir sur le bas de son visage. Est-il blessé ? Il porte une chemise qui semble avoir été taillée dans de la cretonne à petits bouquets. Elle dissimule à peine les magnifiques épaules...

Ferme les yeux.

On me demande si je suis disposée à me montrer bien sage. Naturellement. Que vont-ils faire ? Je fais signe que oui, les paupières closes. Une silhouette d'homme mince et fort rampe le long de la boutique de Lécheur ; je la revois. Il balance de souples épaules dorées. Des épaules dorées et souples et vivantes, comme celles d'Ernst. Ernst ! Si loin, si vieux, tout ça !

Je rouvre les yeux. Sous la casquette d'apache, il est blond, celui-là aussi. Je soupire. D'un mouvement des paupières, j'enferme dans ma tête mes torturantes visions.

Il m'emmène. Il me dit que je vais avoir à parcourir un long trajet ; et à pied. Je fixe le dos de l'homme au pot. Il part devant moi, sur la route. R. A. S., monsieur le Curé, R. A. S. !

— Je pourrai marcher, dis-je.

Je ne reconnais plus le son de ma voix.

Le père Boudet resta debout toute la nuit ; il s'attendait à un retour offensif de l'homme à la moustache.

L'attaque à main armée que venait de subir la ferme Boudet avait achevé la mise en déroute de ses conceptions les plus solides. Voilà des gens qui avaient eu cent mille francs au moins dans les mains — sans compter l'argent liquide dissimulé un peu partout : dans les poids de la grande horloge, dans le linge, dans l'étable — et ils se contentaient de cinquante billets de mille qu'ils n'emportaient même pas ! Ils les brûlaient... cinquante billets, ça faisait ça, au moins, d'épaisseur entre le pouce et l'index. Toutes les idées qui, jusqu'ici, n'avaient jamais prêté à l'ombre d'une discussion, des idées universellement reçues, des articles de foi — qu'un sou était un sou ; que l'argent, s'il ne faisait pas le bonheur, y contribuait bougrement, et que cent mille francs avaient deux fois plus de valeur que cinquante mille — toute cette construction était jetée à bas. Le père Boudet en concevait de l'inquiétude. Le mépris de l'argent ! les cinq cents litres d'essence, Auguste les avait brûlés parce qu'il ne pouvait faire autrement. Mais là ! Ils auraient pu mettre les voiles en emportant cent mille francs. Beaucoup plus même, en cherchant un peu ; le père Boudet aurait compris. Il revoyait les tortillons de papier bleuté se tordre en poussant des feuilles d'or ; il revoyait le mince sourire sous la moustache de l'homme qui tenait au bout de ses doigts une petite torche de cinquante mille balles. Il en arrivait à penser qu'il n'avait pas été en présence d'un malfaiteur ordinaire, contre lequel les gendarmes eussent été une solide protection ; c'était comme si les gendarmes eux-mêmes avaient brûlé les cinquante billets. Et contre des gendarmes, que peut-on faire ?

« C'est qu'on est dans son tort », songea le père Boudet.

Il n'avait pas l'habitude des examens de conscience ; il suça sa moustache, se gratta le crâne jusqu'au petit jour. Des gens qui pénètrent dans une ferme au milieu de la nuit pour le seul plaisir de brûler cinquante mille francs sous le nez du propriétaire. Pas ordinaire, tout ça. Et inquiétant. Et bouleversant, quand on y réfléchissait. Et le père Boudet soulevait son chapeau pour mieux faire crépiter ses ongles sur son cuir chevelu.

« Après tout, se dit-il, je n'ai qu'à me féliciter de ce qui m'est arrivé. On ne m'a pris que cinquante mille francs, ce qui ne représente qu'une partie de mes bénéfices. Et on ne m'a pas pendu. »

Mais le père Boudet n'arrivait pas à se féliciter. Ce n'était pas la perte de ses cinquante mille francs qui le tourmentait ; cela s'inscrivait à perte, comme la grange, la paille, l'essence ; ce n'était qu'un coup dur. Non, c'était autre chose. Il préférait ne point trop y réfléchir.

L'aube le trouva affalé sur une chaise de la salle à manger, la langue plus lourde et embarrassante qu'une planche et des abeilles folles sous les tempes. Son premier geste fut de brûler le cercueil dans la cuisinière. Le jour lui avait rendu un peu de courage.

Lorsque Berthe eut posé le dernier bol sur l'égouttoir, elle dénoua le devantier de toile bleue qu'elle tendait sur son tablier d'écolière. Elle tira sur ses cheveux, frotta ses mains contre ses hanches et disparut dans la cour en oscillant, cinq et trois font huit, cinq et trois font huit. Elle tourna vers le pont de l'Aspirant, tourna encore une fois dans le chemin de terre qui conduisait à la grange. Dans les ornières, le soleil de ces derniers temps avait séché la boue, et en certains endroits, sur des emplacements de flaques, des empreintes de pneus de voiture dessinaient en relief un quadrillé de gaufre. Le genou haut, la Boiteuse enleva une de ses sandales ; elle posa son pied nu sur la croûte de terre dure.

— Auguste ! dit-elle.

Elle leva ses calmes yeux de biche paisible. Un rectangle de pierres calcinées, de poutrelles et de sol noirs, creusait une plaie dans l'herbe. La Boiteuse se rechaussa et, cinq et trois font huit, cinq et trois font huit, elle se dirigea vers les restes de la grange.

Elle s'arrêta un instant là où avait existé la porte coulissante qui jamais n'avait été poussée. Avec précaution, levant les pieds comme un cheval qui danse, elle pénétra dans les cendres.

Du bout de la semelle, elle remuait les cailloux, des nœuds de fil de fer, des ardoises éclatées. Des bosses de poussière grise fumaient sous son pas. Cinq et trois font huit, cinq et trois font huit, elle alla tout droit jusqu'au fond de la grange, à l'emplacement de la paille en vrac. Puis elle tourna vers la gauche, et les prunelles immobiles fixant attentivement le sol, ses mains glissant continuellement sur ses hanches, elle se dirigea vers l'endroit où avait été dissimulée l'essence, au cœur de l'amoncellement des puddings de paille. Auguste lui avait fait cette confidence, une nuit qu'il était venu la retrouver.

— Auguste ! dit-elle.

C'était dans ce coin-là aussi qu'elle avait fait une trouvaille, le surlendemain de l'incendie, lorsque les cendres avaient été froides. Entre deux pierres pas trop noircies, un point d'or avait brillé ; une goutte de soleil

263

en pleine nuit. Elle l'avait ramassé. La Boiteuse fourra son poing dans la poche de son tablier. C'était ça : une petite croix dont une branche était tordue et noire et qui ressemblait à peu près à la croix noire qui avait flotté, les premières années de l'occupation, sur un drapeau au sommet de la mairie. C'était comme si Auguste la lui avait offerte en cadeau — ce cadeau qu'il ne lui avait et ne lui aurait jamais offert.

Le poing serré sur le bijou comme une chair de fruit sur un noyau, la Boiteuse souleva du pied les tôles déroulées, qui avaient été des cylindres.

★

Le courage du père Boudet tomba avec le soir. Dans les champs, le fermier avait presque réussi à ne plus penser à ce qu'il appelait son «malheur». A la pleine lumière de l'après-midi, l'affaire lui avait paru invraisemblable, ahurissante : des individus qui brûlent cinquante mille francs ! Il avait dû rêver. C'était ce sacré cercueil de bon Dieu qui lui avait fourré ces idées dans la cervelle. Il s'était tourné vers Pierre et lui avait demandé s'il trouvait naturel qu'on brûlât cinquante billets de mille, comme ça, pour le plaisir de sourire en regardant la flamme pousser au bout de ses doigts. Pierre avait répondu :

— Ça dépend. Ça dépend de ce que vaut cet argent.

— Il vaut cinquante mille francs, tiens ! Elle est bien bonne !

— Non, de ce qu'il représente, ai-je voulu dire, fit Pierre. Si c'est de l'argent bien ou mal acquis. User de cinquante billets de mille pour allumer sa cigarette, lorsque ces cinquante billets de mille proviennent d'une opération malhonnête, est une façon de rendre la justice. Quand on ne peut pas les rendre aux victimes de l'opération malhonnête bien sûr, ou en faire profiter d'autres malheureux. Quand on ne peut réparer.

Pierre trouvait le geste naturel. Le père Boudet avait esquivé le regard de source que lui avait adressé Pierre ; il s'était remis au travail en grommelant, avec hargne, que l'argent n'avait pas d'odeur. Mais toute son inquiétude de la nuit précédente était revenue habiter son crâne.

Ils rentrèrent à la ferme lorsque le soleil allongea sur le sol des arbres, des gens, des haies, des murs d'ombre bleue. Le père Boudet ne parlait point. De temps en temps, il regardait le jour finir et sentait en lui la panique de la veille pousser des pointes, des patrouilles de reconnaissance avant le gros de l'attaque.

Au cours du dîner, il demanda aux jeunes gens, sans avoir l'air d'y toucher, s'ils avaient, ce soir-là, l'intention de se promener comme tous les soirs.

— Bien sûr, répondit Elisa. N'est-ce pas, Pierre ?

— Oui, dit Pierre.

Le père Boudet se racla la gorge.

— Alors, vous ne restez pas ?

Il ajouta :

— Avec moi ?

Pierre et Elisa lui lancèrent un regard intrigué qui lui fit piquer le nez dans son assiette.

— Bon, grogna-t-il.

Il se tut jusqu'à la fin du repas, constamment tiraillé entre la crainte de tout raconter pour les faire rester et la peur d'être abandonné seul, comme la veille. Les deux jeunes gens partis, il se leva, parcourut des yeux la salle à manger, la chaise sur laquelle il avait subi l'interrogatoire, le buffet qu'avait palpé l'homme à la casquette, le carré de parquet sur lequel étaient tombés les billets enflammés.

Il porta la main à sa gorge et bondit dehors. Sans même prendre sa chemise de nuit, il courut chez la Germaine attendre le matin. La Germaine n'eut aucune difficulté à lui tirer les vers du nez. L'arrivée en trombe du père Boudet, que le trajet n'avait pas calmé, la couleur parcheminée de sa figure et son refus de retourner à la ferme même avec la Germaine « n'étaient pas catholiques ». La Germaine le prit par les mains, comme un enfant, et planta son regard droit dans les prunelles délavées et glissantes. Elle lui demanda ce qu'il se passait.

— Mais rien, commença à gronder le père Boudet. Je viens coucher avec toi. C'est tout.

— Sans ta chemise de nuit ? remarqua la Germaine. Elle ajouta :

— C'était convenu qu'on irait chez toi.

Le père Boudet remua les épaules, déroba son regard que la Germaine, d'un mouvement du cou, rattrapa et ramena devant elle, comme avec un crochet :

— Il s'est passé quelque chose, je le répète, dit-elle.

Morceau par morceau, le père Boudet raconta toute l'histoire, maintenant dans l'ombre ses propres émotions. Il se borna à l'énumération chronologique des faits : l'arrivée des « bandits » — il ajouta un « haut les mains » qu'il jugeait nécessaire à la création de l'atmosphère — l'interrogatoire, l'acte incompréhensible ; l'autodafé des billets. Il arriva ce qu'il craignait : la Germaine se mit à pouffer en se giflant les cuisses.

— Eh ben ! eh ben ! dit le père Boudet. Cinquante mille balles.

Elle arrêta son rire et susurra, des larmes de joie lui brouillaient les yeux :

— Moi, je t'aurais pendu.

Puis, après un instant de réflexion, soudain sérieuse :

— Voilà ce que c'est, de ne pas aimer les chiens.

Le lendemain matin, le père Boudet quitta le *Café de la Paix* de très bonne heure. Il voulait arriver à la ferme avant le lever de Pierre, d'Elisa ou de la Boiteuse. Il descendit la rue du Maillet à grands pas.

Rien ne bougeait derrière les façades aveuglées par leurs volets. Le ciel d'aube était laqué d'un gris-vert qui tirait vers l'ouest sur le gris tourterelle. La terre était encore sombre, mais la nuit se retirait à la façon du flot, chaque instant faisait sortir un détail du noir. De la sortie du village, le père Boudet pouvait distinguer les rondelles des sureaux qui commençaient à passer fleur.

Arrivé à hauteur de la luzernière, le père Boudet pressa le pas ; il fixait du regard le toit de sa ferme. Tout semblait normal ; le toit n'était ni crevé, ni incendié, ni envolé. Le père Boudet leva le nez vers le ciel : un blanc de métal fondu suintait du côté de l'est.

« Il va faire chaud, songea le fermier. Pas une chaleur de fin mai. C'est pas du temps de saison. Rien ne va comme il faut, quoi. »

Il tortilla sa moustache, allongea les dernières enjambées et trouva Berthe, droite, les jambes jointes, un pied à plat, l'autre piqué par la pointe dans le sol. Elle l'attendait, coincée, comme une branche morte dans l'entre-bâil de la porte cochère. Ses prunelles, qui paraissaient dans le demi-jour des gouttes d'encre largement étalées, restaient collées à la silhouette du père Boudet. La Boiteuse tenait le fermier au bout du fil de son regard, tel le pêcheur, et elle amenait sa pêche vers le portail, en tirant.

Le père Boudet toussa, il dansa d'une jambe sur l'autre, prêt à reculer, grogna « Bonjour » et se décida à pousser le vantail, le nez baissé. Il avait eu le temps de voir le signe de tête que lui avait adressé la servante et surtout l'étrange expression de ce visage immobile qui lançait des rayonnements de porcelaine éclairée de l'intérieur.

« Auguste est rentré », se dit le père Boudet.

Il fit quelques pas dans la cour, essayant de rassembler le troupeau dispersé de ses idées. Auguste était là : la Boiteuse avait l'air de sourire en dedans.

Le père Boudet buta sur un coffret de métal martelé qui sonna vide sous le choc. Le père Boudet s'arrêta, les lèvres sèches; il regarda la Boiteuse. Elle suivait, les mains sur les cuisses, tout l'intérieur allumé d'un feu clair qui lui sortait de la peau par tous les pores. Le père Boudet se dirigea sans hâte vers la salle à manger : il avait laissé le coffret dans la cour, il ne l'avait même pas ramassé; il savait à quoi s'en tenir : « ils » étaient revenus.

Le buffet bâillait sur un écroulement de vaisselle filetée or; le poste de radio avait été crevé d'un coup de pied; sur la toile cirée, au beau milieu de la table, un petit tas brunâtre, en pointe, témoignait de l'excellent fonctionnement de l'appareil digestif de celui des visiteurs qui avait voulu faire, de ce déchet de l'organisme animal, une signature.

— Les cochons! bredouilla le père Boudet.

Il respirait : c'étaient bien des bandits, des malfaiteurs ordinaires. Il se trouvait justifié par la conduite de ses assaillants : plus de redresseurs de torts, donc plus de torts à redresser. Il était en face de gangsters du modèle courant et sa conscience s'en trouvait soulagée. Le problème des billets brûlés ne se posait plus; ils étaient venus chercher le reste, achever leur coup de main. Le geste de la nuit précédente n'avait été qu'un geste en l'air, de la poudre aux yeux. En réalité, leur visite avait eu pour but de reconnaître le terrain. Le père Boudet se rappelait les investigations de l'homme à la casquette. Peut-être même avaient-ils brûlé une liasse de faux billets, grâce à un tour de passe-passe dont le père Boudet n'avait rien surpris?

— Ah! ah! fit-il.

Il allait pouvoir prévenir les gendarmes. Il se frotta les mains.

— Faut toucher à rien, commanda-t-il à la Boiteuse, qui se dressait dans l'encadrement de la porte.

— C'est pas tout, murmura Berthe.

Le père Boudet jeta un bref coup d'œil sur les poids de l'horloge. On ne les avait pas touchés. Berthe avait tourné les talons ; sur le seuil de la cuisine, avec un geste des épaules, elle invita son maître à la suivre. Le père Boudet songea au chien — qu'il aurait dû posséder, disait la Germaine — et qui lui aurait évité pas mal d'ennuis ; la Boiteuse le conduisait ; elle marchait en avant, s'arrêtait de temps en temps, avec un regard en arrière, vers le maître.

Elle se dirigea vers les étables.

Les vaches bavaient dans l'ombre, toutes éveillées. Elles étaient tassées les unes contre les autres dans le coin des moutons, leurs mufles tournés vers le début du jour. On distinguait le blanc de leurs yeux étonnés sous le croissant de leurs cornes, et des filets de bave qui pendaient pareils à des fils de soie. L'une d'elles mugit.

— La Junon ! appela le père Boudet.

Elles mugirent toutes. On avait bouleversé la litière, arraché les mangeoires, décollé les pavés du sol. On avait découvert sa cachette.

« Cinq cent mille et des... », songea le père Boudet. Il soupira.

— C'est pas tout.

La Boiteuse repartit de son train cahotant.

« L'armoire, se dit le père Boudet, bon sang ! »

Il dépassa la Boiteuse dans les escaliers. Sa chambre avait été pillée, le linge piétiné. Sur la glace de l'armoire, un coup avait tendu des cassures en toile d'araignée. Le père Boudet considéra les étagères arrachées.

« Et là, j'avais trois cent mille, crénom ! » se dit-il.

— Tu n'as rien entendu ? demanda-t-il à Berthe.

Elle ne répondit pas. Son visage était de pierre, mais cette pierre paraissait chaude au toucher, lumineuse.

— Rien de rien ? insista le père Boudet.

La Boiteuse ferma les yeux, respira profondément, subitement animée, les lèvres soudain gourmandes.

Elle murmura, en frottant ses mains contre son tablier noir :

— Il était venu dans ma chambre. Pour m'enfermer.

La Germaine

— Il s'en passe des choses, eh bien ! oui.

— Tout de même, que continue Mme Merle, quelle époque !

Je nettoie les tables de la terrasse, à coups de serpillière. Les mains croisées sur le ventre, elle se plante sur le trottoir.

— Quelle époque ! qu'elle répète. C'est une vraie terreur. On ne sait plus comment on vit, si on sera pas mort demain, ou non. Les avions, les attaques des bandits, et tout. Il y a pas mal de fermiers qui ont reçu le cercueil avec la corde. Le facteur sait reconnaître les paquets. Il en a défait un et ils sont tous pareils ; en papier brun.

La mère Bavousse s'approche à son tour. Elle vient de l'impasse du Sud. Elle se donne l'air important ; elle tend sa poitrine, que ça me fait penser à un capot d'autobus.

— Le curé s'en va, qu'elle jette comme ça. L'évêque qui le déplace.

— Non ! que je fais.

Mme Merle a dit : Non ! en même temps que moi. J'en connais qui pavoiseront pour sûr, à commencer par les grenouilles de bénitier.

— Après ce qui s'est passé, c'est forcé qu'il s'en aille.

— Après surtout l'histoire d'hier : les affiches sur le presbytère.

— Pensez !

— C'est Roger qui vient de m'annoncer que l'abbé

Varèmes prenait un congé avant de changer de cure. Il sait tout, mon Roger.

Je soupire :

— Enfin !

— Qu'est-ce qu'elle en dit, Lèche-Curé-la-Gambille ? que je demande. Elle doit jouir.

La mère Bavousse écarte les bras ; elle baisse la voix. Elle a posé la même question à Roger et Roger lui a raconté qu'on a pas vu Mlle Vrin à l'office pendant toute la journée d'hier.

— En effet, que je dis. D'habitude, je la vois près de quatre fois par jour. J'avais pas fait attention. Pour ce qu'elle me manque !

— Et pour dire tout, finit Mme Bavousse, ça commence à m'inquiéter sérieusement. Avec toutes ces histoires de maquis.

Je pouffe. C'est trop drôle. Je dis :

— Elle est partie aérer ses jupes. Depuis le temps. Pour moi, elle s'est fait enlever.

— Possible, que murmure Mme Merle.

Je continue :

— Elle s'est fait enlever par un parachutiste américain. Le fils aîné de Clark Gable. Elle a mis les voiles pour Hollyvode.

— Vous croyez ? que demande Mme Merle.

J'éclate de rire :

— Vous voudriez pas ! Avec sa gueule à faire rater une couvée de singes.

— Elle a pas dû être si mal que ça, quand elle était jeune.

— Bien jeune, alors, que je ricane. Parce qu'il y a belle lurette qu'il n'en reste plus rien.

La mère Bavousse :

— C'est inquiétant, je vous assure. Mlle Vrin était assidue aux offices. Et ça fait deux jours qu'elle ne monte pas à l'église. Elle est peut-être malade.

Je hausse les épaules.

— Toutes ces biques, ç'a des santés de cheval.

On se transporte toutes les trois au bout de la terrasse, à l'entrée de la rue du Maillet. On examine ses fenêtres, on penche le cou.

— Ç'a l'air normal, que dit Mme Merle.

— Justement, c'est ça qui est inquiétant, que murmure la mère Bavousse.

— Les volets sont ouverts comme d'habitude.

— Justement, qu'elle recommence.

La mère Merle gémit :

— Elle s'est peut-être pendue. Tout le monde se pend, à présent.

Elle se recroise les mains sur son ventre.

Je déclare avec force que ça m'étonnerait bien, mais qu'on peut tout de même aller voir.

Elle saute sur ma proposition.

— Oui, la Germaine a raison. Allons-y. On ne sait jamais, en des temps comme ceux qu'on vit.

La mère Bavousse hoche la tête, d'un air pénétré.

— Il s'en passe des événements, qu'elle susurre.

On prend la rue du Maillet. On arrive à l'embranchement de la ruelle. On lance : « Mademoiselle Vrin ! » en direction de l'œil-de-bœuf. Le silence. Ça vous fait quelque chose. On cogne à la porte de la courette.

— Chut, que je fais. Ecoutez.

La mère Merle bredouille qu'elle a peur. Quelle trouillarde, quelle caponne ! Je le lui dis, histoire de la remonter. La porte est fermée, mais la fenêtre de la cuisine est entrouverte. Je pousse le battant, je tends le cou.

— Je sens qu'elle s'est pendue, qu'elle bafouille, toujours la même.

— C'est quand même pas une épidémie, que je dis. Poussez-moi au derrière, je vais aller voir.

— Faites attention, il y a peut-être un homme.

— Ça serait marrant, que je fais.

Je m'accroche au rebord de l'évier, je me hisse ; je m'écorche les genoux.

— Poussez ! Encore. Voilà.

Je renverse la cuvette qui rebondit sur le carrelage avec un boucan du tonnerre.

— Mon Dieu !

— Qu'y a-t-il ? que demande la mère Bavousse. On aurait dû envoyer Roger.

J'inspecte la cuisine. Sur la toile cirée à petits carreaux rouges et blancs, le repas du soir est préparé. Des fraises, du pain, de la salade. Elle risquait pas une indigestion. C'était pour garder sa ligne. Je parcours le reste de la maison ; tout est normal ; ça sent l'encaustique et la naphtaline. L'encaustique, je me demande comment elle se débrouille.

Je reviens à la cuisine.

— Alors, que me demandent les deux bustes.

Elles se poussent du col dans le cadre de la fenêtre au-dessus de l'évier.

— Rien, que je réponds.

Je me dirige vers un petit réduit. Il est éclairé par un œil-de-bœuf ; il y a une grosse malle d'osier, au couvercle cabossé, piétiné, elle bouche tout le passage. Sur cette malle, une chaise. Tiens ! Je grimpe sur le panier, je m'assois sur la chaise. Tiens, tiens ! Par l'œil-de-bœuf, on voit la rue du Maillet, la pâtisserie, la maison des Peigne, celle des Pluret. Belle position stratégique, comme disent les journaux. Elle passe toute sa vie dans des intrigues pour ou contre le curé, suivant les époques et les curés ; et contre ses voisins, toute l'année.

— Germaine !

Je saute à terre. C'est la fameuse malle de Lourdes, quand elle est allée en pèlerinage, après sa fièvre typhoïde. Qu'elle a dit. On n'est pas forcé de la croire. On a déjà vu des cadavres cachés dans des malles.

273

J'enlève la chaise, je soulève le couvercle. Il craque comme des chaussures neuves. Qu'est-ce qu'elle a mis comme naphtaline. Un torchon rayé de rouge est étendu sur le dessus, pour protéger sans doute ; puis un drap brodé marqué C.V. avec des oiseaux qui se becquettent dans des entrelacs de volubilis. Gâcheuse ! Puis de la lingerie fine rose, mauve, feuille-morte... Toujours avec le chiffre brodé C.V.

J'en siffle. Il y a encore autre chose, sous le linge qui dort dans la naphtaline. Une étendue de tulle pailletée. Je tire. Les paillettes sautent autour de moi ; on dirait de petits poissons. Cette étoffe, il y en a pas, pour ainsi dire, c'est de l'air. Je reste immobile, je presse les bretelles du vêtement sur les épaules. Je penche la tête. Je souffle :

— Eh bien !...

C'est un tutu.

— Germaine !

— J'arrive.

Le tutu frissonne autour de mes cuisses. Eh bien !... L'intérieur de la malle scintille ; il est rempli d'écailles : c'est un maillot pailleté d'argent. Maintenant, il déborde d'étincelles : une robe de théâtre lamée or ; à la taille, un bouquet fané, en papier de soie poussiéreux.

Je me drape dans le costume ; la jambe tendue pour faire luire l'étoffe. Un papier tombe sur le sol. C'est un programme de l'Alhambra d'Issoire, Puy-de-Dôme ; pour la soirée du 17 mai 1920. La tournée Mondanitas avait, ce soir-là, « l'insigne honneur de présenter à l'honorable société d'Issoire, dans la somptueuse salle de l'Alhambra, un spectacle éblouissant, entièrement nouveau et composé selon les plus récentes formules américaines ». Raplanplan, fermez le ban. Il y a une photo, au bas du programme. C'est le portrait de la troupe au complet avec, au centre, un Mondanitas tout en bacchantes. Dans le coin, un beau gars ; il a un buste étonnant, encore plus beau que celui de Théo ; il montre deux épaules de statue. Devant lui, une femme vêtue d'un maillot à paillettes ; elle pose ses deux mains sur les belles épaules : « C'est à moi. » Il ne la regarde pas. Il fait le beau ; à cause du photographe. La femme a la nuque serrée entre deux nattes enroulées. Ce sont les deux célèbres danseurs acrobates Pablo Unchebo et Clara Virina. C'est écrit sous la photo. Eh bien ! en 1920, danseuse acrobate. Je l'avais bien dit.

— Germaine, qu'elles glapissent. Qu'y a-t-il ?

J'empile les robes, les costumes. Je mets le programme sous le torchon. Mme Merle l'avait bien vue en train de faire des pointes.

— Alors ? que demandent les deux bustes, l'œil allumé.

— Rien !

Je fais un geste vague.

— Rien du tout. Elle a disparu. C'est tout ce qu'on peut dire.

Mme Merle s'exclame :

— Disparue ! Mon Dieu !

Je reste debout devant l'évier à penser à des choses, au tutu et aux belles épaules. Je me secoue.

— Reculez-vous, que je leur fais. Je vais sauter.

Je monte sur l'évier. La mère Bavousse dresse son index ; elle murmure :

— On s'ennuiera après la guerre, vous verrez.

Le Père Boudet

Les gendarmes, c'est pas eux qui pourront me rendre mon argent volé et par malchance ils peuvent découvrir toute l'histoire, le cercueil, la première visite, tout Jumainville rigolerait. Comme la Germaine. Je suis pas allé à la gendarmerie.

275

Il a bien fallu que je raconte à Le Meur et à Elisa. Ils m'ont aidé à tout remettre en ordre. La fille a plié le linge de sa mère ; lui, il a raccommodé les étagères de l'armoire ; tant bien que mal, plutôt mal que bien. C'est pas pour durer, c'est en attendant Pluret ; faut savoir où mettre le linge. La Boiteuse a balayé les morceaux de vaisselle et les signatures. Les cochons ! Je tire ma moustache. Je me suis coupé, dans mes explications. J'ai sauté le pas. Je leur ai tout raconté, la première visite. Dans un sens, ça m'a soulagé. Elisa a franchement souri. Lui, il a eu ce regard que j'aime pas, qu'on peut pas soutenir. Exactement comme Tattignies.

— Oui, que j'ai dit. Mais vous voyez, ils sont revenus piller. Ce sont des bandits, ni plus ni moins.

Ils n'ont rien répondu.

Le soir vint, calme et chaud. Sitôt le dîner terminé, le père Boudet, rassuré par l'idée qu'il n'y avait plus rien à voler chez lui, gagna le *Café de la Paix* pour ramener la Germaine chez lui. Ils coucheraient enfin, comme mari et femme, dans le grand lit de la première épouse. Et le fantôme de la mère d'Elisa, à présent que le rosier avait disparu, serait définitivement tué.

Berthe monta dans sa chambre ; elle se jeta tout habillée sur son lit ; pour attendre, elle se mit à contempler, les yeux immobiles, les poutres du plafond fissurées et noueuses.

Pierre et Elisa, comme chaque soir, disparurent sous les saules de la Vélize.

Marcel

Je tue le temps. Je vis du temps mort. Comme si j'avais le temps de vivre du temps mort. Aujourd'hui,

j'ai lu de façon décousue. C'est plus pour suivre vaguement les conseils de Pierre et de M. Tattignies que par
goût. J'aurais dû emporter mes bouquins sur les moteurs
d'avions. Je suis heureux d'en avoir fini avec le bac, sans
avoir eu à me faire recaler. L'honneur est sauf, après
tout. J'irai voir Salmon. Je me cache dans la chambre de
l'instituteur. Quand la mère Rousselan vient faire le
ménage, je me cache dans le grenier. Je me cache. Je tue
le temps en me cachant, et maintenant je tue le temps à
les attendre, dans la salle de classe, comme tous les soirs.
Les seuls instants de véritable existence.

Il corrige ses cahiers. Je les attends dans la salle de
classe. Je regarde Jumainville. Pour tuer le temps.

Elle m'embrasse enfin, l'élue, la chère Elisa.

Pierre

— Tu t'ennuies ? demande-t-elle.

— Pas trop, répond Marcel. J'ai seulement envie de
marcher, de grimper dans les arbres, de me battre,
d'embrasser maman, de me promener au bord de l'eau,
de passer cette porte et de faire des signes à tout le
village, de dire bonjour à tout le monde et d'accompagner Comme-vous à la chasse. Toutes choses simples, tu
vois.

Le chien est étendu sur le flanc, les pattes raides ; il
s'allonge en animal foudroyé. Il tambourine de sa queue
sur le plancher.

— Tu pourrais être en taule pour de bon, dis-je.

— Ou en Allemagne, ajoute Tattignies. Ou fusillé.

Il gronde :

— En arriver là. A n'avoir plus le choix qu'entre la
prison, la disparition, la mort, ou cette existence au
rabais dans un grenier avec la peur constante que la
femme de ménage ne vous repère.

Je m'assois de biais à une table d'écolier.

— Il y a Juine, dit-il. Juine peut être utile. Il connaît des gens intéressants.

Elle pose sa tête, la chatte, contre l'épaule de chemise.

Je réplique :

— C'est toujours vivre caché. Caché dans les bois ou les montagnes au lieu de l'être dans un grenier. La prison est plus large, mais c'est une prison. Vivre caché, c'est la trouvaille de ces quatre dernières années. Ne pas être vu par ses voisins, qu'il s'agisse de manger du pain blanc ou d'écouter la radio ; dissimuler son refuge à sa mère, retenir son souffle, camoufler les lumières, son identité, son âge, comme moi. Il n'est pas possible d'avoir vingt ans, de les avouer, d'en profiter !

Je me dégage de la table et marche vers les larges fenêtres.

— Attention. Fermons les fenêtres ! Signe des temps.

Je pousse un battant. Je m'arrête, une main sur la crémone. Je dis :

— On ne vit plus caché pour vivre heureux, mais pour essayer de vivre tout court.

— Nous remontons jusqu'à la préhistoire, dit M. Tattignies.

Il sourit.

— Nous sommes retournés à l'âge de la peur.

— Je n'ai pas tellement peur des Boches, déclare-t-elle. Je me suis promenée après le couvre-feu.

Marcel la serre contre lui.

— Tais-toi, Elisa, tu es une toute petite fille.

Tattignies reprend :

— Une peur bête, lâche, avilissante, constante. La peur pour sa propre peau, compliquée du mépris pour celle des autres. Le mélange est charmant.

Il tend la main vers les fenêtres. La nuit commence à pousser des étoiles. Ce sont des pâquerettes. Les pâquerettes au-dessus des prairies.

278

— Voilà tout un village corrompu par la peur. Pourri jusqu'aux moelles par la peur ; peur de crever de faim, peur d'être supprimé, comme ça, d'une pichenette, pour le bon plaisir de la tribu la plus forte, la plus armée. Je me rappelle une caricature de je ne sais plus quel journal : des gens noirs de peau, emplumés, peinturlurés, hideux, torturant une pauvre viande d'homme, et la victime hurlant :

« — Sauvages, vous vous croyez donc en mil neuf cent quarante-quatre ?...

« — Je m'échauffe, ajoute-t-il.

Il se polit le crâne du bout de ses doigts.

— On allume ? demande Marcel. On ne voit plus rien.

— On n'a pas besoin de voir clair, dis-je. La nuit nous éclaire suffisamment. Cela fait quatre ans que nous vivons dans l'obscurité.

— Si vous allumez, fermez les rideaux, conseille Tattignies.

Elle supplie :

— Restons dans l'ombre, Marcel.

Comme-vous est réveillé. Il trottine sous les tables, le nez contre le parquet. On entend son piétinement dessiner des zigzags sur le plancher, pareils aux huit que Mme Rousselan dessine avec son arrosoir. M. Tattignies frotte l'ivoire de son crâne. Je le vois mal.

— D'ailleurs, que cette époque misérable soit le résultat de la guerre pure et simple ou de la guerre accompagnée du régime et de l'éthique *made in Germany,* la responsabilité retombe sur les mêmes têtes : le Néron en gabardine et sa clique balafrée, en casquettes relevées ou en chapeaux verts, et en bottes — n'oublions pas les bottes — les seigneurs de la guerre. Ce sont eux qui forcent Jumainville à vivre dans la peur et à mépriser ces bonnes vieilles valeurs primaires qui paraissent si désuètes : l'honnêteté, le respect de la parole donnée, la haine du mensonge, le « bien mal acquis ne profite jamais » que je commente encore à mes gosses, par routine, sans grand espoir. Ce sont eux qui forcent l'homme à respirer une atmosphère de roman policier qui détraque les cervelles. Regardez Jumainville ! On s'épie, on cherche ; on attaque. Les bobards, les histoires lamentables de Lécheur et de Varèmes, les incendies, les disparitions, les inscriptions sur les murs...

J'ajoute :

— Les pillages.

— Tout se passe la nuit. Et pourtant regardez-le, le détraqué. N'a-t-il pas l'air de dormir du sommeil des consciences pures ? Il vit son roman policier ; en ce moment il le mitonne, il le couve.

— Un roman policier où ce sont les assassins qui font la police, dit Marcel en caressant l'épaule d'Elisa.

M. Tattignies s'est rapproché de la fenêtre. Le luisant de son crâne s'accentue. Il donne un coup de menton dans la direction de la cour de récréation.

— Mes gosses ne jouent plus aux gendarmes et aux voleurs, mais à la résistance. Il y a les policiers et les maquisards. Avant la guerre, les enfants préféraient déjà être voleurs, mais ils acceptaient encore d'être gendarmes. Aujourd'hui, ils refusent tous d'être de la police, pour ne pas se faire traiter de Boches ou de Gestapo. Voilà.

— Dans un sens, c'est rassurant, dit Marcel.

— Oui, fait Tattignies. Dans un sens seulement.

Je dis à mon tour :

— C'est bien dangereux aussi. Où s'arrêter dans le hors-la-loi ? Comment délimiter le hors-la-loi humain, légal, de ce qui est foncièrement hors-la-loi ? La ferme Boudet a été pillée bêtement, grossièrement, malhonnêtement pillée.

— Mon père trafiquait avec les Boches, fait-elle.

Je répète avec force :

— Bêtement, grossièrement, malhonnêtement pillée. Le trafic de votre père ne justifie pas les ordures déposées sur la table de la salle à manger ni les délits de droit commun. Si le crime de M. Boudet leur paraissait capital, ils n'avaient qu'à le pendre, sans voler, ni salir comme de vulgaires bandits de grands chemins.

Marcel proteste :

— La résistance est nécessaire, dit-il.

Bien sûr. Je réplique :

— Quel merveilleux prétexte pour la crapule ! La belle liberté d'action, en un temps où la police est forcée à une action qui soulève la haine et le dégoût des hommes, où elle est elle-même forcée à l'illégalité pour respecter la légalité humaine, ou à l'inexistence. Comme à Jumainville, où les gendarmes se laissent ignorer, où ils préfèrent que les incendies et les vols se passent de leur présence, de leur intervention.

— Ce sont de braves gens, dit-il.

— Ce n'est tout de même pas un idéal, pour une police : être odieuse, ou hors-la-loi ou réduite à zéro ! Les honnêtes gens sont tout simplement pris entre deux feux : les Allemands et leur police d'un côté ; de l'autre, les pilleurs de la ferme Boudet, quels qu'ils soient ; ils s'attaquent à M. Boudet parce qu'il vend son cochon à des porcs, mais ils peuvent aussi bien s'attaquer à n'importe qui ; les prétextes ne manqueraient pas.

— Vous oubliez la première visite, Pierre, fait Elisa. Elle était juste.

Oui. Etre Dieu, cinq minutes pour pénétrer les âmes ! cinq minutes !

M. Tattignies demande :

— La première visite ?

Elisa raconte. Marcel applaudit. Il dit que cette histoire est amusante et qu'Elisa a raison, la punition du père Boudet est juste. Oui, oui. Comment voir clair ? Je reste silencieux.

— Si j'étais plus jeune, dit Tattignies, j'irais trouver Juine. Mais, à mon âge, je les gênerais plutôt qu'autre chose.

Marcel serre Elisa contre son épaule. Deux silhouettes enlacées.

— J'y pense, murmure-t-il. J'hésite encore, à cause de mes parents.

A cause d'elle aussi ; il sent son tendre poids de chair tiède peser sur son bras.

— Tout ce que tu feras sera bien, lui dit-elle.

— Et moi, je recule, dis-je. Je suis faible, je suis lâche, sans doute. Je répugne à cette violence. Elle est certainement nécessaire, mais ma conscience se refuse à l'accepter. Je ne veux pas me conduire en brute parce que les Allemands se conduisent en brutes.

— Et tu te laisses égorger ! crie Marcel. Il faut agir.

— Et devenir, comme eux, des partisans aveugles, les poings en avant, abrutir les gens par une propagande identique à la leur, à cela près qu'elle affirme le contraire, forcer au mensonge, exécuter sommairement ! C'est tout cela, agir, comme tu dis. C'est passer dans leur camp tout en ayant l'air de les combattre, tout en luttant contre eux. C'est cesser d'être homme... ça me gêne de les entendre appeler Boches.

— Tu exagères tes scrupules, dit-il. C'est de la faiblesse.

Je suis faible, je sais, faible, la peau blanche, jambes de cadavre. Auguste m'a meurtri les lèvres. Je dis :

— J'admets qu'il faille purifier par le fer et par le feu, mais combien il faut être pur soi-même pour se charger de l'exécution !

— Le Meur, dit Tattignies — il se polit le crâne à pleines mains — vous jugez comme si vous étiez au-dessus de la mêlée. Il arrivera un jour où vous n'aurez plus le droit de conserver cette attitude.

— Ce jour-là, n'ayez crainte, j'irai trouver Juine.

Mais jusqu'alors j'attends. J'attends la goutte qui fera déborder le vase. J'attends que le dégoût du présent soit le plus fort. Mais, jusqu'à maintenant, je ne consens pas à renoncer à ce que ma conscience reconnaît comme valeurs supérieures : la raison, l'équilibre, la non-violence.

Tattignies toucha le bras de Marcel.

— Il me fait penser à ton père, Marcel, dit-il.

— Papa a renoncé à la lutte, Pierre. Le dégoût a été le plus fort : il va échanger des sardines à l'huile contre du ripolin, pour repeindre les chambres de la Germaine.

Je remue la tête.

— Je renoncerai aussi, je n'en doute pas. Il le faudra.

Il me pose ses deux mains sur les épaules. Je distingue, dans l'obscurité, le rayonnement des deux billes d'agate qui cherchent mon regard. Il parle :

— En ce moment, tous les hommes, ou presque, sont obligés par le Néron en gabardine de descendre au rang des brutes, mais les buts sont différents. Ces messieurs attaquent, tuent, arrêtent, mentent, abrutissent, usent de la force en un mot, pour l'amour de la force, pour imposer la force, leur force, comme valeur unique. Les autres attaquent, tuent, arrêtent, sabotent, mentent, usent de la force pour empêcher le règne de la force. Ce n'est qu'un mauvais moment à passer ; mais il est absolument nécessaire. Absolument, Le Meur. (Il appuie ses mains sur mes épaules.) Absolument nécessaire. Je suis de ceux qui croient encore à l'humanité avec un grand H, oui, aussi ridicule que puisse paraître ce terme en l'an de grâce 1944. C'est peut-être parce que je suis une vieille pantoufle. Il s'agit de savoir si le monde qui sortira de cette époque idiote sera un monde où la vie, comme on dit, vaudra la peine d'être vécue, ou si ce sera un univers de bêtes. Il s'agit de savoir si le monsieur qui a de gros biceps et une paire de bottes à semelles cloutées pourra s'installer dans votre

283

classe, écouter votre cours, et vous dire à la sortie, en gonflant ses biceps et en approchant dangereusement ses semelles de vos doigts de pieds : « Attention, mon gaillard, insistez un peu plus sur les origines germaniques de Jeanne d'Arc ; attention, mon cher, il n'y a pas eu de Verdun ; où avez-vous été pêcher un Verdun, vision d'Histoire ? Attention, mon mignon, il faut que vos petits Jumainvillois soient pénétrés par l'idée que l'Amérique n'est peuplée que d'Indiens sioux, de gangsters et de juifs mangeurs d'enfants », etc., etc. Voilà ! C'est pour éviter cet assassinat qu'il faut renoncer à être pleinement un homme, pour un temps.

Il se promène de long en large au pied de son bureau. Comme-vous est intrigué par la véhémence de son maître. Il le suit, silhouette indécise, dans son va-et-vient de navette sur le métier.

— Chut, dit M. Tattignies. Tais-toi, chien-chien.

Je reprends :

— Mais après ? Après ces temps que nous vivons et qui sont invivables ? On aura pris l'habitude et le goût de la force. Saura-t-on cesser d'être partisan, avec tout ce que ce vocable comporte d'étroit, d'étriqué, de volontairement aveugle ? Saura-t-on se dépouiller de sa force, de cette merveilleuse armure qui permettait tant de choses ? Nous aurons fait l'apprentissage de la haine, voyez Lécheur ! Nous aurons appris à mépriser la vie des autres, l'opinion des autres, les autres ; nous aurons été corrompus par quatre années d'éthique ersatz où tout est ersatz : du café au sentiment de l'honneur ; du pétrole à la définition de la patrie. Est-ce que nous pourrons guérir ? Vous croyez à la valeur de l'honnêteté, de la vérité, de la beauté, de l'intelligence, du cœur, n'est-ce pas ? Vous y croyez comme j'y crois, de toutes mes forces ? Est-ce que l'honnête, le bon, le beau, le vrai pourront revivre ? Est-ce que votre « bien mal acquis ne profite jamais » semblera vérité fondamentale et respectable, sinon respectée, aux gamins d'après cette époque de force brute ? Si l'on pouvait être sûr que le venin mourra avec la bête... Je crains que ne se produise, après l'arrivée des Alliés, un débordement de haines, et que rien ne soit sauvé.

Je baisse la tête. A quoi le combat aurait-il servi ?

J'ajoute :

— Espérons qu'il se trouvera alors des êtres assez puissants pour dire : « Halte-là ! nous ne sommes plus des bêtes qui parlent ! »

— On verra bien, fait Marcel.

— Il sera trop tard, dis-je.

— Vous êtes idéaliste, Le Meur. Et pessimiste.

— Oh ! non, j'espère, j'ai confiance. C'est pour cela que je veux attendre encore.

— Confiance en quoi ? demande-t-il.

— Je ne sais pas. Il est impossible que tant de sang soit versé pour rien.

— Hum ! fit Tattignies.

C'est lui, le pessimiste.

— Qui vivra verra, dit Marcel.

Facile, il se sent fort. Elle ajoute :

— Verra qu'on va se faire pincer par la patrouille.

C'est vrai, il y a la patrouille.

— Il doit être tard, en effet, dit Tattignies. Nous nous sommes laissé entraîner à de véritables morceaux d'éloquence. Cela fait du bien de temps en temps : on lâche la vapeur, on se purge le cœur et la cervelle.

— Au revoir, Marcel, murmure Elisa.

Je m'arrête sur le seuil de la classe. Un début de lune coule par les toits. Les marronniers de la cour chuchotent. Comme-vous, d'un seul élan, court jusqu'au bout de la cour, puis revient en gambadant. Il piétine son ombre comme on foule du raisin. Image de vie.

La vie, la vie ! Je respire à fond.

Bon Dieu, est-ce qu'il se lèvera le jour où l'obéissance

et la légalité seront du côté de la beauté, de la vérité et de tout le tralala ?

La longue discussion avait mis les jeunes gens en retard. Ils descendirent le Tour de Ville en courant et se glissèrent sur les bords de la Vélize pour éviter les patrouilles allemandes, puis montèrent à travers la prairie dont le pelage jutait du lait.

— Pierre ! souffla Elisa.

Le mur de la ferme était nettement éclairé par le ciel blanc. Sur le seuil de la porte de derrière, quelqu'un était assis, les jambes allongées dans l'herbe.

— Auguste qui nous attend, fit-elle.

— Et puis après, dit Pierre.

L'homme ne bougeait pas. Ils s'approchèrent. L'homme dissimulait son visage sous une casquette molle et regardait les jeunes gens se diriger vers la maison.

— Bonsoir, dit Pierre. Bonsoir, répéta-t-il devant le silence gardé par la silhouette noire assise.

— Bonsoir, dit Elisa.

— Eh bien quoi ? fit Pierre.

Il porta la main à l'épaule de l'homme ; l'homme piqua du nez entre ses genoux et se coucha sur le côté, lentement. Elisa poussa un petit cri et fit un saut dans l'herbe. Pierre se cura la gorge.

— Par exemple, fit-il.

L'homme dessinait un angle aigu sur la prairie. Les jambes raides étaient gainées d'un pantalon de velours à côtes ; la ceinture étincelait sous la lumière de la lune. Pierre se baissa. C'était un ceinturon militaire orné de piécettes. La chemise à bouquets de fleurs était rayée de bavures brunâtres.

— Il a un écriteau dans le dos, remarqua Elisa.

Fusillé pour pillage.

Pierre poussa un soupir.

— La deuxième visite, dit-il. Je vais chercher le père Boudet.

Il enjamba le corps raide.

Le père Boudet s'amena aussitôt, son pantalon enfilé sur sa chemise de nuit. Il avait laissé la Germaine là-haut dans la chambre de sa première femme. Il s'arrêta, sa longue silhouette baignée de lune emplissant le cadre de la porte.

— *Fusillé pour pillage,* lut-il. Eh bien !

Il se plia en deux au-dessus du buste couché dans l'herbe. Il reconnaissait la casquette, la chemise, la ceinture. C'était ça ! Il venait brusquement d'identifier la voix qui avait sonné familière à ses oreilles, lors de sa première aventure.

« Crénom, cet oiseau-là n'avait donc pas filé en Afrique du Nord, comme on l'a raconté ? », songea-t-il.

Il se releva.

— C'est Léon, dit-il. Celui qu'on appelait « Tête brûlée ». Il coupait le bois de Lécheur, le mien et celui de quelques autres fermiers. Un foutu braconnier. Je l'ai bien souvent poissé.

— Vous voyez, dit Pierre. Ce ne sont pas ceux de la première visite qui sont revenus piller.

La Boiteuse demeura jusqu'à l'aube, allongée sur son lit, à attendre. Elle avait fini par s'endormir. Lorsque, au réveil, ses yeux immobiles distinguèrent à nouveau les nœuds et les fissures des poutres du plafond, elle comprit que l'homme à la belle ceinture, et qui savait remplacer Auguste, n'était pas revenu.

Le silence du matin ronronna. Puis le ronron se détacha du silence et avança vers Jumainville, bourdonnement d'abeilles à peine modulé. Le village sortit de son alanguissement de matin de la fin mai ; des visages tendus aux fenêtres comme des portraits dans des cadres levèrent le menton vers le bleu du ciel, gommé çà et là par un flocon de vapeur blanche aussi moelleux qu'un tampon d'ouate. De quel côté venaient-ils ?

Roger Bavousse, suivi de sa bande, cavalcadait déjà dans la rue du Maillet et sur la place du Marché. Il pointait son index catégorique dans toutes les directions de la Rose des Vents.

— Roge-e-e-er !

L'appel fusa, s'épanouit, tomba. Bavousse aîné arrêta sa troupe ; il attendait un second appel qui ne vint pas ; puis il continua de tournoyer en glapissant, à l'intérieur de la ronde des tilleuls douchés par le jeune soleil.

— Là ! là ! oh là ! et là ! répétaient en écho les deux autres Bavousse et les deux petits Merle.

Ils sautaient sur les talons du chef de bande.

Le bourdonnement s'approchait. Jumainville se recroquevilla sous sa coquille de toits, les fenêtres se fermèrent en avalant les têtes.

— Roge-e-e-er !

Le grondement de chats en joie se coucha, pesant, sur le village, pour l'aplatir.

— Là ! hurla le fils Bavousse, les yeux saillants d'émotion. Il s'était piqué dans le nombril de la place et, le bras tendu, désignait avec force une région du ciel située au-dessus de la Grand-Rue et de l'école.

Mme Bavousse apparut sur le trottoir de la rue Ernest-Semeur. La Germaine ouvrit la porte du *Café de la Paix ;* gênée par les tilleuls, elle s'avança vers le milieu de la place.

— Oui, fit-elle. Là !

Elle tendit le bras vers le sud et demanda à la mère Crémant, qui accourait en présentant la tranche de son visage.

— Vous les voyez ?

— Bien sûr, répondit l'autre en pinçant la bouche. Là !

— Non, rectifia la Germaine. Là.

— Oui, je dis bien : là.

Elle semblait, avec son regard de poule, picorer son épaule. La Germaine fit une pause.

— C'est vrai, reconnut-elle. Vous louchez.

— Les voilà encore, gémit Mme Merle. Mon Dieu !

— Oui, fit la Germaine. Il y en a qui vont pas rigoler dans quelque temps.

— Par où vont-ils ? demanda Mme Bavousse.

— Là ! maman, regarde, là ! oh ! oh ! tout ce qu'il y a !

Des essaims de points noirs mouchetaient régulièrement le fond du ciel. Ils avançaient lentement, sûrement dans le matin ; la Germaine songeait à une voilette incrustée de petites croix d'étoffe disposées en tas triangulaires et qu'on tirerait peu à peu sur le village.

— On n'en a jamais tant vu, murmura Mme Merle.

L'aîné des Bavousse se mit à compter les avions ; il hurlait les chiffres de toute la force de ses poumons. Ses fidèles l'aidèrent aussitôt — même la dernière de la bande, Fifine Merle, qui ne savait compter que jusqu'à dix : elle criait consciencieusement la fin du chiffre entendu et meublait les intervalles de « dix » répétés qui représentaient à ses yeux le nombre maximum auquel un total puisse jamais prétendre.

La vague d'avions glissa au-dessus de Jumainville, elle était nichée au cœur de son ronflement qui palpait les nuages, le sol, le village. De temps en temps, une nuée blanche rondouillarde passait sur l'escadrille comme une mie de pain sur un pointillé au fusain mais sans rien effacer.

— Cent soixante-deux, cent soixante-trois...

— ... ante-trois, clamait Fifine Merle. Dix, dix, dix, ante-six, dix, dix...

— Là ! Là !

— Et là !

— Oh là ! ils sont blancs.

Une formation, touchée de flanc par le soleil, étincela, puis s'éteignit.

— Ne leur faites pas signe comme ça, balbutia Mme Merle.

— Taisez-vous, les mômes, on n'entend rien.

— Ils tournent !

— Ils baissent !

Lentement, sûrement, les triangles d'oiseaux aux ailes planantes évoluèrent.

— Ils baissent ? A quoi voyez-vous ça ?

— Je les voyais grands comme ça, maintenant je les vois comme ça.

Le ronron s'appuya sur Jumainville, plus lourd, plus grave.

— Mon Dieu !

— Ah !

— Un qui pique ! hurla Roger.

— Il flambe !

— Il tombe sur nous !

— Mais non !

— Sur la Traquette !

Partant du premier triangle d'avions, une courbe se dessinait à la craie sur le ciel, elle tombait vers le sol et traçait en l'air un sillon de fumée. On entendit un sifflement. Le groupe de Jumainvillois, caillé au mitan de la place, béa, le cou tendu, immobile. Un train tout entier fondit du ciel sur le village et s'écrasa sur le sol dans un fracas de ses bois, de ses tôles volantes.

Le village tressauta, brusquement fouetté. Des portes s'ouvrirent, claquèrent.

— Simone ! André ! Jules !

Des couloirs, jaillissaient des gens, ahuris, les membres et le visage en gelée de viande frémissante.

— Qu'est-ce qui se passe ?

— Ça bombarde, dit la Germaine.

— Mon Dieu ! mon Dieu ! gémit Mme Merle.

Elle attrapa d'un geste faucheur du bras ses deux gosses et les coinça entre ses jambes. Fifine se mit à pleurnicher ; elle avait peur du tonnerre. Roger se moqua d'elle, la traitant de quille, de caponne et de pisse-au-lit. Fifine hurla.

— Là ! glapit soudain Roger, trépignant.

Une autre courbe laiteuse s'amorçait ; elle jaillissait horizontalement du ventre du deuxième groupe d'avions. Elle fila vers l'avant, se ploya avec une grâce de tige alourdie par son fruit et piqua. Sifflement. Le train arriva, du fond du ciel, sur les gens stupides, à la façon de ces trains de cinéma qui foncent sur le spectateur. Il s'écrasa. Les Jumainvillois coururent par-ci, par-là, tourbillonnèrent, s'agglutinèrent au centre, pressés les uns contre les autres, puis s'éparpillèrent brusquement, éclaboussèrent les façades d'alentour comme des gouttes d'eau projetées par une roue qui tourne...

Une troisième courbe, une quatrième, une cinquième. Un, deux, trois nouveaux rapides s'aplatirent et fouillèrent la terre de leur énorme tumulte. La petite Fifine hurla, les poings serrés ; elle bavait dans la jupe de sa mère.

Dans le ciel, les triangles de croix s'avançaient lentement, sûrement, les uns après les autres. Les premières courbes de fumée, déplacées par le vent, se tortillaient et se fondaient, baveuses, dans le bleu.

— Qu'est-ce que ça dégringole ! murmura Mme Bavousse.

— Ça sent le brûlé.

— Regardez les nuages de fumée, c'est tout noir.

— J'ai laissé mon lait sur le feu ! Tant pis. Je retourne pas à la maison. Les murs tremblent comme tout. J'ai trop peur que les plafonds me dégringolent dessus.

— Ça se calme, on dirait.

Les oiseaux piaillaient au-dessus de la place, dansant de terreur. Les corbeaux du parc, à coups d'ailes désordonnés, sautaient sur place et enveloppaient le sommet des grands arbres de leurs croassants accents circonflexes. Le ronron des avions continuait à laminer le village ; il était presque reposant après l'écrasement des bombes.

— Regardez ce qui rapplique !

— Encore une vague !

— Mon Dieu !

— C'est sur le château !

— Mais non, sur le château, vous entendriez autrement.

— Eh bien !

— Sur la Traquette.

— Il y a rien à la Traquette.

— Est-ce qu'ils savent ?

— Bien sûr, allez, ils sont renseignés.

— C'est le camp.

— Ça oui. Encontour.

— Et Fignes aussi, vous verrez.

— Roger !

Deux courbes blanches sifflèrent simultanément. Le bruit écrasa le village sous son bouillonnement soudain. Un tintement clair trancha sur l'éclatement : une vitrine glissa sur le trottoir avec des reflets d'étoffe lamée.

— Ils nous bombardent ! glapit la mère Crémant.

Elle se mit à trottiner autour du groupe, et se colla à la Germaine, les genoux sans ressort.

Roger criait, bondissait, se battait avec son frère, tirait les cheveux de Fifine Merle, qui se taisait maintenant, le visage enfoncé entre les cuisses de sa mère.

— C'est formidable ! clama-t-il, des bravos plein les mains, ça fait un barouf !

Mme Bavousse lança son bras, loupa son rejeton.

— Celui-là, grommela-t-elle. Le diable au corps. Il y aura des claques avant la fin du bombardement.

Du côté du nord, des chasseurs dessinaient des entrelacs compliqués de mouches sous une lampe. Une formation d'avions obliqua, des explosions se produisirent, plus lointaines ; des hoquets ; puis une, deux, trois courbes, un, deux, trois sifflements, un, deux, trois trains se laissèrent choir du haut du ciel, à la façon des aigles sur les troupeaux, comme un caillou. Le village ne fut plus qu'un frissonnement de pierres et de vitres. Mme Crémant se serra contre la Germaine ; Roger reçut sa gifle. Il en profita pour rivaliser d'intensité sonore avec le bombardement ; et brusquement une forme noire se précipita sur le petit groupe, toujours planté au milieu de la place. Elle sanglotait, perdait sa respiration, hoquetait, puis hurlait ; un hurlement filé, long, à pleine gorge, qu'elle lançait, immobile, les poings serrés contre les hanches.

— Qu'est-ce qui la prend ?

— C'est la Berthe.

— Qu'est-ce qu'elle a ?

La Boiteuse reprit son souffle, puis, le menton levé, elle reprit son hurlement de chien qui pleure.

— Elle pique une crise de nerfs. Faut l'emmener.

La Germaine la prit par le bras et l'entraîna, toujours hurlante et cahotante vers le *Café de la Paix*. Un chapelet de bombes lui remplit la tête de claquements et de ronflements subits. La Boiteuse s'agrippa, accentua son hurlement, puis elle s'arrêta, regarda la Germaine et se remit à crier des «pardon, pardon» coupés de sanglots.

— Un peu d'alcool.

— Des compresses d'eau fraîche, ça fait du bien.

— Foutez-lui la paix, d'abord, et ça ira mieux.

— C'est une crise de nerfs. Elle a eu peur. La ferme Boudet est plus près du camp d'aviation que la place du Marché.

— Elle est toute seule. Moi, toute seule, je sais pas ce que j'aurais fait.

— La grosse Marie, elle a rien entendu, je suis tranquille.

— Après toutes ces histoires d'incendie, de pillage, ça l'a détraquée, cette fille.

La Boiteuse retrouvait son calme. Le bombardement était terminé. Le silence donnait le vertige aux têtes vidées de leurs cervelles : le ciel était subitement d'un creux insoutenable. Du côté du nord s'épanouissaient de grosses houppes de poussière et de fumée. Les avions avaient disparu ; à leur place, une escadrille de nuages glissait silencieusement vers Jumainville en traînant des ombres violettes sur la terre et sur les toits.

— Quand je vous dis que tous ces bombardements, ça détraque le temps ! murmura la mère Crémant.

— Ça va mieux ?

— La prochaine fois, c'est nous. Ils bombarderont le château.

— Pensez-vous, il appartient à un Américain.

295

M. Withers ne les laissera pas faire. Quand il reviendra, il n'aura plus qu'à remercier Bachmann pour avoir entretenu la bâtisse.

— Et pour les tulipes.

La Germaine fit déblayer le terrain : tous ces bavardages fatiguaient Berthe ; ce n'était pas le meilleur moyen de calmer ses nerfs que de rester autour d'elle, comme ça, à raconter des niaiseries.

— J'en ai pour toute la matinée à me remettre, moi aussi, fit Mme Merle.

— J'ai plus la tête à l'ouvrage après tout ça... Roger, rentre à la maison. Je me demande dans quel état je vais retrouver mes ronds de fourneau avec mon lait qui s'est sauvé...

— Pourquoi avez-vous dit : pardon, pardon ? demanda la Germaine à la Boiteuse, dès qu'elles furent seules dans la salle du café.

— C'est pour les inscriptions à la craie, murmura Berthe, les prunelles fixes. C'était à cause d'Auguste.

Ce midi-là, les déjeuners furent bâclés. Les ménagères se déclaraient les jambes en coton et les mains de beurre ; toute la matinée, elles étaient restées, le corps en serviette-éponge, agglutinées par petits paquets comme des mouches sur une tache de confiture. La tache de confiture avait fait du bruit. Le propriétaire de la vitrine défaillante répétait « les salauds » à une cadence accélérée, sans bien savoir quelles armées visait cette insulte. Roger Bavousse était privé de dessert.

Dès que Juine arriva au village, il fut entouré. Avec sa bécane, il en savait davantage.

— Alors ?

Juine, d'un coup de vélo, avait poussé jusqu'au camp ; mais la route était barrée par les Allemands à la hauteur de l'Aéro-Club, qui, entre parenthèses, n'avait rien pris, à part quelques carreaux descendus ; c'était bien dommage. Il avait donc coupé par les sous-bois et pu s'approcher du terrain d'aviation suffisamment pour constater qu'il n'avait pas été loupé. La kantine — l'ancien mess des sous-offs — était ratatinée ; quant au terrain même, il était grêlé de trous larges comme le quart de la place du Marché ; il ressemblait à la figure de Damon le vérolé. Juine ajouta que deux postillons étaient tombés dans le coteau de la Croix-Basse, pas tellement loin de la ferme Boudet.

— Ça explique, murmura Germaine.

De temps en temps, quelqu'un regardait en l'air, le front plissé. On surveillait. Mais les nuages s'étaient soudés en une plaque sale à peine bosselée et limitée au nord par un épais trait bleu.

— Ils ne reviendront pas aujourd'hui, fit Juine. Il n'y a plus assez de plafond.

Vers midi, Boisselut, le maraîcher-épicier-marchand de primeurs de Jumainville, arrêta sa camionnette devant le *Café de la Paix*. Il revenait de Fignes. Il s'assit près du comptoir et réclama un lait de tigre. La rue du Maillet, la place du Marché et la rue Ernest-Semeur se coagulèrent autour de son siège. Boisselut, par une pissée d'eau fraîche savamment réglée, troubla la transparence de son absinthe couleur œil de chat. Il but, s'essuya la bouche du revers de la main.

— Bon Dieu ! commença-t-il.

— Raconte.

Les Américains avaient bombardé Fignes : la gare et le pont du chemin de fer sur la Vélize. Presque toutes les maisons entre la gare et le pont avaient été écrasées. Il y avait des morts. La gare avait été touchée, mais le pont seulement éraflé, ce qui voulait dire que les avions reviendraient.

— Mon Dieu ! soupira Mme Merle.

Il n'avait pas réussi à rentrer dans la ville ; mais il avait rencontré Dune.

— Vous savez, Dune, le garagiste de la rue Turenne ?

— Oui, fit-on.

— Il m'a dit que, dans le quartier de la gare de marchandises, dans celui du quai au blé et dans le faubourg du Bord d'Eau, toutes les maisons sont comme la maison Charles. Ou pire.

— Eh bien ! murmura-t-on.

Et on alla voir la maison Charles, histoire de se rendre compte.

Juine

Les Boches du camp d'aviation s'agitent dans tous les sens ; c'est des fourmis dans une fourmilière chahutée à coups de tatane. Il faut profiter du désarroi. Nous nous sommes rassemblés pour ça dans la forêt ; il faut liquider l'affaire. Et vite. Je suis d'avis qu'il faut plus traîner trop longtemps sur le terrain de la commune de Jumainville ; ça commence à sentir le roussi.

— Et la vieille ? demande le chef. On ne peut tout de même pas lui faire subir le sort de Léon. Ce n'est pas une combattante.

— Vous pourrez la relâcher puisque vous quittez la région une fois le bazar terminé, que je dis.

— Juste, qu'il répond. On y va.

Je connais bien l'endroit. C'est situé à l'orée de la forêt, à l'extrémité des terrains militaires, et séparé de la Traquette par une corne de bois. Une ancienne grange que Kopf a fait retaper. Des fenêtres grandes comme des lucarnes de chiottes à côté du bovevinedo, comme il dit, et des pièces tortillées pour que ça fasse des avancées et des redans à l'extérieur, et des pots de géraniums et des poutres apparentes dans toutes les piaules. Tout ça, ça se compte sur l'addition.

J'écarte une branche de sapin ; elle me fourre un

paquet d'aiguilles dans les narines. Entre la bicoque et
la forêt, il y a un jardin-prairie avec des pommiers, un
court de tennis, un portique et des allées blanches
sinueuses qu'on dirait des boyaux de lapin.

Je souffle :

— A cette heure-ci, les officiers y sont encore.

— Combien sont-ils ?

— Une dizaine.

— C'est beaucoup.

— Oui, mais que je dis, si on attend, ils auront le
temps de rétablir le téléphone avec le camp. Ce qui
rendra l'attaque beaucoup plus durasse.

J'ai repéré les fils, ce matin, le long de la route. Le ciel
est nuageux, il est lourd, il a un éclat de fer qui chauffe ;
ça fait mal aux yeux, cette lumière blanche. De petites
bestioles vertes, des mouches minuscules, collent à la
peau. Je renifle, ça sent l'orage. Je casse la branche qui
me chatouille.

— Chut ! que fait le chef.

Il a l'air d'y avoir personne. Sur le seuil de la cuisine,
deux poules picorent.

Je lui montre une cabane en fibro-ciment, elle est
recouverte en toile goudronnée.

— La réserve d'essence est là, pour les voitures de ces
messieurs.

— Et les papiers ?

J'ai vu Kopf recevoir tous les papiers ce matin, après
le coup dur. Tous les papiers du camp. Il a dû les ranger
dans son coffre.

— Qu'est-ce qu'on attend ? que je murmure.

Il me semble que j'assiste aux faits et gestes d'un
Juine qui serait sorti de son sac de peau. C'est exactement comme si j'étais dans un livre que je lis. Je revois
la couverture rouge et jaune de mon *Buffalo Bill*. L'em-
buscade. C'est le titre du chapitre. On espionne la ferme
ennemie, le ranch ; on rampe, on attaque, on vole les

299

papiers — le plan de la mine d'or de Riverside-River ou le testament de l'oncle Mac Grégor — et on remonte sur les chevaux... Marrant. Je souris. Il n'y a pas si longtemps que je jouais aux gendarmes et aux voleurs dans ce même coin de bois.

Je m'accroupis. J'ai pas d'arme. Il veut pas que je participe à l'attaque, pour ne pas que je sois reconnu. Je suis celui qui reste dans la coulisse. D'une claque, je décolle une mouche de mon poignet. Temps d'orage. Kopf est bien pépère en ce moment — ces messieurs digèrent, ils lampent un petit verre de fine. Toute cette tranquillité d'avant l'orage ; je les vois d'ici, ils se doutent pas.

Les poules piquent le sol, à coups saccadés. Dans un pommier, un oiseau cuicuite sans reprendre son souffle ; il est remis des émotions du matin. Kopf apparaît. Gras, important, le salaud de porc. Il pose à terre une bassine d'eau. Il claque dans ses mains pour chasser les poules. Il rentre dans l'obscurité de sa bicoque, il crie » *Ia, ia.* Ce cher vieux Kopf !

Les poules se sont approchées de la bassine. Elles boivent en essayant de piquer le ciel du bec. Tout est calme ; et dans le dos de cette maison, le bois qui bouge pas, avec des oreilles, des yeux, des armes comme des champignons qui seraient poussés dans ses taillis.

Un léger coup de sifflet, un vrai sifflet de merle. L'oiseau sur le pommier change de branche. Il se remet à pépier. Cuicuicui, cuicuicui. Calme avant l'orage. Je m'allonge, les coudes plantés dans la terre. Sur la gauche, deux formes ont sauté en avant. Une sur la droite. Deux. Les herbes restent immobiles, elles sont accablées par l'air. Le chef se glisse hors du fourré. Il bondit, deux longues enjambées. Il s'étale, il est souple comme un plongeur...

Trois autres bonds, je les vois à peine, hop, hop et hop, sur la gauche. Un sur la droite, hop ! c'est l'Empe-

300

reur, je reconnais son pantalon de velours marron. Il a une arme, lui.

Et puis le calme, le silence, à part le cuicui de l'oiseau dans le pommier. J'avale ma salive. C'est invraisemblable. Quelle tranquillité ! Ils rampent ; ce sont des Sioux. Le sentier de la guerre. Je lis un livre. Sales mouches gluantes ! Je me gifle la joue.

A l'aile gauche, ils arrivent au bord de la route. Sur l'aile droite, ils ont atteint la cabane à essence. Ils se sont redressés, derrière le fibro-ciment. Je les vois qui surveillent la route du camp. Le merle siffle de nouveau. Les Indiens font un nouveau bond vers le ranch. Tout est silencieux.

Le premier coup de feu claque, c'est aussi puéril qu'une amorce. Invraisemblable.

Ce fut le garde champêtre qui colporta la nouvelle de l'attaque à main armée de l'Aéro-Club.

— Du maquis à Jumainville, on aura tout vu, s'exclama Pluret qui flottait dans ses pantalons, depuis son arrestation.

— Après le bombardement de ce matin. Ils ont profité que les Boches savaient plus où donner de la tête.

— C'est drôle, fit Juine. Je suis allé jusqu'à l'Aéro et je n'ai rien remarqué.

Il se tenait assis sur sa selle, appuyé de l'épaule au tronc d'un tilleul.

— Vers midi et demi, précisa le facteur.

— J'étais déjà passé, dit Juine. C'est ça que j'ai rien vu.

— Ils ont chipé tous les papiers, brûlé la réserve d'essence. Kopf et deux officiers chleuhs ont été tués, et deux autres blessés. C'est l'interprète qui m'a raconté ça : il en revenait avec Bachmann.

— Taille-de-Guêpe doit serrer les fesses, rigola la Germaine.

— Et ce matin, avec ce barouf du tonnerre de Dieu, ajouta Janvier.

Le tonnerre de Dieu, mis en cause, se manifesta enfin. Il préluda par un raclement d'arrière-gorge, puis, après deux ou trois grognements de mauvaise humeur, se laissa aller à un éclat rageur.

Il se couvrit de ridicule. Personne ne bougea, on se transporta seulement de la terrasse à l'intérieur du café, quand la pluie se mit à choir. Plus de femmes piaillantes ; on en avait vu d'autres.

Fifine Merle se précipita dans le jupon de sa mère, les joues pincées.

— C'est pas les avions, ma chérie, c'est que le tonnerre.

Rassurée, Fifine, qui, auparavant, n'aurait pas quitté son abri pour une sucette, s'en retourna jouer sur le pas de la porte. La Germaine pensa que le bon Dieu n'était vraiment plus à la hauteur, et que les hommes, en fait d'orage, se chargeaient de lui en remontrer.

La tête farcie, en une journée, de plus d'événements que le père Janvier n'en avait vu en ses cent ans, on regarda la pluie piquer sur le sol des petites cloches de poussière.

Mme Bavousse

Je l'ai toujours dit, qu'on s'ennuierait après la guerre.

Morize

« Ici, Morize, monsieur Morize, le maire de Jumainville, monsieur le maire. Oui. » Mais ils ne comprennent
rien, au bout du fil. « Morize, oui ! M comme Marcel, O
comme Octave, R comme Pardon, oh ! pardon, excusez-
moi, mon commandant. Oui, oui, oui... bien sûr... oui...
Je vous fais mes excuses... Excuses, *ia,* pardon, oui...
oui... oui.... à vos ordres, mon commandant... J'ai dit : à
vos ordres, mon commandant... Bien sûr... Mais je suis
prêt, Jumainville est prêt à... oui, oui, oui... c'est
entendu... immédiatement et sans délai... toute la population mâle de Jumainville... pour boucher les trous des
pistes d'envol et d'atterrissage ! Je prends note, mon
commandant. Jumainville est prêt à... *ia, ia.* Je veux
dire : oui, oui... bon... oui, oui... je sais... l'Aéro-Club...
mais... oui, bien sûr, mais... mais... des terroristes...
oui... terroristes ! Jumainville est prêt à... Je vous
assure... mais... je vous assure... mes administrés n'auraient jamais... mais... mais... bon... à vos ordres, j'attends... »

Le colonel à présent ; il est du type von Scheer : torse
bombé, monocle vissé, joues balafrées, bottes craquantes, coudes en ailerons. Le Prussien classique, quoi. L'un
de ceux qui encombraient les trottoirs de Metz.

« Mes respects, mon colonel... *ia, ia...* excusez-moi...
Pour rien, je vous assure... *ia, ia... ia...* oui... *ia ;* mon

colonel... oui... oui... oui... oui, mon colonel. oui... » Je ne comprends rien « oui... oui... » mais le ton est clair ; il m'engueule en allemand, « *ia*... oui, mon colonel. » Cette fois-ci, je le suis, fusillé...

« Oui... oui... *ia,* mon colonel, *ia.* »

— Cette mesure est une brimade, déclara Pluret. Il va falloir des mois pour arranger le terrain. J'espère bien que ce sera la R.A.F. qui s'en servira.

— On dit qu'il y a des bombes à retardement, murmura le père Pluret, la lèvre tremblante.

— Les vaches, ils font exprès de nous y expédier.

Pluret cracha dans la sciure de bois qui, pour un instant, fut la représentation concrète de l'arbitraire teutonique.

Immédiatement et sans délai. A neuf heures et demie, le garde champêtre avait achevé sa tournée ; à chaque maison comprenant un individu mâle dont le nombre d'ans s'inscrivait entre les limites de dix-sept et cinquante-cinq, il avait déposé un feuillet blanc :

— Pour votre fils, pour votre mari, pour votre frère.

« Immédiatement et sans délai, avec une musette. »

A dix heures, devant le *Café de la Paix,* Jumainville mâle traînait les semelles, les mains dans les poches ; on attendait le moyen de transport ; personne n'avait l'intention de se rendre pedibus à l'invitation du major. On bavardait, on grognait, on répétait : « Salauds de Boches ! » On buvait un coup chez la Germaine, l'œil fixé sur la rue Semeur. Morize, voûté, la paupière et la lippe pendantes, restait immobile au milieu du groupe ; de temps en temps, il repoussait son canotier jauni sur l'arrière de son crâne pour s'éponger le front. Le garde champêtre faisait l'appel :

— Daviot Charles, Daviot Paul, Durand... Répondez présent, je m'y reconnais plus.

— Merde, on n'est plus des bleus, protesta une voix.

Morize s'épongea le front ; il toussota, se racla la gorge : hum, hum. Il agita ses mains pour réclamer le silence.

— On vous donnera des outils là-bas.

— Il manquerait plus que ça, qu'on nous demande d'apporter les nôtres, grogna-t-on.

— Faut prendre une pelle, conseilla Janvier. C'est avec ça qu'on en fait le moins.

— T'es bath, toi ! fit Rousselan. Il y en aura pas pour tout le monde.

— Des outils, reprit Morize. Je vous recommande surtout d'être prudents. Attention à ce que vous direz. Le colonel est furieux et le major ne vous ratera pas : le poteau.

« Et le maire, songea-t-il, est la première personne qu'on ne rate pas. »

Les Jumainvillois le regardaient par en dessous, comme s'il était responsable de la décision du major Kreiss et le major Kreiss le tiendrait pour responsable de l'indiscipline possible des Jumainvillois. Quel métier ! Il s'épongea, renifla, et se retourna vers la rue Semeur. Toujours pas de camion. Janvier déclara qu'en cas d'alerte il disparaîtrait dans la nature. La Germaine, sur le pas de sa porte, essuyait des verres.

— Ça me rappelle le marché aux chevaux d'avant-guerre, dit-elle. On ne voyait que des hommes ; il y en avait plein la place. C'était le bon temps.

Elle soupira. Théo était à côté d'elle, à la terrasse ; de la bière, de la limonade, du vin, des apéros, comme on voulait, et pas cher ; et tous les fermiers, tous les gars des champs, costauds, hâlés, qui promenaient sur ses épaules, sur ses bras, autour de ses lèvres, des regards chatouillants comme des pattes de mouches... Elle leva la tête. La branche de genévrier, piquée au premier étage, n'était plus qu'un buisson mort.

— En retard, Pluret !

— Peuvent toujours courir. J'ai cinquante-six ans.

— Depuis tout à l'heure ?

— C'est pas de justice. Faut que tout le monde y aille !

Pluret se mordit les lèvres.

— Fausse couche ! Du travail pour les Boches ! tu tiens à le voir remis à neuf, le terrain, pour que les autres viennent te seringuer ? Et si je me débrouille, est-ce que ça t'empêche d'y aller ? Est-ce que tu en foutras davantage ? Il y en a pour des mois, de boulot. Ils seront fatigués avant nous.

— Voilà le camion, annonça Morize...

Avec des plaintes de gonds mal lubrifiés, le camion freina. Les hommes, en cotte bleue, en pantalon de velours, en vestons aux poches pendantes comme des mamelles, se hissèrent sur le plateau, derrière la cabine du chauffeur. Les musettes gonflaient sur les reins des bosses subitement descendues le long de la colonne vertébrale. Le garde champêtre, la moustache trempant dans chaque appel lancé à pleine voix, sautillait autour du camion : il cherchait à reconnaître autant de visages qu'il avait de noms sur sa liste.

— Ranne ! Rivoire ! Rudelles !...

— Ta gueule, adjupète !

Pluret, les yeux en grain de mil, suivit le départ du camion, qui démarra dans un hoquet. Jumainville mâle oscilla, protesta, puis, morne, le dos rond, se laissa véhiculer comme du bétail avec les mêmes mouvements mous du corps, les mêmes balancements de la tête, les mêmes yeux inexpressifs.

— Il est temps que la guerre finisse ! dit Pluret à la Germaine. Regarde-moi ça ; on devient mûr.

Il réfléchit un moment, passa sa main sous ses bretelles.

— Mes chiottes sont presque pleines, dit-il. Mais

306

j'appellerai pas les vidangeurs. J'irai plutôt engraisser mon jardin quand il n'y aura plus de place. Je veux que ça soit les Boches qui les vident.

Mlle Vrin

Tous les chuchotements, les bruits de crosse, les appels lancés à voix étouffée se sont évanouis ; tous ces mouvements furtifs qui entouraient la chambre d'une vie de coulisses de music-hall. Evanouis. Le silence se glisse sous la porte, c'est de la poussière.

Je soupire ; je me prends la poitrine à deux mains. Ce reflet de vitre me sert de glace. Je tapote mes nattes, je me frotte les paupières de mon index mouillé. Je me remonte les joues. A quoi bon ? Laisse-donc s'effondrer les plis de tes lèvres. Je suis seule. Depuis hier après-midi. Après avoir été entraînée par tant de jeunes hommes mystérieux et frôleurs ; je suis seule comme avant, comme toujours, depuis Le Havre. Je me suis chauffée au rayonnement de tant de jeunesse vigoureuse. Personne, ce matin, dans la clairière. Je pousse un soupir. Ai-je rêvé ?

C'est étrange de se sentir si près de Jumainville et si loin ! « Dans la forêt profonde, quel est ce voyageur perdu ? » Le grand air de Rosa. La partie grand art de la tournée Mondanitas... Cette maison de bois se trouve à combien de kilomètres du village ? Difficile à préciser. J'ai fait le trajet à pied, mais je sentais ses épaules devant moi. Ça ne doit pas être très loin tout de même. Difficile à dire. Je me rassois sur mon lit. On m'avait bandé les yeux à la sortie du village, comme pour jouer à colin-maillard. Une aventure de roman-feuilleton. Bandé les yeux. J'ai deviné la ferme Boudet à l'odeur des sureaux et la Vélize à la langue fraîche qui m'a léché les jambes et le visage, mais après... je suivais ses épaules, j'aurais pu marcher jusqu'au bout du monde... J'ai senti qu'on pénétrait en forêt à l'élasticité moelleuse du sol sous mes semelles, à l'odeur de feuilles. Je n'ai pas eu peur ; à aucun moment. J'ai pensé à mes fraises et ma salade, qui m'attendaient sur la table ; j'ai pensé que j'avais laissé la fenêtre de la cuisine ouverte ; et que la chaise était restée sur la malle. J'aurais dû demander au chef la permission de retourner, j'aurais mis tout en ordre. Je serais revenue, bien sûr... Ridicule. Je me moque de ce qui peut m'arriver. Je suis partie en vacances. J'étais heureuse, ce soir-là. Je me suis avancée ; j'avais les yeux ouverts sous le bandeau ; il me retroussait les cils ; ma main était posée sur un bras d'homme ; j'avançais comme une fiancée. Sur mon bandeau, je voyais l'homme au pot, sa ceinture scintillante. Je suivais ses belles épaules. Je marchais, je marchais à la poursuite de ses muscles vivants. J'aurais voulu les enrouler autour de mon cou comme une écharpe ; les sentir rouler, plisser, se gonfler, palpiter sous mes doigts, sous mes paumes. Comme lorsque je faisais le triple saut... Sentir de belles épaules encore une fois avant de mourir...

Je sentais, en marchant, ma main se pénétrer de la chaleur du bras. C'était peut-être l'homme au pot ? Non, il était devant, à me tirer par mes yeux. Le bras était maigre, nerveux ; il était brûlant ; un paquet de cordes longtemps frottées. Il était nu. J'ai tressailli au contact. L'homme a baissé sa manche de chemise. Crétine. Une réaction stupide de petite fille chatouilleuse. N'importe, j'ai marché dans l'odeur chaude de l'homme, et sa chaleur, par ma paume étalée, elle s'est glissée en moi, elle m'a baignée tout entière.

Mes jambes devenaient soudain molles. Ça m'est arrivé trois fois. Je serrais, à pleins doigts, la chair dure enveloppée de toile.

— Fatiguée ? me demandait-il.

Fatiguée ! Fatiguée, oui, quand je m'assois à l'harmonium après avoir grimpé à petits pas l'impasse du Sud, fatiguée, le soir chez moi, sur ma chaise, fatiguée le matin, le soir, fatiguée de mes rides, de ma piété, de ma solitude, de mon ombrelle, de mon horizon... Mais là, défaillance... Je foulais les nuages dodus que piétinent les bienheureux ; je retrouvais ma jeunesse, je vivais mes rêves, je marchais, comme une épousée, au bras d'un homme, vers l'inconnu. Et il me demandait si j'étais fatiguée !

Ce matin, oui, je le suis, fatiguée. Il n'y a plus personne dans la clairière. Si loin, j'étais partie si loin, si merveilleusement loin de Jumainville. Me voilà rentrée de vacances. Avec mes rêves crevés à coups d'épingles, des ballons rouges dégonflés.

Je l'ai vu, le lendemain même de l'arrivée, par la fenêtre. Je l'ai aperçu, sans la casquette, sans le mouchoir sur la bouche ; il avait le torse nu. Dieu ! un éclair ; il avait passé, le torse nu, entre deux arbres ; ces deux-là, derrière le chêne. Je l'ai reconnu. C'était Léon, la Tête brûlée, l'homme à tout faire de Jumainville... Comme il a changé en quatre ans. Plus fort, plus dégagé, ce torse... Je ne l'avais jamais remarqué avant la guerre. Avant la guerre, j'étais tranquille, j'étais bien morte, je me considérais comme finie... finie la Clara Virina ! Mais la guerre a lancé des hommes, des hommes aux magnifiques épaules, dans tous les sens, comme des comètes. Tout a été bouleversé, tout piétiné, tout tué, tout ramené aux forces primitives ; tout ce sang en mouvement, bouillant, giclant, cette vie qu'il fallait agripper avant qu'elle s'évanouisse... J'ai vécu, moi, Mlle Vrin, Lèche-Curé-la-Gambille, j'ai vécu pendant deux mois à écouter la nuit, respirer un homme qui dort, à l'épier à sa toilette, à l'imaginer, à le voir par les trous de serrure, à le flairer... Et tout a recommencé comme avant Jumainville. Parce que je me suis baissée un matin sur un trou de serrure.

Ainsi c'est Léon. Je pourrai le revoir, un jour ou l'autre. Je pourrai lui parler. J'achèterai du bois. C'est l'homme à tout faire de Jumainville.

C'est étrange de me voir toute seule, au matin, en pleine forêt. Les vacances sont finies, je vais rentrer à Jumainville. Combien de temps ç'a duré ? Je m'arrête pour réfléchir. J'ai été ravie — ravie comme une héroïne de roman — j'ai été ravie le soir où je suis restée si longtemps à l'église à me disputer avec l'adjudant. Cela fait jusqu'à ce matin. Je compte sur mes doigts : quatre nuits et trois jours. Quatre nuits où je n'ai pas fermé l'œil, où j'ai attendu, l'haleine courte, je ne sais plus trop quoi, jusqu'à l'aube. Et trois jours que j'ai vécus dans l'attente de la nuit. Un petit blond fade, d'une timidité d'enfant de Marie, m'apportait mes repas. Oui, ça fait trois jours. Je recompte. Au matin du premier, j'ai aperçu Léon, puis vie morte jusqu'au soir ; dans l'après-midi du deuxième, j'ai entendu Léon : il s'est disputé à voix rageuse, puis une série de cris ; le blondinet est venu fermer ma fenêtre de l'extérieur. Et hier, bombardement ; et dans l'après-midi, visite de l'homme moustachu : « Vous êtes libre, nous partons. » Cela fait bien trois jours. Trois jours seulement, le roman est fini. L'héroïne est libre. Libre de quoi faire ?

Ce matin, il faut rentrer. Ce matin, je suis fatiguée jusqu'au cœur.

Je traverse le rond de cendres blanchies. Je me repère : la maison à main droite, prendre l'allée en face du gros chêne. Voilà le couloir d'arbres. Sur le point de m'y enfoncer, je me retourne. Le soleil atteint le toit de tuiles ; elles sont verdies. Toutes les fenêtres sont fermées. Le chêne éclate brusquement en un pépiement rageur d'oiseaux en dispute. Je reviendrai.

Je lance à voix haute :

— Au revoir !

J'arriverai à Jumainville vers une heure, une heure et demie. A cette heure-ci, les rues sont vides. Je me reposerai, mes jambes sont fatiguées. Et à l'heure habituelle je me rendrai à l'église, comme avant, comme toujours, comme si rien ne s'était passé. Et, d'abord, s'est-il passé quelque chose ? Rien, monsieur le curé.

Sur la route de Fignes passe un camion. Il véhicule un tas d'hommes. On dirait des veaux. Je recule dans la forêt. J'ai reconnu les hommes de Jumainville.

★

Elle tourna dans la rue du Maillet ; elle frôlait les murs, passait vite devant les croisées ouvertes ; elle fermait les yeux pour ne pas remarquer si on la remarquait. Elle descendit le trottoir, traversa.

— Mademoiselle Vrin !

La vieille fille sursauta, leva les yeux, les jambes subitement sciées par toutes les fatigues du chemin, des nuits blanches, de l'émotion. Elle tituba.

— Mademoiselle Vrin, enfin !

La Germaine et Mme Bavousse coupaient court à la conversation entamée avec la mère Pluret sur les maladies d'enfant, pour se précipiter sur la vieille fille chancelante.

— Cette mine que vous avez !

Elles ameutaient tout le pays, les garces.

— Ça va très bien, je vous remercie, fit Mlle Vrin.

Elle avala ses joues, redressa la tête, fixa la Germaine.

— Je reviens de vacances, dit-elle.

Si ç'avait été la Germaine, qui fût restée quatre nuits, dévêtue entre deux draps, dans une maison forestière avec une troupe d'hommes autour, avec Léon, aurait-elle attendu en vain ? Mlle Vrin ferma les yeux et serra les dents. Elle s'appuya contre le mur. Elle sentit le bras de la Germaine, un bras moelleux, mou, un bras de femme.

— Lâchez-moi, souffla-t-elle. Je suis fatiguée, c'est tout.

— Qu'est-ce qu'on vous a fait ? demanda Mme Bavousse.

— Rien.

— Pas de chance ! murmura la Germaine.

— On était terriblement inquiet, pensez, reprit Mme Bavousse. Quand Roger m'a dit qu'on ne vous avait pas vue depuis deux jours à l'église, j'ai dit : c'est pas ordinaire, il est arrivé quelque chose à cette pauvre chère mademoiselle Vrin, n'est-ce pas, Germaine ? Qu'est-ce que c'était donc, qui vous est arrivé ?

— On vous a enlevée ? demanda la Germaine.

— Et pourquoi, je vous demande ! fit Mme Bavousse.

— On vous avait prise pour le curé, sûr !

Mlle Vrin les regarda fixement.

— Oui, dit-elle.

— Mon Dieu ! Mon Dieu ! balbutia la mère Bavousse. Par des hommes ?

— Oui, dit Mlle Vrin.

La Germaine sourit juste d'une contraction des joues.

— Vous avez vu Léon ? fit-elle.

— Non, répondit Mlle Vrin.

Elle renifla, voulut se rattraper.

— Léon, quel Léon ?

— Le braconnier de Lécheur. On l'a retrouvé fusillé avant-hier au soir, derrière chez Boudet. Il avait pillé la ferme. C'est le maquis qui l'a exécuté.

— Il s'en passe des choses quand vous n'êtes pas là !

Mlle Vrin avançait dans un brouillard. Elle revoyait le petit blond fermer les volets de la chambre, après l'éclat de voix et la dispute. Les belles épaules trouées, froides, flasques comme ce bras de femme...

— Je suis rompue, murmura-t-elle. Je vais me reposer. Tout ce trajet.

— Où était-ce ? interrogea Mme Bavousse.

— On m'avait bandé les yeux.

— Comme dans les films ? Comment faisiez-vous pour avancer, alors ?

— Ils me conduisaient en me tenant.

— Vous sentiez leurs mains sur vous, quelle horreur !

— Veinarde, ricana la Germaine.

Mais son rire se brisa. Et que sera-t-elle donc, elle, Mme Boudet, à l'âge de Mlle Vrin ? Lorsqu'elle vivra dans le seul souvenir des mains puissantes, des bras vigoureux qui l'auront pressée contre des torses musclés ? Quand il ne lui restera plus que le souvenir et que la photographie de Théo, arborant le même sourire de carte postale que Pablo Unchebo. Elle rougit. Ses joues la brûlèrent, elle détourna la tête.

La Germaine n'était pas femme à rougir facilement hors du rayonnement de ses bassines à confiture. Cette rougeur soudaine illumina Mlle Vrin. Elle planta là Mme Bavousse et trotta jusqu'à la porte. En trois sauts, elle fut dans sa cuisine. Les fraises, la salade ; la chaise ! la chaise à terre ! on l'avait descendue. La vieille fille se précipita, sans pensée, sur la malle d'osier. Le couvercle grinça, déchirant. Tout avait été bouleversé. Le programme avec les épaules de Pablo, sous le torchon, pas à sa place ; jamais elle ne l'avait mis là, elle l'avait caché dans les plis de la robe de cour. On avait touché à ses étoffes, à ses souvenirs, à toute sa vraie vie d'avant... Les épaules percées de balles, le torse crevé, ce torse éclatant qu'elle avait aperçu, comme un rayon, entre deux arbres.

Avec un sanglot rauque comme une toux qui la secoua jusqu'aux talons, elle vida la malle de Lourdes. La dernière tournée ! A coups de pied, le tutu, les étoffes scintillantes furent tassées au milieu de la cuisine. Secouée de nausées, bavant des larmes, aveugle, Mlle Vrin incendia les oripeaux, à même le carrelage.

313

Janvier

Le colon a refusé de brûler de l'essence pour nous ramener. Jumainville mâle rentre à pinces. On arrive par petits groupes, les vestes sur l'épaule ; les fronts suent, on est furieux.

— C'est une honte ! que je dis à la Germaine. Une honte de traiter les villageois français comme les derniers des Italiens. D'ailleurs, on n'en a pas fichu lourd. J'ai pas remué plus de trois cailloux de grosseur moyenne, et à chaque alerte on s'est empressé de se disperser dans la nature.

Quatre fois, quoi. Le camp a sonné l'alerte quatre fois.

— Et avec ça sur les reins, des adjupètes, pire que les Corses de la Biffe de chez nous, que j'ajoute.

Je pose mon verre. Je me lèche les lèvres. Je les connais, leurs feldwebels. Ils m'en ont fait baver, à Kœnigsberg.

— Ce qui console, que je dis encore, c'est de les voir démolis. Ils ont organisé une infirmerie à l'Aéro-Club. C'est plein. Et pour ce qui est du terrain, on dirait la mer, ça fait des vagues. Tous les hangars sont par terre, les fusils sont en vrac sous un appentis, sans personne pour les garder. Il n'y aurait qu'à se baisser pour les ramasser.

— Et de les voir se carapater dès qu'il y a un coucou dans l'atmosphère, dit le fils Rudelles, c'est ça qui fait plaisir.

Aux quatre fois, ils ont bondi comme des chèvres ; dans les abris. On a profité de l'occasion pour gagner les bois. Ç'a été la croix et la bannière pour nous faire reprendre le travail — si l'on peut appeler ça du travail. N'empêche que, le soir, on s'est présenté, effectif complet, au bureau de paie.

Elle se claque les cuisses, derrière le comptoir ; elle bouscule le père Boudet.

— On les aura, je te dis ! qu'elle crie.

— C'est la quatrième alerte qui a été la plus bidonnante, que je raconte. Des chasseurs.

— Des amerlos, que dit Jo Rudelles. Ils portaient des étoiles.

— Je les ai vues, les étoiles, aussi bien que toi. Il y a des chasseurs américains qui ont piqué sur le secteur ; avec un de ces culots, ils ont rasé les arbres, ils ont foncé sur la loco, ils ont percé la chaudière et foutu le feu à une partie des wagons. Ils tourbillonnaient, on aurait dit des moustiques, avec des quintes de toux. Le train fumait, du vrai bois vert. Je me suis approché, avec les copains. Bon Dieu, dans un wagon, il y avait un chargement de beurre pour la Bochie. Ça pleurait des larmes toutes jaunes ; il y avait des plaques de beurre fondu sur les roues. Daviot a rempli sa gamelle. Il en a bien récupéré une livre. Moi, j'avais rien. Pas de pot. A cinq cents balles le kilo, il a gagné sa journée.

La Germaine souhaite le bonjour au facteur. Il vient de ranger sa bécane le long de la terrasse.

— Je suis en vacances, la Germaine. Plus de train, plus de courrier. La ligne est coupée. Le père Boudet va pouvoir dormir sur ses deux oreilles, tes amoureux pourront pas t'écrire :

— Cré farceur ! qu'elle lui dit.

Le vieux tire sa moustache. Il se met à rire. Il tourne son regard vers moi, on dirait de l'eau sale.

Plus de courrier. Ce que ça voulait dire pour nous à Kœnigsberg !

Le père Pluret sirote son pernod, il regarde au bout du monde ! A quoi qu'il pense ?

Le soir fut éclaboussé de rose et de saumon. Des nuées s'étiraient, semblables à des filaments de gruyère fondu plongé dans la sauce tomate. L'air était immobile et les tilleuls de la place du Marché commençaient à fleurer le miel.

Mme Peigne traîna sa chaise devant les fraisiers et relut la dernière lettre de Basdorf. De temps en temps, elle dressait l'oreille, ses lunettes à monture d'acier posées sur le bout de son nez.

— Il n'y a plus de train, lui avait dit M. Plénard. Peigne rentrerait à pied. A moins qu'il ne trouve une occasion. Boisselut ou un camion de ravitaillement. Avec ce temps-là, en tout cas, il n'avait pas froid en prison.

Marcel, le front appuyé sur la vitre, contemplait Jumainville ; il attendait Pierre et Elisa, Tattignies préparait sa classe. Comme-vous attrapait les mouches en claquant des mâchoires.

Mlle Vrin était effondrée sur un prie-Dieu et, de ses poings serrés, cherchait à chasser de ses yeux des images de torses et d'épaules. Le curé faisait ses malles. Berthe, les prunelles figées, regardait, drapée dans son tablier noir comme une écolière en deuil, un coin de prairie fraîchement retournée sur lequel elle avait planté des soucis.

Mme Plénard attendait des nouvelles de Marcel, et le courrier était interrompu. Elle refusa de sortir, malgré la douceur du soir.

Tout le reste du village s'en alla à petits pas faire la promenade que l'orage de la veille avait différée, tous, même ceux qui n'avaient plus de jambes, même ceux qui ne sortaient jamais, même ceux que les côtes essoufflaient. On s'en fut examiner les trous dont les bombes anglo-américaines avaient crevé le coteau, derrière chez Boudet.

— Elles sont éclatées, vous êtes sûrs ? s'inquiéta Mme Merle.

— Demandez donc à la vitrine de Foiret.

— Roger ! appela Mme Bavousse.

Roger était déjà engagé dans un des trous jusqu'à

mi-corps. Mme Bavousse hurla. On ne savait jamais avec ces engins-là, c'était peut-être une bombe à retardement. Elle brossa rapidement à son fils un tableau horrifiant de son corps déchiqueté, dispersé aux quatre coins de Jumainville, pendillant par lambeaux dans les branches des saules de la Vélize, des tilleuls de la place du Marché, des sapins de la forêt. Roger, nullement touché par cette évocation, sortit cependant du trou pour éviter une gifle.

Les bombes avaient crevé la peau de la colline ; elles dévoilaient, à la façon des manuels d'histoire naturelle, une coupe du derme et de l'épiderme. Sous le feutre vert, les tranches brunes et grises et blanches du sol se montraient à nu. Un buisson avait été charrué par le souffle.

Dans le buisson bouleversé, un oiseau voletait, par à-coups. Une taupe trottina sur un talus d'humus effondré et se mit à fouir sa galerie, dans le plus charnu du derme du coteau. Sur les bords de la plaie, l'herbe s'était redressée, grouillante de tous les insectes de l'été.

Les trois camions de réfugiés dessinèrent une courbe en crosse d'évêque sur la place du Marché et stoppèrent le long de la terrasse du *Café de la Paix ;* ils s'arrêtèrent, en cahotant leur chargement de matelas, de cages à serins et d'humains livides et dépeignés.

« Pauvres gens ! » songea la Germaine.

Elle sentait, dans les reins, sa maison debout, vivante, les fenêtres largement ouvertes sur les tilleuls, et qui lui soufflait sur la nuque l'haleine chaude de la cuisine. Tous ces habitants-là ne possédaient plus un toit ; toutes leurs demeures crevées, effritées, mortes. Elle se retourna en pivotant sur le haut de ses cuisses, caressa son café de l'œil et ramena son regard sur les sinistrés. Ils gardaient les yeux fixés sur ces toits dont pas une tuile n'avait été soufflée, sur ces crépis qu'aucun ongle brûlant n'avait éraflés.

M. Plénard arriva tout de suite, avec des listes plein les poches.

— Monsieur Davrinches ! cria-t-il.

Il se haussa sur la pointe des pieds pour distinguer à l'intérieur du camion bâché le visage qui répondait au nom de M. Davrinches.

— Voilà ! répondit une voix.

Un homme descendit lentement à terre en s'aidant des

genoux et des mains. Il se frotta les cuisses, brossa son pantalon.

— C'est vous, monsieur Plénard, le directeur du Comité d'Entraide ? demanda-t-il.

— Oui, fit M. Plénard.

Ils se serrèrent la main. M. Davrinches était plus grand que M. Plénard ; il se tenait très raide, comme un colonel en retraite. Ses cheveux blancs qui bouclaient sous le feutre noir poudraient son teint à peine jauni par l'âge, d'une carnation de bigarreau. M. Plénard lui sourit.

— Quand même, murmura la mère Bavousse qui avait rejoint la Germaine sur la terrasse.

De la main, la Germaine souhaita le bonjour à l'instituteur qui traversait la place avec le maire. M. Tattignies souleva son panama.

— Nous n'aurons pas d'ennuis ? murmura Morize. La Kommandantur de Fignes...

— On l'enquiquine, coupa M. Plénard avec beaucoup de calme.

— Oui, fit Morize. Mais elle a requis la plupart des habitations libres pour la troupe.

M. Tattignies eut un geste d'impatience. Il lissa sa moustache et déclara que les sinistrés français auraient la priorité sur la soldatesque teutonne, que, pour Jumainville, accueillir les malheureux de Fignes était un devoir, recevoir ces messieurs une obligation qui n'était pas morale, et que l'on verrait bien si la Kommandatur rouspétait. M. Morize gémit et se mit à tourner autour des camions.

La Germaine, Mmes Bavousse et Merle écoutaient, en dissimulant leur curiosité sous un air décemment apitoyé, les récits du bombardement.

— Ça date d'avant-hier, dit une femme. Il me semble que j'y suis encore.

— Mon Dieu ! soupira Mme Merle.

— Nous aussi, nous avons eu des dégâts, affirma Mme Bavousse.

Elle désigna le magasin de la place où des planches remplaçaient la vitrine soufflée.

La Germaine demanda des précisions sur les quartiers écrasés. Et l'église Saint-Jean ?

— Pas touchée, lui répondit une voix.

— Allons, tant mieux.

Quelques instant après, elle apprenait, d'une fillette à nœuds roses pendillant au bout de nattes maigres et serrées comme des cordelettes, que l'église Saint-Jean n'existait plus et que la sacristie avait été transportée par une bombe, au milieu de la place.

— Mon Dieu ! mon Dieu ! fit Mme Merle.

— L'église Saint-Jean ? dit M. Davrinches. Pas grand-chose ; quelques tuiles, quelques chaises, les vitraux, c'est tout...

— L'église Saint-Jean ? reprit une femme, ma pauvre dame, on ne distingue même plus l'emplacement, c'est un tas de cailloux...

— Il faudra que j'aille moi-même à Fignes, conclut la Germaine.

— Et le pont ? interrogea Pluret.

Ils ne l'avaient pas démoli.

— Ils reviendront, c'est certain.

— Mon Dieu !

Pluret toucha le coude de M. Plénard.

— J'ai une chambre de libre, dit-il. (Il ajouta, avec un petit mouvement crispé des lèvres :) depuis le départ d'Emile. Donnez-nous un jeune homme, si possible, qui nous soit comme un fils. C'est pour la mère Pluret.

La Germaine glissa à la mère Bavousse :

— J'en connais un qui boirait du petit-lait en ce moment. Il en ferait des embarras, il en donnerait des ordres. On verrait que lui sur la place. Vous voyez qui je veux dire ?

321

Elle fit une pause.

— Scrogneugneu.

Mme Bavousse gloussa brusquement :

— Il est en vacances, fit-elle.

— Qu'on dit !

Avec leurs valises, leurs rouleaux de couvertures, leurs cages à moineaux balancées au bout de leurs bras, les sinistrés, le regard terne, se dirigèrent vers leurs nouvelles demeures, les demeures étrangères.

— Les pauvres gens ! répéta la Germaine. Faudrait les faire habilement défiler devant la maison Charles, pour pas qu'ils soient jaloux.

Roger Bavousse

Est-ce qu'il y a des garçons de mon âge ? Même plus vieux. J'en ai marre de jouer avec des momignards. Je saute au cul des camions. Il y a que des vieux ou bien que des filles. Le frangin et les Merluche, c'est plus drôle, j'y suis habitué. Ils obéissent trop bien. Dans un sens, c'est agréable, on aime bien être obéi quand on est un chef. Mais parfois c'est énervant, faut tout leur dire. « Fais ceci, fais cela. » Et quand il y a un pépin, c'est moi qui trinque, parce que je suis le plus grand. C'est ça être chef.

— Vous avez un garçon, madame ? que je demande.

Sur cinq qu'on est, il y en a deux qui sont des quilles. Des troupes qui sont pas dignes que je les commande, quoi. Il me faut des gars.

Elle me jette un drôle de regard.

— J'en ai eu un, qu'elle me répond. Et elle se met à chialer.

M. Plénard présenta M. Davrinches à sa femme,

M. Davrinches allait vivre avec eux pour un temps.

— A la place de Marcel, bredouilla Mme Plénard. Sa bouche tremblait aussi sensible que la bouche d'un cheval blessé par le mors. Ses yeux étaient vidés de couleur par le chagrin.

Lorsque M. Davrinches enleva son feutre noir, sa chevelure eut un rayonnement de neige sous le soleil. Il s'excusa du dérangement, poussa sa valise dans le coin du bahut, s'assit et s'occupa à se faire le plus petit possible.

M. Davrinches

Ces murs qui me serrent et qui me protégeront de la pluie quand la pluie tombera ne sont pas les miens. J'avais moi aussi une cuisine fraîche, avec des persiennes qui découpaient le soleil en tranches, un buffet, une toile cirée fleurie et un tas de bûchettes dans le coin du fourneau comme ici. J'ai tout perdu. Et je suis pour les Américains. Alors ?

Il a suffi d'une demi-minute pour tout engloutir. Tous mes livres. Les persiennes, les bûchettes, la toile cirée, ça m'est égal. Mais mes livres. Je suis trop vieux pour reconstituer ma bibliothèque ; retrouverais-je tous les livres que j'avais ? Misère. Voilà la guerre ; barbarie des deux côtés. Qu'on la fasse pour Pierre ou Paul, c'est du pareil au même. Une bombe, c'est toujours une bombe, qu'elle soit lancée ou non pour la liberté. Et je suis trop vieux pour vérifier si le résultat final aura valu la perte de tout ce que j'ai perdu ; mon Erasme ! de tout ce que le monde a perdu.

Ces gens-là ont dû perdre quelque chose aussi : la femme n'a plus de vie ; on lui a arraché le ressort de sa mécanique ; comme pour moi. Il ne va pas falloir que je les gêne. A mon âge, je vis chez les autres. En parasite.

M. Plénard a de petits yeux très doux. Il me demande :

— Voulez-vous voir votre chambre ?

Je dis volontiers.

— C'est la chambre de Marcel, monsieur, murmura-t-elle.

Le lit est un divan très bas ; poussé dans le coin de la
chambre. Le jeune homme l'a arrangé en cosy-corner.
C'est le fils de la maison. Est-il mort ? A-t-il été
déporté ?

— C'est la chambre de mon fils, dit-il.

Il pousse les volets.

Il n'est pas mort, il aurait dit : c'était.

La lumière accroche des cylindres de métal, des roues,
tout un bric-à-brac de mécanicien installé sur une table.

— Voilà, dit-il. Vous serez tranquille.

Je montre une photo : un jeune garçon, vingt ans, très
blond, au beau visage régulier.

— Il a été arrêté, dit-il. Il s'est mordu la lèvre — nous
sommes sans nouvelles, ajoute-t-il. La maison ne vous
paraîtra pas très drôle, mais vous y aurez la paix. Nous
déjeunons à midi juste, si ça ne vous fait rien.

Ça ne me fait rien. Et si ça me faisait quelque chose ?
Je ne suis plus chez moi, je n'ai plus de chez moi. Je suis
à l'hôtel. Un hôtel gratuit pour pauvres. Je vais vivre
chez les autres, en mendiant, jusqu'à ma mort.

M. Tattignies et Pierre suivaient Comme-vous dans la
Grand-Rue. Ils venaient d'installer un campement sous
le préau. Marcel était bloqué près de la machine à
coudre, dans le grenier ; le bout de son nez appuyait une
pastille blanche sur la vitre en losange ; il regardait les
gosses de l'école inventer un nouveau jeu : les sinistrés.
Roger Bavousse commandait une escadrille de bombardement qui, les bras en croix et les lèvres bourdonnan-

324

tes, poursuivait à coups de genoux dans le bas du dos une bande de gosses glapissants — les sinistrés.

Les yeux songeurs dans l'ombre découpée sur son visage par le bord du panama, M. Tattignies caressait sa moustache. Pierre lançait le chien à la poursuite de cailloux.

Devant la maison Charles, ils croisèrent un groupe de réfugiés : mère, grand-mère, grande sœur et deux petits frères. La maison Charles s'abandonnait, comme d'habitude, à son imperceptible glissement continu de bâtisse croulante. Le soleil, qui traversait murs et tout, allumait des éclats de vitres encore coincés dans les montures des fenêtres. Un petit garçon tendit le bras vers le toit crevé et éclata en sanglots ; son frère l'imita aussitôt ; un poing sur la paupière, l'autre main désignant la maison mourante, ils pleuraient éperdument : ils revivaient cette demi-heure bouleversante pendant laquelle les grandes personnes avaient eu aussi peur que les tout petits enfants.

— Mais non, bêtes ! ce n'est pas une maison bombardée, intervint la sœur. Regardez le gros lézard !

M. Tattignies lança un bref coup d'œil vers Pierre. Pierre fronçait les sourcils ; il regarda l'instituteur.

— Poussons jusqu'au jardin, dit M. Tattignies ; j'en ai besoin.

Jusqu'au moment où Tattignies poussa la porte de bois, ils gardèrent le silence. Ils marchaient tous les deux, le menton sur la poitrine.

— Mes fraises sont mûres, murmura l'instituteur. Goûtez celle-là, Le Meur.

Ils avancèrent dans les allées, le bout des doigts caressant les hautes feuilles fraîches des choux. Du creux tendre de la paume, Tattignies pelota les promesses de pommes et se dirigea vers le fond du jardin, vers la luzernière du père Boudet.

L'odeur du foin avait supplanté celle des sureaux.

Tattignies s'accouda sur le grillage, qui bomba un ventre tendu de liserons. Il renifla, les narines cherchant le vent. Comme-vous aboyait pour le plaisir. Sur ses rayons, le soleil s'avançait, comme un moyeu de roue, vers le plus creux de la calotte du ciel.

Tattignies tendit le bras en avant, sans un mot.

— Oui, dit Pierre. (Il tourna son regard vert et bleu de source à l'ombre vers la ferme Boudet et le laissa couler le long de la prairie jusqu'à la Vélize.) Oui. Mais pour combien de gens tout cela n'a-t-il plus de sens ?

Tattignies gonfla le dos.

— Et des gens piétinés par ceux qui luttent contre la force, contre le piétinement, continua Pierre. Des innocents, des faibles.

— L'apprenti sorcier a déclenché le jaillissement des eaux ; il ne peut plus arrêter le cataclysme, dit l'instituteur. Il a déclenché la violence, il faut que la violence se retourne contre lui et l'écrase.

Il siffla Comme-vous, qui grattait un coin de plate-bande.

— Je vous l'ai dit, Pierre. La force contre la force. Après, nous pourrons vivre.

— Pas les morts.

— Mais tous ceux qui sont à naître !

Pluret

Boisselut sort sa tête par la portière. Il a l'air de présenter un légume rare. « Et pas cher, vous savez. »

— Pluret, dit-il. Il y a la milice à Fignes.

— La crème, que je ricane. Comme si le bombardement n'avait pas suffi !

— Et c'est pas tout, qu'il continue comme ça. Il va y avoir un détachement ici.

Je jure les sacrés mille bon Dieu de tonnerre. La milice ici !

Il explique :

— Après l'histoire de l'Aéro-Club, pour sûr. Va falloir se tenir à carreau avec de pareils ouistitis.

Ça m'en fiche un coup. Je reste sans bouger au milieu de la rue du Maillet. Boisselut démarre et pousse jusqu'au *Café de la Paix*. La milice ; la crème, nom de Dieu ! la crème. Paul casse du bois dans la cour. Je rentre. Il a un an de moins que notre Emile, mais le même buste jeune un peu étroit. Il a aussi le même regard clair. Elle a chialé un peu, et puis elle l'a tout de suite adopté, le petit réfugié. L'Emile, où peut-il être en ce moment ? Il n'est pas mort en tout cas ; celui-là a bien failli y passer et le voilà en train de casser du bois. Il est tombé quatre bombes dans le jardin de la Kommandantur. A cette heure, l'Emile serait peut-être plus de ce monde. C'est ce que j'ai dit à la mère, ça l'a un peu consolée.

Le garde champêtre rentre sur mes talons. Je ne l'avais pas vu venir. Il tend devant son ventre une feuille de papier. Quelle vacherie qu'ils vont me faire ?

Dès l'entrée, il dit :

— Je viens vous annoncer une mauvaise nouvelle.

— Je sais, que je grogne. Tu ne m'apprends rien. Il y a la milice qui radine à Jumainville.

Elle demande :

— La milice ?

Elle sait pas. J'explique :

— Pire que les Boches. Les Boches encore, ils font leur boulot pour leur pays. Mais ça !

Je crache par terre.

Il ajoute :

— Sûr et certain. On n'a pas fini d'en voir. On va regretter les Allemands.

— Qu'est-ce que tu me veux ? que je fais.

327

La milice a réquisitionné la chambre d'Emile. La mère a poussé un petit cri de souris :

— Et Paul ?

— Paul ne bougera pas, que je fais — je suis mauvais — la chambre d'Emile n'est pas faite pour abriter des voyous pires que les Fridolins ; si la milice, elle veut une place chez moi, il y a les cabinets. Nom de Dieu de nom de Dieu ! je préférerais encore être fusillé que de voir une de ces charognes dans les draps de l'Emile.

— Pluret ! qu'elle dit.

— Ils n'ont qu'à y aller, eux, travailler en Bochie puisqu'ils sont pour Hitler ; au lieu d'enquiquiner le pauvre monde.

Il est soufflé. Il ne bouge plus. Non, mais c'est vrai, il y a de quoi prendre le maquis, à mon âge.

— Pluret, qu'elle gémit, fais attention !

Je m'assois à table ; je me verse un verre de pinard. Me sens mieux. Je fais :

— Ça va durer combien de temps, cette vie de chien ? Qu'est-ce qu'ils foutent donc, ces cochons d'Anglais ? Ils ne vont pas débarquer un jour, non ? Ça va faire quatre ans qu'on les attend toutes les minutes...

— Pluret ! qu'elle murmure.

C'est vrai, ce que je dis, ça fait quatre ans.

Elle pousse le plat, elle demande :

— Paul, encore des radis ?

Jumainville

Le contingent de miliciens entre en moi par ma rue du Maillet ; les volets sont clos, à cause de la chaleur de ce début d'après-midi. Personne ne les pousse, le peu de mes habitants qui se trouvait hors des maisons a disparu par des portes qui se sont refermées sur des talons.

328

Mes gens ont assisté à l'entrée des Allemands ; la curiosité les poussait. Et puis à ce moment-là, la guerre était finie. On le croyait du moins. On ne savait pas si oui ou non on allait s'arranger avec eux. Il faut reconnaître aussi ce qui était. Les petis Autrichiens de la Germaine étaient sympathiques, il faut bien le dire. Les miliciens, eux, sont des Français payés par Hitler pour tuer des Français. C'est le véritable ennemi ; je le déteste, je le crains. Sur son passage, je garde le silence, je tourne le dos, je m'aveugle de tous mes volets. La colonne d'uniformes noirs s'avance. En chantant. Comme les Allemands. Elle est encadrée par des miliciens qui marchent sur les trottoirs ; ils jettent aux fenêtres closes, aux ruelles, des regards traqués, la mitraillette sous le bras prête à l'action. Village ennemi ; oui, je suis le village ennemi ! Je sens les Allemands comme des corps étrangers. Je ne les assimile pas ; avec de la patience, j'arriverai bien à les éliminer, comme on élimine une épingle par les ongles. A la rigueur, on m'opérera ; je passerai sur le billard. Mais ce tas de scories, c'est du vrai poison...

Le détachement couleur de suie ramone la rue. Il me gonfle comme une boule de nourriture malsaine ; il remonte mon tube digestif. Pour être vomi. Je veux le vomir, c'est insoutenable. Il martèle mes pavés à coups de talon, *ein, zwei,* écrasants, haineux. Il se dirige, compact, étouffant, vers la place du Marché. Ils flairent, ils balaient la rue du regard, prêts à la balayer de balles en rafale. Ils braillent. Bizarre, on comprend. Serait-ce du français ?

— Crénom ! dit la Germaine, nous sommes propres.

Le père Boudet se dissimula derrière l'étalage des bouteilles ersatz. Il grogna :

— C'est ça, la milice, eh ben !

329

— Ils ont de plus sales gueules encore que les Chleuhs.

— Et ils se méfient, vise-moi les mitraillettes.

— Ils savent ce qu'on pense.

La colonne traversait la place en direction de la Grand-Rue. Un milicien placé à l'extrême bord gauche de l'avant-dernier rang tourna la tête vers le *Café de la Paix*. Le béret noir casquait étroitement la nuque rasée ; un sourire goguenard tortilla ses lèvres minces.

Le père Boudet porta brusquement son corps en arrière. Il heurta le comptoir.

— Par exemple, bredouilla-t-il. (Il fixa ses prunelles vides sur la Germaine.) Ça, par exemple !

— Quoi ? fit la Germaine.

— Auguste !

Mlle Vrin, la paume des mains mouillée de sueur, décolla son front de la vitre. Elle ferma les yeux, laissa sa pensée filer à la dérive. Encore de jeunes hommes. Oh ! la guerre ! Me laissera-t-on retrouver la paix ? murmura-t-elle.

Elle se retourna vers la table : une petite vieille réfugiée de Fignes achevait de grignoter une morceau de pain. Son corsage noir piqué de perles de jais drapait des épaules pointues comme des cornes de vache.

Juine

— Tes frères sont planqués ?

Je fais signe que oui. Elle continue :

— Il va chercher à nous faire vacherie sur vacherie, tu peux être sûr. Il est du côté du manche.

— Pour l'instant, que je fais. Ça durera pas.

Elle se croise les bras ; elle remonte sa poitrine avec le geste d'un trouffion qui remonte son ceinturon.

— Ça va chauffer, si tu veux savoir mon impression, dit-elle.

Je m'approche de la vitrine. Ma bécane est appuyée sur le tronc du tilleul. Personne n'y a touché. J'ai bien confiance, mais aujourd'hui !... L'honnêteté et rien, c'est du kif-kif. Le jour où je suis venu à la mairie, j'avais laissé ma bécane devant la porte, on m'avait chipé ma pompe à pneu.

Ça dure depuis le bombardement. Tous les hommes sont collés devant le *Café de la Paix*. Ça fait une masse molle d'hommes en salopette et de musettes ; ça remue vaguement. Il y a le garde champêtre, les pieds dans le ruisseau et le nez en l'air ; il attend le camion. Je pose mon coude sur le zinc — qui est plus du zinc. Je les regarde tous : ils ont les épaules rondes, les mains enfoncées dans les poches, la musette kaki sur les fesses ; ils se préparent à vivre toute une journée en attendant le soir. Elle me touche le coude ; elle fait :

— C'est tous les matins.

Voilà Morize qui apparaît de l'autre côté de la place. Il agite les bras. On le croirait sur l'autre bord d'un lac ; il fait signe au passeur, et puis il se lance à la nage à travers la place où il y a le soleil du matin qui clapote, comme sur un vrai lac. Je me glisse sur le trottoir. Le groupe se remue, il s'ouvre pour avaler Morize, il se referme. Il annonce que la corvée ne va pas au camp ce matin ; il ne faut pas attendre le camion.

— Le garde champêtre va vous conduire au château, qu'il dit. Vous allez décharger des munitions.

Il écarte les bras, il s'excuse, quoi.

Il y a Janvier qui râle :

— Ça y est. Ils nous prennent pour leurs larbins.

Daviot :

— Il y a plus de raison pour que ça s'arrête. On finira par faire leur corvée de tinettes, leurs peluches et leur casernement, pourquoi pas ?

331

Le maire remue les épaules, il se gratte le menton.

— Voilà, dit-il. Qu'est-ce que vous voulez...

Il écarte les bras et replonge dans le soleil vers la mairie.

Ça peut être intéressant. Le garde champêtre fait le rassemblement. Bruits de savates traînées ; ça grogne ; des soupirs qui sont déjà fatigués. La colonne se tortille vers l'impasse du Sud. Il marche en tête, le bout des moustaches entre les dents. Je cligne de l'œil vers la Germaine.

— Je vous laisse mon vélo, que je fais.

— Tu y vas ?

— Ça peut être intéresssnt, que je dis.

Je les rattrape au bas des marches. Je me colle au dernier rang. Il m'a vu.

— Qu'est-ce que tu viens foutre ? T'es pas forcé de venir, t'es réfractaire.

— T'occupe pas, que je lui lance.

Je souris, j'enfonce la pointe de mon coude dans les côtes de mon voisin.

— Ça m'amuse, que je dis.

J'ai déjà travaillé pour eux. Enfin, travaillé, c'est une façon de dire. J'ai surtout fait semblant. Quand je n'étais pas aux cabinets ou à l'infirmerie, je roupillais debout à mon tour. Le meister, c'était un gros Bavarois plein de soupe et aux yeux globuleux, des yeux de crapaud. Il venait me secouer de temps en temps. Avec une longue phrase en boche qu'il faisait valser en l'air, comme une mèche de fouet. Je répondais *ia, ia*, je lançais ma machine, je me réveillais pour piquer un tournevis, une clé anglaise, et je me rendormais avec les yeux ouverts.

Varèmes est parti. Est-ce que le remplaçant est arrivé ? L'église a l'air d'être fermée. Mon usine fabriquait des moteurs d'avions. J'aurais donné cher pour savoir combien de moteurs corrects, capables de tourner rond, ils sortaient de la boîte. Pas lourd, je l'aurais juré. Et les Hollandais, les Belges, les Serbes, les Hongrois, les Grecs. Ils étaient aussi ardents que nous au boulot. En somme, c'est couillon, les Boches. Comme s'ils avaient pu croire un instant que les patelins sous la botte allaient travailler pour les beaux yeux du roi de Prusse ou de celui qui en fait fonction. Dès que j'ai pu me défiler, je n'ai pas loupé le coche. « Grand-mère gravement malade. » Grand-mère, c'est devenu mère ; le télégramme a rajeuni d'une génération. Il a gueulé, le meister, mais j'ai mis les bouts, tout de même. Un paquet de cigarettes à l'interprète et un flacon de pisse d'âne baptisé parfum de Paris pour sa chérie et hop ! classé.

Terrain militaire. *Eintritt verboten.* Ça nous empêche pas de rentrer, saucisse ! Le feldwebel nous reçoit à la grille, ma chère. A la grille du parc, comme dans le beau monde. Je m'enfonce plus profond dans la colonne. On va camoufler des munitions. Il s'agit d'ouvrir l'œil et le bon, comme disent les détectives.

C'est couillon, des Boches. Oui, ce travail-là, je suis volontaire ; ça m'amuse. Et ça m'instruit.

Le temps léger du matin n'avait pas duré. Vers midi, la pluie tombait serrée, drue, et continuait à choir, coupée de rares éclaircies.

Jumainville respirait mal. La mère Crémant, de son épicerie, comptait les camions qui changeaient de vitesse dans le raidillon du Tour de Ville. Puis, le convoi défilé, elle se précipita en tenant ses jupes.

— Huit camions pleins, souffla-t-elle à la Germaine.

— Ça en fait treize depuis ce matin.

— Mon Dieu ! soupira Mme Merle.

La mère Crémant repartit au petit trot, offrant au

vent mêlé de pluie un profil où le chignon contrebalan-
çait le nez.

Mme Rousselan arriva : l'instituteur venait de lui
apprendre que le lieutenant Bachmann quittait le château pour s'installer à Villois.

— A moins qu'il aille retrouver sa femme en Suisse,
suggéra la Germaine.

— Ça ne lui plaît pas de voir des munitions chez lui.
Il préfère les tulipes.

— Les Américains vont venir bombarder, gémit
Mme Merle. Et à viser comme ils visent, nous sommes
tous morts...

— Ils ne bombarderont pas, assura la mère Rousselan, le château est à eux, et ils le savent bien ; ils sont
renseignés.

— Vous croyez ? Mon Dieu !...

Mme Merle joignit les mains. La mère Rousselan
résuma la situation :

— Les Boches, les munitions, les avions, les terroristes, on devient chèvre avec tout ça.

— Et les miliciens. C'est ce qu'il y a de pire.

Ils s'installaient, annonça la Germaine ; on ne perdrait
rien au change ; c'était une espèce de bonshommes à
fourrer dans le même sac que la Gestapo ; ça voulait
tout dire.

Le soir même, les miliciens firent leur apparition dans
les rues, par petits groupes de deux ou trois, la mitraillette en bandouillère. A six heures — heure allemande
— le père Boudet se glissa derrière le comptoir du *Café
de la Paix ;* il secoua l'imperméable, l'accrocha.

— Il te va ? demanda la Germaine. Tu ne m'as pas
dit.

— Un peu large, répondit le père Boudet à voix basse.

La Germaine soupira : elle revoyait, en surimpression,
sur les tilleuls vernissés par la pluie, le buste de Théo,
dans la position qu'il avait adoptée sur la photo.

— Il n'est pas encore venu ? s'inquiéta le père Boudet.. Il s'est pourtant fait affecter ici exprès, c'est certain. S'il s'est engagé là-dedans, tel que je le connais, c'est pour nous en faire baver... Il va habiter la ferme, jusqu'à nouvel ordre ; le garde champêtre m'a prévenu.

— La vache ! fit la Germaine.

A n'en pas douter, c'était la guerre. La Germaine secoua sa chevelure de flamme et respira un grand coup :

— Bon, dit-elle.

— Il va venir, tu vas voir, glissa le père Boudet. Je le sens.

Ses prunelles inexpressives chaviraient dans la cornée couleur d'huître ; les bagues, blanc sale, qui encerclaient les iris paraissaient tourner sur elles-mêmes. La Germaine le regarda, le secoua par les épaules, puis remonta du doigt son menton : elle cherchait à accrocher ses yeux glissants.

— Et quoi ? commanda-t-elle.

Elle poursuivit en se tournant vers Pluret qui s'installait à sa table habituelle.

— Auguste est là, dans la milice.

— Milicien ?

— Oui.

Pluret siffla :

— Ça promet, dit-il.

Janvier ricana.

— Il n'avait plus que ça à faire pour être tout à fait dégueulasse, dit-il.

Le père Boudet se racla la gorge. Auguste entrait, sanglé dans son uniforme noir. Le silence coiffa la salle de sa poche de feutre. Auguste s'arrêta sur le seuil, fit sauter sa mitraillette sur sa poitrine, d'un petit coup d'épaule, et s'avança en caressant son arme.

— Germaine, dit Pluret, veux-tu m'apporter un peu d'eau ?

— Voilà, mon petit père, dit Germaine. Tu vas avoir des grenouilles dans le ventre.

— Bonjour, fit Auguste.

Le père Pluret saisit le haut de son pantalon.

— Ça me ferait pas de mal. Je maigris.

Le rire de Janvier fusa ; la Germaine lâcha vers le plafond ses gloussements de basse-cour en détresse. Auguste s'accouda au comptoir.

— A boire, dit-il, et au trot.

Les rires gelèrent. Le silence, pour la seconde fois, s'accroupit sur la pièce. Auguste arracha son béret noir timbré d'un gamma en argent.

— On me reconnaît pas ? ricana-t-il.

— Tiens, remarqua la Germaine avec calme. (Elle se tourna vers le père Boudet.) Je savais pas que ça causait français.

Les petits yeux d'Auguste glissèrent de la Germaine au père Boudet, du père Boudet au père Pluret, puis revinrent se poser, aigus et froids comme des pointes de lames, sur la Germaine. Le père Boudet baissait vers le comptoir un visage couleur d'endive.

— De ton pernod, siffla Auguste.

— Pour les Allemands, répliqua la Germaine, j'ai de la bonne bière. Vous en voulez ?

Janvier pouffa.

— Nom de Dieu ! éclata Auguste.

Janvier s'arrêta. Pluret versait l'eau de très haut dans son verre ; le glouglou chantonnait avec des trémolos de cascatelles.

— Quelle heureuse surprise ! fit une voix. Auguste Boudet est revenu de voyage.

C'était Tattignies. Comme-vous dans les talons. L'instituteur souleva son chapeau de pluie — un feutre noir à grand bord, pareil à un chapeau de peintre — et souhaita le bonsoir à la compagnie. Il alla serrer les mains de Pluret, de Janvier, de Boudet.

336

— Bonjour, la Germaine.

— Bonjour, Pisse-la-Craie.

Il s'arrêta devant Auguste, le contempla en remuant lentement la tête de bas en haut, puis de haut en bas. Il émit un murmure admiratif.

— Quel splendide uniforme, fit-il, le noir des pirates !

Il tendit la main, vers le béret.

— Quel est ce signe ? La traduction en allemand de la tête de mort et des os en croix ?

Auguste repoussa la main de l'instituteur.

— Cher Auguste, murmura Tattignies.

Comme-vous, l'échine hérissée, se mit à ronfler au pied du comptoir, la gueule au ras du carrelage.

— Je suis le maître, gueula Auguste. Et je vous conseille de vous tenir peinard, tout monsieur Tattignies que vous êtes !

Tattignies dirigea vers Auguste la lumière glaciale de ses yeux. Il lissa sa moustache et souffla par les narines un petit vent de dédain. Auguste saisit sa mitraillette. Comme-vous, avec un jaillissement de sauterelle, s'accrocha à ses mollets, la gueule pleine de grondements.

— Comme-vous, cria la Germaine, tu vas t'empoisonner !

Auguste secoua la jambe ; Comme-vous alla bouler sur le carreau, se ramassa et bondit. Un rauque toussotement et Comme-vous s'étala comme une baudruche crevée, sans un cri.

— Salaud ! cria la Germaine.

Tattignies, très pâle, s'avança vers la mitraillette, qui laissait filer, vertical, un imperceptible filet d'air bleu. Des yeux d'Auguste, on ne distinguait plus que les pupilles réduites à un point d'encre ; les lèvres étaient retroussées et tordaient au-dessus des dents un mince filet de chair blanche.

— Milicien, assassin ! lança Tattignies. Vous êtes une

brute, une brute ! Graine de mort, comme Lécheur ;
plant de fusillé !

La Germaine poussa un cri et porta la main à sa
gorge. Pluret se dressa, la bouche ronde. Le cri de la
Germaine avait couvert un deuxième toussotement bref.
Le corps porté en arrière, Auguste regardait M. Tattignies pivoter sur ses talons, lentement, en bredouillant
des mots indistincts, le menton bas, les yeux éteints, et
s'affaler, cassé en deux comme une planche morte, les
poings noués sur la poitrine. Le chapeau de peintre
roula jusqu'aux pieds de Pluret toujours debout. Sous la
moustache d'or gris, une grappe de groseilles se gonfla,
creva avec un gargouillis. Il semblait que le coup de feu
avait éclaté un siècle auparavant. Tout le monde restait
immobile dans l'attente de quelque événement effroyable : l'apparition d'un ange vengeur, la résurrection de
Tattignies... Cela ne pouvait être réel, on attendait, on
allait se réveiller.

— A moi, milice ! cria soudain Auguste.

Personne n'avait bougé. Les prunelles de l'instituteur, billes d'agate immobiles, fixaient le bas du comptoir. Le crâne
poli posait sur le carrelage une grosse boule de billard.

Deux miliciens sautèrent dans le café, les mains
crispées sur leurs armes.

— Je l'ai échappé belle, dit Auguste.

Ses yeux de fer piquèrent la Germaine en plein visage,
puis le père Pluret qui se rasseyait au ralenti, comme on
avait joué toute la scène.

— Je suis le maître.

Auguste coiffa son béret d'une main, l'autre accrochée à la mitraillette.

— Ne touchez pas au corps. On va venir vous en
débarrasser. Et toi, le père — le père Boudet ouvrit la
bouche, la referma, regarda la Germaine, plus blanche
que du lait — rentre à la maison. Je te suis.

Sous la moustache blonde et grise, au milieu du visage

338

tué couleur de cire, les groseilles commençaient à se flétrir.

Les trois bérets noirs pénétrèrent dans la ferme, sur les talons du père Boudet.

— Holà ! cria Auguste.

Berthe apparut sur le seuil de la cuisine. Elle murmura : « Auguste ! » Ses paupières clignèrent sur ses prunelles fixes ; elle s'approcha, en secouant son buste, jusqu'à toucher Auguste de son haleine. Il jeta un bref coup d'œil sur ses camarades.

— Fous-moi la paix, Boiteuse, grogna-t-il.

D'un coup de talon, il l'écarta de son chemin, comme une chaise gênante.

— Auguste ! murmura-t-elle. Enfin !

Dans la salle à manger, Pierre, à côté d'Elisa, était assis sur le rebord de la fenêtre. Il regardait les gouttes d'eau faire vibrer les herbes.

— Salut ! Auguste.

— Salut ! fit Pierre.

— J'ai reconnu ta voix, dit Elisa. Nous étions tranquilles.

Auguste se dirigea vers Pierre. La haute silhouette du père Boudet s'encadra dans la porte de la cuisine, entre les deux autres miliciens qui assistaient à l'opération, le sourire épinglé aux coins des lèvres.

— Au nom de la milice, dit Auguste, je vous arrête, Le Meur.

Pierre haussa les épaules et dirigea son regard vers la prairie, que fouettait maintenant la pluie.

— Complot contre la sûreté de l'Etat, précisa Auguste. Vous êtes un sale gaulliste, comme Tattignies.

— Ils l'ont tué, balbutia le père Boudet.

Elisa se colla au mur, les mains à plat contre le papier peint. Pierre se leva, tourna vers elle son profil d'oiseau.

339

— Allons ! commanda Auguste. On a les preuves que tu t'es camouflé.

Les deux miliciens s'approchèrent.

— Pierre !

Elisa se poussait contre la muraille.

— Dites-lui bien, Elisa, que ce n'est plus le temps d'écouter la voix de la conscience, ni celle des livres. Dites-lui bien, Elisa. Voilà venu le moment d'agir.

— On va l'emmener au chef, ricana Auguste.

De l'index, il toucha le menton d'Elisa.

— Tu n'es pas ma sœur, cocotte, dit-il, rappelle-toi bien. Et te voilà libre. Tu vois, ton deuxième mec est arrêté.

Élisa

Le soir du feu, j'ai pris Marcel par la main, et j'ai dit :

— Mon rosier est mort.

La banquette de vase, pelucheuse et douce à l'œil comme du velours de soie, s'enfonçait dans l'eau. A un certain endroit, la rivière cessait d'être vitre pour devenir miroir. La limite était imprécise ; et l'on voyait des algues, les reins appuyés sur le courant, mêler leur chevelure dénouée aux boucles des saules et au ciel. Les feuillages murmuraient dans le matin.

Marcel posa sa main sur le tronc d'un peuplier. L'écorce était d'un grain tendre ; contre la chair de sa paume, Marcel sentait palpiter la chair de l'arbre.

« Adieu à la Vélize, songea-t-il, à la chambre de roseaux, à la rainette. »

Des graines de peuplier s'abandonnaient aux caresses du vent et descendaient, moelleuses comme des touffes de poils de lapin ; elles s'accrochaient aux roseaux, pendaient en grappes aux branches des saules, s'agglutinaient sur l'eau en petits paquets qui filaient vers Jumainville en valsant.

— La vie, la vie, avait crié Pierre, un soir.

Marcel avait compris, hier, lorsqu'il avait pressé dans le grenier de l'école, sonore sous l'averse, une Elisa venue seule, qu'il y avait des temps où il fallait combattre.

De sa main étalée, il lissait toujours le tronc du peuplier.

— Cher arbre, murmura-t-il.

Il longea la rivière jusqu'à l'extrémité du jardin de Pluret. Berthe devait être à l'ouvrage dans la cuisine Boudet, le soleil était déjà haut. Marcel resta à l'abri des saules.

Adieu à la prairie si douce au pied. Derrière la haie de sureaux, maintenant défleurie, poussé vers le chemin par la luzernière rosissante, le jardin de M. Tattignies s'apanouissait dans la lumière. Elisa avait promis qu'elle s'en occuperait ; en souvenir. Marcel recula sous les saules. Berthe tanguait en descendant la prairie ; elle s'arrêta, resta plantée, les mains allongées sur les cuisses, devant la dartre noire qu'avait laissée l'incendie, puis, cinq et trois font huit, remonta vers la ferme. Elle disparut du côté des étables. Un moment après, Marcel la vit qui trottinait sur la route de Jumainville ; elle allait au village.

Elisa ouvrit la porte de derrière. Marcel agita une branche de saule.

— Marcel ! Marcel ! murmura Elisa en se jetant contre lui. Ils ont débarqué.

Marcel poussa un soupir. Les nuages, là-haut, flottaient comme une armada cotonneuse. Tous les feuillages de la Vélize, la haie de sureaux, les trois arbres fruitiers de M. Tattignies firent courir dans le creux de la vallée un bruit de jusant. La prairie et la luzernière, et les champs de l'autre côté de la route, et le coteau poussaient leurs vagues d'herbe, de fleurs et de feuilles vers l'horizon.

— Le débarquement, dit Marcel. Enfin le jour est arrivé. Le jour de gloire.

Il demanda :

— Quel jour sommes-nous ?

— Le 6 juin, le mardi 6 juin, répondit Elisa.

Il coula son bras autour des épaules de la jeune fille.

— Petite Elisa, dit-il, son regard venait de très loin

342

derrière lui, je pars donc le jour qu'il faut partir.

Elisa leva les yeux vers la chevelure rayonnante.

— Je vais t'accompagner jusqu'au haut du coteau. Auguste dort, Berthe est partie en course. Le père Boudet n'est plus qu'une loque... Dépêchons-nous de passer le pont ; après, nous serons tranquilles.

— Nous monterons par le sentier, dit Marcel.

Tout en marchant, il se mit à caresser la natte qui couronnait Elisa.

— J'ai été à la maison, ce matin, fit-il. Il a fallu.

Il s'était faufilé pour annoncer son départ. Personne n'était encore levé. Il avait pénétré dans la chambre des parents, comme lorsqu'il était petit. En embrassant sa mère, à la fois ravie et follement inquiète, il lui avait demandé d'être courageuse et de lui pardonner son silence et de s'appliquer à bien mentir.

Où étaient-ils, en ce moment, tous ses camarades ? Grand Dubus dont on n'avait jamais eu de nouvelles, Grangeon, le prof de gym, le prof de français ? Et maintenant, Pierre.

Mais les Alliés avaient débarqué.

Ils arrivèrent au sommet du coteau, entre les buissons. Le vent d'est poussait jusqu'à eux les flocons soyeux des peupliers. Ils regardèrent Jumainville, que le soleil tiédissait ainsi qu'un beau fruit.

Le soleil de juin dansait sur les toits, les peupliers neigeaient leurs graines sur le paysage, mais la terreur vivait derrière ce paysage. Auguste venait de se lever. Le milicien, qui avait chassé Paul de la maison Pluret, réclamait son petit déjeuner. Sur la place du Marché, les hommes de Jumainville se rassemblaient pour aller décharger des munitions allemandes. Sur l'autre bord de la cuvette, l'école était vide ; Roger Bavousse était en vacances, en grandes vacances. La Germaine nettoyait le carrelage de son café. Mme Peigne attendait — plus de lettres de Basdorf, pas de nouvelles de Peigne — les

Pluret attendaient, Esther Trouche attendait, Mlle Vrin attendait elle ne savait quoi, les Rousselan, la mère Crémant attendaient. Pour les Plénard et pour Elisa, l'attente commençait ce matin. L'église attendait son prêtre et l'école son maître. Sauf la pâtisserie Lécheur et la Boiteuse, tout Jumainville attendait. Du clocher ratatiné, sans élan, s'égouttèrent quelques grosses notes de bronze : c'était l'heure allemande.

Mais les Alliés avaient débarqué.

L'horizon du côté de Fignes fut soulevé par de brusques hoquets ; le ciel, d'une fragilité de porcelaine à peine teintée, se fracassait derrière la ligne des champs.

— Fignes encore, dit Marçel.

Il revit le vieil homme aux cheveux du même blanc que ces nuages, que cette neige de peuplier, et qu'il avait rencontré dans sa chambre en train de lire *l'Iliade*. Il revit le profil d'oiseau de Pierre, ses yeux limpides. La vie, la vie !

— Pierre aurait fait ce que tu fais, Marcel, souffla Elisa.

Elle saisit les doigts de Marcel. Le pan de ciel fracassé grognait, fusait, rotait.

— Hier, Pierre a renoncé à la non-violence, à la pureté. Le dégoût du présent avait vaincu. Ce matin, il aurait été, comme toi, trouver Juine ; il était décidé.

Les grommellements de l'horizon laissaient tout leur calme aux baraques de nuages. Dans les branches des buissons, des bestioles multicolores trottaient, couraient, ainsi qu'aux plus beaux jours de paix. La même herbe, le même feuillage, de semblables insectes.

— On n'a pas entendu les avions, remarqua Elisa.

— Le vent est contraire.

Les grondements s'apaisaient, comme d'un fauve calmé. A Fignes aussi, dans la poussière, les peupliers laissaient voler leurs graines.

— Vers quelle aube allons-nous ? demanda Marcel à voix haute.

Il regardait le village.

Elisa se serra contre lui.

— Pierre aurait dit : espoir, fit-elle.

Marcel se tourna vers le mur de la forêt. Il respira profondément ; dans sa poitrine gonflée de sang neuf, s'épanouit comme un buisson rouge

Méréville, mai-juin-juillet 1944.

Grands auteurs

Presque des classiques, des auteurs consacrés mais encore et tellement proches de nous.
Demandez à votre libraire le catalogue semestriel gratuit.

APOLLINAIRE Guillaume
Les onze mille verges (704★)
Une œuvre scandaleuse et libertine écrite par un grand poète.

CARRIÈRE Jean-Claude
Humour 1900 (1066★★★★)
Un feu d'artifice des plus brillants humoristes du début du siècle.
Lettres d'amour (1138★★★★)
Les plus belles pages inspirées par l'amour.

CESBRON Gilbert
Chiens perdus sans collier (6★★)
Le drame de l'enfance abandonnée.
Vous verrez le ciel ouvert (65★★★)
L'injustice, le miracle et la foi.
Il est plus tard que tu ne penses (131★★★)
L'euthanasie par amour.
Ce siècle appelle au secours (365★)
Un regard aigu sur notre civilisation.
C'est Mozart qu'on assassine (379★★★)
Le divorce de ses parents plonge Martin dans l'univers sordide des adultes. En sortira-t-il intact ?
L'homme seul (454★)
Une tragédie inspirée par le personnage de Mussolini.
Je suis mal dans ta peau (634★★★)
Après des études à Paris, deux jeunes Africains cherchent à reprendre racine dans leur terre natale.
Ce qu'on appelle vivre (851★★★★)
L'itinéraire d'une vie fervente et fraternelle.
La ville couronnée d'épines (979★)
Amoureux de la banlieue, l'auteur recrée sa beauté passée.
Mourir étonné (1132★★★)
Au seuil de la mort, Cesbron s'interroge.

Mais moi je vous aimais (1261★★★★)
Assoiffé d'amour, le petit Yann se heurte à l'égoïsme des adultes, car son esprit ne grandit pas aussi vite que son corps.
Huit paroles pour l'éternité (1377★★★★)
Comment appliquer aujourd'hui les paroles du Christ.

CLANCIER Georges-Emmanuel
   Le pain noir:
1 - Le pain noir (651★★★)
2 - La fabrique du roi (652★★★)
3 - Les drapeaux de la ville (653★★★★)
4 - La dernière saison (654★★★)
De 1875 à la Seconde Guerre mondiale, la chronique d'une famille pauvre qui tente de survivre, à l'heure des premiers grands conflits du travail.

CLAVEL Bernard
Le tonnerre de Dieu (290★)
Une fille perdue redécouvre la nature et la chaleur humaine.
Le voyage du père (300★)
Le chemin de croix d'un père à la recherche de sa fille.
L'Espagnol (309★★★)
Brisé par la guerre, il renaît au contact de la terre.
Malataverne (324★)
Ce ne sont pas des voyous, seulement des gosses incompris.
L'hercule sur la place (333★★)
L'aventure d'un adolescent parmi les gens du voyage.
Le tambour du bief (457★★)
Cette malade était incurable: Antoine l'infirmier, avait-il le droit d'abréger ses souffrances?

e massacre des innocents (474★)
*a découverte, à travers un homme admi-
*able, des souffrances où la guerre jette les
nfants.

*'*espion aux yeux verts (499★★)
*es nouvelles qui sont aussi les souvenirs les
lus chers de Bernard Clavel.

La grande patience:
 - La maison des autres (522★★★★)
 - Celui qui voulait voir la mer (523★★★★)
 - Le cœur des vivants (524★★★★)
 - Les fruits de l'hiver (525★★★★)
*ulien ou la difficile traversée d'une adoles-
nce sous l'Occupation.

e seigneur du fleuve (590★★★)
*e combat, sur le Rhône, de la batellerie à
evaux contre la machine à vapeur.

*rates du Rhône (658★)
* Rhône d'autrefois, avec ses passeurs, ses
aconniers, ses pirates.

* silence des armes (742★★★)
*rès la guerre, il regagne son Jura natal.
ais peut-on se défaire de la guerre?

*rit sur la neige (916★★★)
* grand écrivain se livre à ses lecteurs.*

*ennot (1099★★)
*ennot vit seul sur son île lorsqu'une femme
nt tout bouleverser.

* bourrelle - L'Iroquoise (1164★★)
* Québec, une femme a le choix entre la
adaison et le mariage.

*es colonnes du ciel:
* La saison des loups (1235★★★)
*a hiver terrible où le vent du nord portait
eur, la mort et le hurlement des loups."

* La lumière du lac (1306★★★★)
*istoire de ce "fou merveilleux" qui boule-
*se les consciences, réveille les tièdes,
raîne les ardents.

* La femme de guerre (1356★★★)
*r poursuivre l'œuvre du "fou merveil-
*x", Hortense découvre "l'effroyable devoir
uer".

*tre à un képi blanc (D 100★)
* utte contre la guerre est le combat essen-

COLETTE
Le blé en herbe (2★)
*Phil partagé entre l'expérience de Léa et
l'innocence de Vinca.*

DAUDET Alphonse
Tartarin de Tarascon (34★)
Sa vantardise en a fait un héros immortel.
Lettres de mon moulin (844★)
*Le curé de Cucugnan, la chèvre de M.
Seguin... Des amis de toujours.*

FLAUBERT Gustave
Madame Bovary (103★★)
*De cet adultère provincial Flaubert a fait un
chef-d'œuvre.*

FOURASTIÉ Fr. et J.
Les écrivains témoins du peuple
(1090★★★★)
*De Chrétien de Troyes à Zola, la vie quoti-
dienne des générations qui ont fait la France
d'aujourd'hui.*

PEREC Georges
Les choses (259★)
*Le bonheur est-il lié aux choses qui peuvent
s'acheter?*

PERRAULT Gilles
Casanova (1279★★★★)
*Le plus célèbre séducteur de son temps, un
grand écrivain.*

RENARD Jules
Poil de carotte (11★)
*Sous son ironie facilement amère, que de
tendresse pour son père!*

ROY Claude
Victor Hugo, témoin de son siècle
(1171★★★★)
Le XIXᵉ siècle décrit par le grand visionnaire.

TROYAT Henri
La neige en deuil (10★)
Une tragédie dans le cadre grandiose des Alpes.

La lumière des justes:
1 - **Les compagnons du coquelicot** (272★★★)
2 - **La barynia** (274★★★)
3 - **La gloire des vaincus** (276★★★)
4 - **Les dames de Sibérie** (278★★★)
5 - **Sophie ou la fin des combats** (280★★★)
Entre 1814 et 1870, les amours d'une jeune Parisienne et d'un lieutenant du tsar.

Le geste d'Eve (323★)
Les histoires les plus invraisemblables ne sont pas forcément les moins vraies.

Les Egletière:
1 - **Les Eglefière** (344★★★)
2 - **La faim des lionceaux** (345★★★)
3 - **La malandre** (346★★★)
Dans une famille bourgeoise, l'égoïsme, les appétits et les vices se déchaînent.

La pierre, la feuille et les ciseaux (559★★)
Un rêveur impénitent lutte avec maladresse contre la passion qui le dévore.

Anne Prédaille (619★★)
L'amour étouffant d'Anne dévore aussi bien son père que le jeune Laurent.

Le Moscovite:
1 - **Le Moscovite** (762★★)
2 - **Les désordres secrets** (763★★)
3 - **Les feux du matin** (764★★)
Emigré français en Russie sous la Révolution, il se retrouve exilé à Paris, pris entre deux amours.

Grimbosq (801★★★)
Un architecte français à la cour du tsar Pierre le Grand.

Le front dans les nuages (950★★)
Deux femmes mûres découvrent la vie.

Le prisonnier n° 1 (1117★★)
Nul ne saura qui il est, ainsi en a décid Catherine II.

Viou (1318★★)
Cette petite fille transforme en lumière l grisaille de la vie.

ZOLA Emile
L'assommoir (900★★★)
Gervaise, courageuse ouvrière, affronte drame de l'alcool et de la misère.

Germinal (901★★★)
Le mineur Etienne Lantier appelle ses cam rades à la révolte.

La terre (902★★★)
Le monde des paysans dans sa réal terrible et grandiose.

Nana (954★★★)
Une courtisane sensuelle et subversive.

La bête humaine (955★★★)
Elle fonce et tue, telle la locomotive folle

La fortune des Rougon (1008★★)
«C'était une famille de bandits à l'affût, pr à détrousser les événements.»

Thérèse Raquin (1018★★)
La déchéance d'une femme soumise à sens.

J'ai Lu Cinéma

*Une centaine de romans J'ai Lu ont fait l'objet
d'adaptations pour le cinéma ou la télévision.
En voici une sélection.*

Demandez à votre libraire le catalogue semestriel gratuit.

ANDREVON Jean-Pierre
Cauchemar... cauchemars! (1281★★)
*Répétitive et différente, l'horrible réalité,
ce que le plus terrifiant des cauchemars.
dit.*

ARSENIEV Vladimir
Dersou Ouzala (928★★★★)
*Un nouvel art de vivre à travers la steppe sibé-
rienne.*

BENCHLEY Peter
Dans les grands fonds (833★★★)
*Pourquoi veut-on empêcher David et Gail de
fouiller une épave sombrée en 1943?*
L'île sanglante (1201★★★)
*Un cauchemar situé dans le fameux Triangle
des Bermudes.*

BLIER Bertrand
Les valseuses (543★★★★)
*Plutôt crever que se passer de filles et de
bagnoles.*
Beau père (1333★★)
*Reste seul avec une belle-fille de 14 ans,
amoureuse de lui.*

BRANDNER Gary
Féline (1353★★★★)
*Il connaît les loups-garous mais une femme
peut-elle se transformer en léopard?*

CAIDIN Martin
Nimitz, retour vers l'enfer (1128★★★)
*Le super porte-avions Nimitz glisse dans une
faille du temps. De 1980, il se retrouve à la
veille de Pearl Harbor.*

CHAYEFSKY Paddy
Au delà du réel (1232★★★)
*Une terrifiante plongée dans la mémoire
génétique de l'humanité. Illustré.*

CLARKE Arthur C.
2001 - L'odyssée de l'espace (349★★)
*Ce voyage fantastique aux confins du cosmos
a suscité un film célèbre.*

CONCHON, NOLI et CHANEL
La Banquière (1154★★★)
*Devenue vedette de la Finance, le Pouvoir et
l'Argent vont chercher à l'abattre.*

COOK Robin
Sphinx (1219★★★)
*La malédiction des pharaons menace la vie
et l'amour d'Erica. Illustré.*

CORMAN Avery
Kramer contre Kramer (1044★★★)
*Abandonné par sa femme, un homme reste
seul avec son tout petit garçon.*

COVER, SEMPLE Jr et ALLIN
Flash Gordon (1195★★★)
*L'épopée immortelle de Flash Gordon sur la
planète Mongo. Inédit.*

DOCTOROW E.L.
Ragtime (825★★★)
*Un tableau endiablé et féroce de la réalité
américaine du début du siècle.*

FOSTER Alan Dean
Alien (1115★★★)
Avec la créature de l'Extérieur, c'est la mort qui pénètre dans l'astronef.
Le trou noir (1129★★★)
Un maelström d'énergie les entraînerait au delà de l'univers connu.
Le choc des Titans (1210★★★★)
Un combat titanesque où s'affrontent les dieux de l'Olympe. Inédit, illustré.
Outland... loin de la terre (1220★★)
Sur l'astéroïde Io, les crises de folie meurtrière et les suicides sont quotidiens. Inédit. Illustré.

GROSSBACH Robert
Georgia (1395★★★)
Quatre amis, la vie, l'amour, l'Amérique des années 60.

GANN Ernest K.
Massada (1303★★★★)
L'héroïque résistance des Hébreux face aux légions romaines.

HALEY Alex
Racines (2 t. 968★★★★ et 969★★★★)
Ce triomphe mondial de la littérature et de la TV fait revivre le drame des esclaves noirs en Amérique.

ISHERWOOD Christopher
Adieu à Berlin (1213★★★)
Ce livre a inspiré le célèbre film Cabaret.

JONES John G.
Amityville II (1343★★★)
L'horeur semblait avoir enfin quitté la maison maudite; et pourtant... Inédit.

KING Stephen
Shining (1197★★★★)
La lutte hallucinante d'un enfant médium contre les forces maléfiques.

RAINTREE Lee
Dallas (1324★★★★)
Dallas, l'histoire de la famille Ewing, a Texas, célèbre au petit écran.
Les maîtres de Dallas (1387★★★★)
Amours, passions, déchaînements, tout petit monde du feuilleton "Dallas".

RODDENBERRY Gene
Star Trek (1071★★)
Un vaisseau terrien seul face à l'envahisse. venu des étoiles.

SAUTET Claude
Un mauvais fils (1147★★★)
Emouvante quête d'amour pour un jeune dr gué repenti. Inédit, illustré.

SEARLS Hank
Les dents de la mer - 2ᵉ partie (963★★★)
Le mâle tué, sa gigantesque femelle vie rôder à Amity.

SEGAL Erich
Love Story (412★)
Le roman qui a changé l'image de l'amo
Oliver's story (1059★★)
Jenny est morte mais Oliver doit réappren à vivre.

SPIELBERG Steven
Rencontres du troisième type (947★★)
Le premier contact avec des visiteurs ve des étoiles.

STRIEBER Whitley
Wolfen (1315★★★★)
Des êtres mi-hommes mi-loups guet leurs proies dans rues de New York. Iné illustré.

YARBRO Chelsea Quinn
Réincarnations (1159★★★)
La raison chancelle lorsque les morts se r tent à marcher. Inédit, illustré.

Documents et témoignages

emandez à votre libraire le catalogue semestriel gratuit

ARS Jean des
eeping Story (832★★★★)
ient-Express, Transsibérien, Train bleu:
nde et petite histoire des wagons-lits.
ussmann, la gloire du Second Empire
055★★★★)
 prodigieuse aventure de l'homme qui a
nsformé Paris.
uis II de Bavière ou le roi foudroyé
092★★★)
e biographie passionnante de ce prince
 génial et pervers..

OW CHING LIE
palanquin des larmes (859★★★)
 révolution chinoise vécue par une jeune
 de l'ancienne bourgeoisie.
certo du fleuve Jaune (1202★★★)
 autoportrait où le pittoresque alterne
c le pathétique.

URASTIÉ Fr. et J.
écrivains témoins du peuple
090★★★★)
 Chrétien de Troyes à Zola, la vie quoti-
ne des générations qui ont fait la France
jourd'hui.

RARD Nicole
 ans de pénitence (872★★★★)
crime l'a fait passer de la vie bourgeoise à
er des prisons.

AY Martin
vre de la vie (839★★)
homme qui a connu le plus grand des
eurs ne parle que d'espoir.
orces de la vie (840★★)
ceux qui cherchent comment exprimer
besoin d'amour.

Le nouveau livre (1295★★★★)
*Chaque jour de l'année, une question, un
espoir, une joie.*

LANGE Monique
Histoire de Piaf (1091★★★)
*La vie bouleversante de la plus grande chan-
teuse française. Illustré.*

MORRIS Edita
Les fleurs d'Hiroshima (141★)
*Les souvenirs et les secrets des survivants de
la bombe.*

MOUSSEAU Renée
Mon enfant mon amour (1196★)
*Le drame d'une mère dont l'enfant est atteint
d'une leucémie aiguë.*

PEYREFITTE Alain
Quand la Chine s'éveillera
  (2 t. 937★★★ et 938★★★)
*Dans cette nouvelle édition d'un best-seller
mondial, le point sur les soubresauts qui ont
suivi la mort de Mao.*

RENAUDOT Françoise
Moi j'irai à Dreux (1351★★)
*Une femme de notre temps mène une longue
lutte pour sauver son enfant.*

ROY Claude
Victor Hugo, témoin de son siècle.
  1171★★★★)
Le XIXᵉ siècle décrit par le grand visionnaire.

VEZINET Général
Le général Leclerc (1391★★★★)
*Toute l'épopée Leclerc retracée par un de ses
compagnons d'armes. Illustré.*

Editions J'ai Lu, 31, rue de Tournon, 75006 Paris

diffusion
France et étranger : Flammarion, Paris
Suisse : Office du Livre, Fribourg
diffusion exclusive
Canada : Éditions Flammarion Ltée, Montréal

Achevé d'imprimer sur les presses de l'imprimerie Brodard et Taupin
7, Bd Romain-Rolland, Montrouge. Usine de La Flèche,
le 15 décembre 1982
1966-5 Dépôt Légal janvier 1982. ISBN : 2 - 277 - 12081 - 0
Imprimé en France